ERICH
SCHMIDT
VERLAG

D1663088

Mittelhochdeutsch als fremde Sprache

Eine Einführung für das Studium
der germanistischen Mediävistik

von

Klaus-Peter Wegera
Simone Schultz-Balluff
Nina Bartsch

Mit einer Audiobegleitung

von

Dorothee Lindemann

3., durchgesehene und erweiterte Auflage

ERICH SCHMIDT VERLAG

Bibliografische Information der Deutschen Nationalbibliothek
Die Deutsche Nationalbibliothek verzeichnet diese Publikation
in der Deutschen Nationalbibliografie; detaillierte bibliografische
Daten sind im Internet über http://dnb.d-nb.de abrufbar.

Umschlaggestaltung unter Verwendung der Abbildung
„Rep. 52b, Rst. Nürnberg, Amts- und Standbücher 228, fol. 11ʳ"
aus dem Staatsarchiv Nürnberg

Weitere Informationen zu diesem Titel finden Sie im Internet unter
ESV.info/978 3 503 17026 5

Hinweis
Als zusätzliches Material finden Sie auf der Homepage des
Erich Schmidt Verlags die im Buch markierten Audiotexte zum Hören.
Diese Daten sind urheberrechtlich geschützt und dürfen nur mit
Genehmigung der Verfasserin weiterverwendet werden.

Weitere Informationen finden Sie unter
http://Audiobegleitung-MAF.ESV.info
Ticketcode: yj35nt-dgm36i-tp65kp-zph6qt

ISBN 978 3 503 17026 5

Dieses Papier erfüllt die Frankfurter Forderungen
der Deutschen Nationalbibliothek und der Gesellschaft für das Buch
bezüglich der Alterungsbeständigkeit und entspricht
sowohl den strengen Bestimmungen der US-Norm Ansi/Niso
Z 39.48-1992 als auch der ISO-Norm 9706.

Druck und Bindung: Kösel, Altusried-Krugzell

Vorwort

Mittelhochdeutsch ist keine Fremdsprache! Dennoch wird es von vielen Erstsemestern als fremde Sprache erfahren, zumal Mittelhochdeutsch im schulischen Unterricht kaum noch ernsthaft thematisiert wird. Hier setzt das vorliegende Lehrwerk an. Es handelt sich um eine Einführung in das Mittelhochdeutsche unter Nutzung fremdsprachendidaktischer Methoden und Erkenntnisse, wobei neben der Vermittlung der mittelhochdeutschen Grammatik eine breitere Textkenntnis und einige vertiefende Einblicke in die deutsche bzw. europäische Kultur des Mittelalters ermöglicht werden. Das Erlernen der Grammatik steht zwar im Mittelpunkt, ist aber nicht um seiner selbst willen gestaltet, sondern wird als Voraussetzung für eine sichere Verstehens- und Übersetzungskompetenz angesehen. Dies bedeutet einerseits einen Verzicht auf Einiges, was traditionell im Grammatikunterricht des Mittelhochdeutschen erlernt wird, erlaubt aber andererseits eine bessere Einsicht in die Vielfalt grammatischer Verwendungen in mittelhochdeutschen Texten. Die Einführung nimmt zudem Abschied von einer Ganztextvermittlung im Rahmen von universitären Mittelhochdeutsch-Einführungen und stellt stattdessen die Vielgestaltigkeit mittelhochdeutscher Textlichkeit und Materialität in den Vordergrund. Neugier und Interesse für das Fach Mediävistik in seinen zahlreichen Facetten aufrechtzuerhalten und zu fördern und die Scheu vor der als fremd empfundenen Sprache und Schrift nicht zuzulassen, sind die erhofften Ziele.

Die Beschränkung auf 15 Unterrichtseinheiten, entsprechend der maximal zu erwartenden Semesterstundenzahl, war nicht ganz einfach: Viele gute Ideen und Materialien blieben in der Schublade; sie würden leicht einen weiteren Band füllen.

Die Einführung wurde vielfach erprobt, insbesondere in Bochum und Essen – die Erfahrungen und das Feedback durch die Lehrenden und Studierenden waren mehr als ermutigend. Namentlich bedanken wir uns bei Nine Miedema für vielfache Anregungen und hilfreiche Hinweise.

Wir haben in vielfältiger Weise zu danken: Zahlreiche fachliche Anregungen und Zuspruch haben wir im Anschluss an Vorträge und in vielen Einzelgesprächen erhalten; insbesondere den Teilnehmern des Mediävistentreffens Nordrhein-Westfalen und der Bochumer Mediävistik sei hier herzlich gedankt. Ebenso all denen, die sich an der Erprobung beteiligt haben. Unser besonderer Dank geht an Dorothee Lindemann, die das Werk immer wieder durch konstruktive Kritik mitgestaltet und darüber hinaus mit dem Bochumer mhd. e-learning-Programm (online-Grundkurs Mediävistik) verknüpft hat. Birgit Herbers danken wir für zahlreiche Anregungen und Verbesserungsvorschläge zur Grammatikdarstellung. Für tatkräftige Unterstützung danken wir Fabian Barteld, Heike Cosson, Julia Felis, Stefan Hackländer, Sarah Kwekkeboom, Cornelia Johnen, Daniel Pachurka, Ursula Staudinger, Frauke Thielert und Anna Vanino. Rebecca Wache danken wir darüber hinaus auch für die zeichnerische Gestaltung der Icons.

Den Verlagen, Archiven, Autoren und Herausgebern, die uns die Abdruckgenehmigungen für Bilder und Texte gegeben haben, danken wir für ihre freundliche Großzügigkeit.

Dem Verlag, namentlich Frau Dr. Lehnen, danken wir für den unternehmerischen Mut, ein Lehrwerk für den universitären Unterricht in Farbe herauszubringen.

Bochum, Mai 2011   Die Verfasser

Vorwort zur 2. Aufl.

Rascher als geplant erscheint die zweite Auflage unserer Einführung. Die Resonanz durch die Fachwelt war überaus ermutigend. Zahlreiche Hinweise und Vorschläge durch Kolleginnen und Kollegen haben wir dankbar aufgenommen. Einiges konnte unmittelbar umgesetzt werden, anderes kann erst im Rahmen einer tiefergehenden Bearbeitung in einer gegebenenfalls späteren Auflage berücksichtigt werden. Wir nutzen die Gelegenheit um offensichtliche Fehler, Versehen der Herstellung zu beheben und kleinere Veränderungen vorzunehmen.

Unser besonderer Dank gilt Frau Uta Störmer-Caysa und Herrn Timo Reuvekamp-Felber für ihre hilfreichen Anmerkungen und Anregungen.

Auf vielfachen Wunsch haben wir das Lehrwerk um einen didaktischen Leitfaden und Lösungsschlüssel in Form eines separaten Begleitbandes ergänzt.

Bochum im Frühjahr 2013   Die Verfasser

Vorwort zur 3. Aufl.

Die breite Akzeptanz des Lehrbuchs erfordert erfreulicherweise wiederum eine neue Auflage. Wir haben uns auch in dieser Auflage auf kleinere Verbesserungen beschränkt, da der Umbruch und damit die Paginierung gegenüber den Verweisen im Lösungsband nicht verändert werden sollte. Somit sind Einführung und Lösungsband weiterhin parallel benutzbar. Um einen erleichterten Zugang zu dem von Dorothee Lindemann mit Unterstützung von Frauke Thielert erarbeiteten und fakultativ nutzbaren *elearning limit* zu ermöglichen, haben wir die entsprechenden Verweise präzisiert. *elearning* und Lehrwerk sind unabhängig voneinander entwickelt worden und können auch unabhängig voneinander genutzt werden. Gleichwohl ist ein integrativer Ansatz überaus sinnvoll, denn beide Medien sind zuerst einmal inhaltlich verbunden: Das Lehrwerk verweist auf das *elearning*, das *elearning* verweist auf das Lehrwerk und thematisiert viele Beispiele daraus. Der Kurs steht im exe.-Format als kostenloser Download auf folgenden Servern zur Verfügung: http://staff.germanistik.rub.de/mediaevistik/e-learning/ sowie https://www.germanistik.uni-kiel.de/de/lehrbereiche/aeltere-deutsche-literatur/studium-und-lehre.

Eine zusätzliche Ergänzung der neuen Auflage bildet die von Dorothee Lindemann konzipierte und zusammen mit Studierenden (Timo Bülters, Julia Flor und Nora Schönfelder) realisierte Audiobegleitung für das eigenständige Lesen und Sprechen der Texte: von Studierenden für Studierende. Die Audiodateien sind über die Homepage des Verlags unter der Adresse http://Audiobegleitung-MAF.ESV.info zugänglich.

Unser ausdrücklicher Dank für vielerlei Anregungen und Vorschläge gilt Dorothee Lindemann.

Bochum im Frühjahr 2016   Die Verfasser

Inhaltsverzeichnis

Einleitung und Benutzerhinweise

Herman von Fritzlar ‚Der Heiligen Leben', Universitätsbibliothek
Heidelberg, Cod. Pal. germ. 113, 1ʳ (1343-1349)

WIR. SVLIN
des bvches beginnen mit
got. vnd ez ſol ſich enden mit
got. vnd wir ſvln ez bewærn mit der alten
ê. vnd mit der newen ê. daz tvn wir
da mit vnd dar vmb. daz ez die valſc-
ſchen lævt vnd die vngetriwen lævt
niht verkeren megen. wan des bvches iſt erdaht. dvrch rehten fride.
vnd dvrch rehtes gerihte. ze gvt
dem armen. ſam dem richen.

‚Buch der Könige', Cod. Donaueschingen 739, fol. 1ʳᵃ,1-11

Der Titel des vorliegenden Lehrbuchs eröffnet eine Herangehensweise an das Mittelhochdeutsche, wie es sie bisher für diese historische Sprachstufe des Deutschen nicht gibt: Das Konzept orientiert sich an Methoden des modernen Fremdsprachenunterrichts. Es werden zwar weitgehend die bisher üblichen Gegenstände der Grammatik vermittelt, doch geschieht dies konsequent funktional bezogen auf das Verstehen mittelhochdeutscher Texte. Dieser Ansatz ist keinesfalls ganz neu. Die germanistische Mediävistik bzw. die historisch ausgerichtete Philologie haben in ihrer nunmehr rund 200-jährigen Geschichte eine ganze Reihe von Strategien und Methoden zur Vermittlung des Althochdeutschen, Mittelhochdeutschen und zuletzt auch des Frühneuhochdeutschen entwickelt, die denen der modernen Vermittlung von Fremdsprachen nicht unähnlich sind. Sie werden z. T. nur anders bezeichnet und werden bisher überwiegend nur situationsgebunden in den Kursen und Einführungen umgesetzt.

Von den Methoden des Unterrichts ‚Deutsch als Fremdsprache' lassen sich insbesondere Methoden des Leseverstehens und in geringerem Maße auch des Hörverstehens ableiten. Im Sinne eines ‚interkulturellen' Ansatzes kann das Bemühen um das Verstehen der teilweise fremden Kultur, die zugleich unsere eigene ist, gefördert werden. Die Unterschiede zu einem echten Fremdsprachenunterricht rezenter Sprachen liegen auf der Hand. Ein wesentlicher Unterschied besteht dabei in dem zu erwartenden Umgang mit der Sprachkenntnis, d. h. die zu erwerbende sprachliche Handlungskompetenz hat einen deutlichen Schwerpunkt in rezeptiven Fertigkeiten, also im Verstehen (und sekundär Übersetzen). Nur in recht geringem Umfang werden produktive Handlungskompetenzen wie (freies mittelhochdeutsches) Sprechen oder gar Schreiben Ziel der Sprachvermittlung sein; und auch das Hörverstehen wird wohl eher nicht systematisch eingeübt. Damit beschränkt sich ein situativ kommunikativer Ansatz auch auf den Umgang mit (schriftlichen) Texten, ihrer Übersetzung, Analyse und den Umgang mit den hierzu notwendigen Hilfsmitteln wie Wörterbüchern, Grammatiken, Handbüchern etc.

Die Tatsache, dass es sich um eine historische Stufe der eigenen Sprache handelt, bedingt wiederum eine gewisse sprachliche Nähe, so dass man die muttersprachliche Kompetenz (in diesem Fall die gegenwärtige deutsche Standardsprache und – soweit als Kompetenz vorhanden – auch die rezenten Dialekte) nutzbar einsetzen kann. Versteht man Lernen als Bearbeiten bereits verfügbaren Wissens, muss genau hier angeknüpft werden. Die angewandte Methodologie versteht sich als eklektizistisch. Dies bedeutet nichts anderes, als dass die Darstellungen und Vorgehensweisen nicht einer bestimmten didaktischen oder linguistischen Richtung verpflichtet sind, sondern jeweils phänomenspezifisch die am besten geeignete Methode nutzbar eingesetzt wird.

Die Inhalte der Kapitel orientieren sich an – aus Sicht der Autoren – zentralen Bereichen des Lebens in der mittelalterlichen Welt. Zugrunde liegen dabei Konzepte der räumlichen Wahrnehmung, der (ordnenden) Strukturierung der Gesellschaft, des religiösen Glaubens sowie einige Bereiche des täglichen Lebens, des Wissens und deren Vermittlung. Dieses Spektrum bildet nur einen Teil der mittelalterlichen Lebenswelt ab. Die getroffene Auswahl möchte vor allem ganz bewusst die Möglichkeiten der Beschäftigung mit dem Mittelalter aus germanistisch-mediävistischer Sicht zeigen. Auch die Auswahl von Textausschnitten und Bildern sowie deren didaktische Aufbereitung stellen nur eine Perspektive auf das jeweilige Thema dar – sicher gibt es andere. Mit der gebotenen Aufbereitung soll nicht ‚Vollständigkeit' suggeriert werden, vielmehr soll Interesse an einer weitergehenden Beschäftigung mit den grundgelegten Gegenständen und Inhalten geweckt werden.

Die Textauswahl zeigt einen Schwerpunkt in der Literatur, wobei neben den üblichen Kanontexten eine Reihe anderer literarischer Quellen geboten wird, die seltener Gegenstand universitären Unterrichts sind. Daneben findet sich zusätzlich ein breites, an den gewählten Konzepten orientiertes Spektrum an Textsorten. Neben Verstexten werden Prosatexte einbezogen, um in das unterschiedliche Arbeiten mit gebundenen und nicht gebundenen Formen – vor allem hinsichtlich der unterschiedlichen Syntax – einzuführen. Die einzelnen Textstellen sind so ausgewählt und zugeschnitten, dass sie an der konkret platzierten Stelle in einem Kapitel hinsichtlich des übergeordneten Themas aussagekräftig und didaktisch eingebunden sind. Daher sind die Textausschnitte auch nicht vor dem Hintergrund ihrer poetologischen Verortung im Rahmen des Gesamttextes zu verstehen und werden auch nicht danach befragt; komplexe Fragestellungen der Literaturwissenschaft werden also bewusst ausgespart. Die Textausschnitte – so verstanden als Arbeitstexte – wurden mit einer neuen Zählung der Verse, Strophen bzw. Zeilen gekennzeichnet; die Zählung entsprechend der Edition und/oder der Handschrift wird in der Literaturangabe unter dem Text aufgeführt.

Die mittelalterliche Sprachrealität wird dadurch etwas näher gebracht, dass Transkripte der zugrunde liegenden Handschriften als Textbasis verwendet werden. Auf Editionen wird in didaktisch begründeten Ausnahmefällen zurückgegriffen. Die Vermittlung eines nicht normalisierten Mittelhochdeutsch durch möglichst handschriftennahe Darbietungen, wodurch zugleich auch die regionale Variabilität ein Stück weit abgebildet wird, führt zu einer frühen Konfrontation mit graphischer, lautlicher und grammatischer Varianz und erreicht damit zugleich eine sprachwissenschaftliche Sensibilisierung der Lernenden. Das bedeutet, dass in der Regel dort, wo didaktisch nicht notwendig, auf die Darstellung einer Edition zu Gunsten der Handschrift verzichtet wurde. Bei einzelnen Texten wurde, jeweils abhängig vom Gegenstand und der Lernprogression, sowohl auf die Edition als auch auf eine Handschrift zurückgegriffen. Ein Verzeichnis aller verwendeten Handschriften und Editionen findet sich unter ‚Zitierte Texte – Handschriften – Editionen'.

Die mittelalterliche Medialität und Materialität soll über den Einbezug von zahlreichen Abbildungen nahegebracht werden (Abbildungen von Handschriften, Miniaturen, Fresken u. a. m.) sowie auch über außerhandschriftliche mediale Träger von Schriftlichkeit in Form von Inschriften auf Gegenständen.

Didaktische Ziele

Das didaktische Konzept des vorliegenden Lehrwerks folgt primär der Zielsetzung, den Lernenden durch die selbständige Anwendung unterschiedlicher Strategien Textverstehen zu ermöglichen, um so eine Basis für das Arbeiten an mhd. Texten im weiteren Studium zu schaffen. In den einzelnen Kapiteln werden dafür verschiedene Lernprozesse initialisiert, die an die Bereiche Textarbeit, Grammatik und Wortschatz angebunden sind. Die einzelnen Lernprozesse folgen einer spiralförmigen Progression, das heißt sie wiederholen sich in mehreren Kapiteln auf einer jeweils abstrakteren und kognitiv anspruchsvolleren Ebene. Das didaktische Konzept ist kompetenzorientiert ausgerichtet und stützt sich auf die Annahme, dass der Erwerb verschiedener Kompetenzen notwendig ist, um das übergeordnete Ziel des Textverstehens zu erreichen.

Zu diesen Kompetenzen zählen in erster Linie:
– die erfolgreiche Anwendung von Lösungsstrategien bei Verstehensproblemen,
– die situationsgebunden sinnvolle Nutzung der zur Verfügung stehenden Hilfsmittel und
– das Wissen um den Vortragscharakter mhd. Literatur und damit verbunden die Nutzung von Sprachrhythmus als Verstehenshilfe.

Die erfolgreiche Anwendung von Strategien setzt die Entwicklung eines Problembewusstseins beim Verstehen und Übersetzen mhd. Texte voraus. Die zu bearbeitenden Aufgaben sind darauf ausgerichtet, sowohl Unbekanntes als auch scheinbar Bekanntes aus dem Vergleich mit dem Neuhochdeutschen als Verstehensbarriere zu erkennen und Lösungswege aufzuzeigen. Zu diesen Verstehensbarrieren zählen u. a.:
– unbekannte syntaktische Strukturen (z. B. abweichende Wortstellung wie die Nachstellung eines unflektierten Adjektivs oder die Einleitung eines Nebensatzes durch unbekannte Subjunktionen),
– Abweichungen in der Wortsemantik aufgrund abweichender Polysemie oder abweichender Bedeutung bei gleicher oder ähnlicher Form (sog. falsche Freunde),
– ungewohnte Formelhaftigkeit der Sprache,
– abweichende grammmatische Formen (insbesondere starke Verbformen),
– regionale, graphische oder grammatische Varianz.

Das Wissen um den Vortragscharakter mittelhochdeutscher Literatur und damit verbunden die Nutzung von Sprachrhythmus als Verstehenshilfe soll nicht nur einen sehr speziellen musikalischen Lernertyp bedienen, sondern in hohem Maß die große Bedeutung des Hörverstehens verdeutlichen. Lautes – an bestimmte Regeln gebundenes – Lesen erfordert eine vertiefte Auseinandersetzung mit dem Text, die Verstehen nicht nur voraussetzt sondern ebenso ermöglicht. Aus diesem Grund wurde spezieller Wert auf die Thematisierung der Aussprachekonventionen (Kap. 1), der mhd. Interpunktion (Kap. 3 a), des Reims und der Reimschemata (Kap. 7 a) und der Metrik und Strophik (Kap. 8 b) gelegt.

Als eine weitere wichtige Kompetenz wird der routinierte Umgang mit den notwendigen Hilfsmitteln angesehen. Die Hilfsmittelbenutzungskompetenz wird auf zwei Ebenen angestrebt:

- der situationsbedingten Nutzung der zur Verfügung stehenden Hilfsmittel, die auf das unmittelbare Textverstehen hin ausgerichtet ist (hierzu zählen insbesondere die angemessene Nutzung mittelhochdeutscher Wörterbücher und der zum Lehrwerk gehörenden Grammatik in Tabellen, Listen und Übersichten);
- der systematischen Nutzung von ergänzenden bzw. speziellen Grundlagenwerken und Handbüchern (hierzu gehören u. a. das Verfasserlexikon und das Lexikon des Mittelalters). Die Nutzung der Mittelhochdeutschen Grammatik von Hermann Paul, die durch zahlreiche Verweise eng mit dem Lehrwerk verzahnt ist, dient der erweiterten Auseinandersetzung mit grammatischen Fragestellungen.

Die formulierten Kompetenzen stehen nicht isoliert für sich, sondern bieten untereinander an vielen Stellen Berührungspunkte, die im Sinne einer Vernetzung im Bereich der verschiedenen Aufgabenstellungen miteinander verbunden sind. Die jeweiligen Fragestellungen und Arbeitsaufträge decken eine möglichst große Bandbreite an methodischen Ansätzen ab. Zu diesem Repertoire zählen u. a. offene und geschlossene Fragen zur Texterschließung, Aufgaben zur Bestimmung grammatischer Formen und zur Einfügung moderner Interpunktion, die Transformation von regionalen und graphischen Varianten, Aufgaben zur Bedeutungserschließung, Ausfüllen von Lückentexten, das Versifizieren von Texten und die Analyse von syntaktisch komplexen Gefügen.

Zusätzlich werden Möglichkeiten angeboten, die in den einzelnen Kapiteln erworbenen Fähigkeiten und Fertigkeiten in den folgenden Kapiteln zu vertiefen und einzuüben. Diese Übungsaufgaben beziehen sich entweder auf die Haupttexte der einzelnen Kapitel und folgen den Fragen zur Texterschließung oder sie beziehen sich auf weitere Texte.

Auf das Formulieren verbindlicher Übersetzungsaufgaben wurde i. d. R. bewusst verzichtet. Das als wichtig angesehene traditionelle (Her-)Übersetzen aus dem Mittelhochdeutschen in neuhochdeutsche Prosa wird nur als eine Technik – begleitet von anderen Verstehensstrategien – eingesetzt und dient insbesondere der Verstehenskontrolle. Übersetzen wird entsprechend nur eingeschränkt als eigenständige Kompetenz verstanden und lediglich als Instrument der Leistungskontrolle gesehen; damit fällt das Übersetzen, das bei jedem Text prinzipiell erfolgen kann, in das Ermessen des jeweiligen Übungsleiters. Bedeutungsangaben erfolgen dort, wo die Wörterbücher über keinen Eintrag verfügen oder mehrere Lemmata ansetzen.

Aufbau

Die 15 Unterrichtseinheiten, von denen in den meisten Fällen jeweils zwei thematisch zusammen gehören, sind in neun Kapiteln zusammengefasst.

An diesen Hauptteil schließt sich die ‚Grammatik in Tabellen, Listen und Übersichten' an, auf die in den Kapiteln verwiesen wird. Sie dient zum anderen einer Weiterführung und Ergänzung in einigen Bereichen und sie bietet – dies ist so auch vergleichsweise neuartig – umfangreiche, z. T. Vollständigkeit anstrebende Wortlisten etwa zu den starken oder rückumlautenden Verben sowie zu den nicht flektierenden Funktionswortschätzen (Präpositionen, Konjunktionen, Interjektionen).

Es folgt ein mittelhochdeutscher Grundwortschatz, der auf der Grundlage eines Korpus von 102 mittelhochdeutschen Handschriften erstellt wurde (Korpus der neuen Mittelhochdeutschen Grammatik: www.degruyter.com/view/supplement/9783111844206_Quellenkorpus_Uebersicht. pdf). Der jeweilige Rang eines Wortes wurde durch ein doppeltes Verfahren (Beleghäufigkeit und kommunikative Relevanz) ermittelt (vgl. dazu S. 213).

Jedes Einzelkapitel des Hauptteils bietet eine Einstimmung zu dem jeweiligen Thema in Form von einschlägigen Bildern und kleinen Textstücken. Die Inhalte zeigen einen ersten Zugang zum Thema und können als Einstieg oder im späteren Verlauf der Erarbeitung des Kapitels einbezogen werden. Zusammen mit der Sachdarstellung am Ende eines Kapitels hat die Eingangsseite eine inhaltliche (und optische) Klammerfunktion.

Die inhaltliche Eröffnung der jeweiligen Kapitel erfolgt immer durch ein längeres Textstück. Dieser Haupttext wird durch grammatische, lexikalische bzw. sachliche Hinweise vorentlastet. Den Texten kommen dabei verschiedene Funktionen zu. Sie sollen in der Summe einen Eindruck von der Vielfalt mittelalterlicher Literatur bieten und haben damit – zusammen mit den jeweiligen kurzen Einführungen zu Autor und Text (gegebenenfalls erweitert um eine kurze Inhaltsangabe und Einordnung der Textstelle) – die Funktion eines kleineren literaturgeschichtlichen Überblicks. Unter dem Aspekt, für das Fach Mediävistik zu werben, Interesse zu wecken und zu verstärken, scheint es sinnvoll möglichst viele ‚Interessensfenster' gleichzeitig zu öffnen. Die Hauptfunktion der Texte jedoch besteht darin, dass sie die Basis für die nachfolgende Grammatik- und Wortschatzarbeit bieten. Dies stellt bestimmte Anforderungen an ihre Auswahl: Es sollen möglichst viele, die Überlieferung repräsentierende Texte und Textsorten sein, die zugleich auch hinsichtlich ihres Schwierigkeitsgrades progressiv angeordnet sein müssen. Viele interessante Texte sind für den Anfängerunterricht nicht geeignet, so konnte z. B. der ‚Parzival' nur in kleinen Textstücken berücksichtigt werden. Zudem müssen die Texte auch gemessen an der Lernprogression jeweils ‚passende' grammatische und lexikalische Phänomene enthalten.

Andere und im Verlauf der Einführung zunehmend mehr Texte werden jedoch mit Methoden des Leseverstehens erarbeitet, wobei neben der Dekodierung immer auch andere Wissensbereiche (sog. Weltwissen) aktiviert werden. Ausgehend von Verstehensinseln soll allmählich der gesamte Text verstanden werden. Dies ist eine Art Kompromiss, der verhindern, zumindest aber einschränken soll, dass mhd. Literatur überwiegend nur noch anhand von Übersetzungen rezipiert wird.

Dieses Verstehen, das die spätere Lektüre größerer Texte in mhd. Sprache (und nicht in Übersetzungen) erleichtern und vorbereiten soll, muss jeweils sofort überprüft werden. Die Sprachlehrforschung hat hierzu zahlreiche Studien zu den entsprechenden Methodologien hervorgebracht.

Die Wortschatzarbeit kann in großen Teilen von der Kenntnis des neuhochdeutschen Wortschatzes profitieren. Das Hauptaugenmerk richtet sich auf vier Bereiche:
- Mhd. Wörter, deren Form den entsprechenden nhd. Wörtern gleicht oder nahe kommt, aber eine vom Nhd. abweichende bzw. teilweise abweichende Semantik haben – sog. falsche Freunde;
- Wörter, die für das Mhd., insbesondere für die mhd. Literatur zentral sind und damit für das Verstehen der Literatur von bes. Bedeutung – sog. Hochwertwörter;
- Wortschatzlisten zu bestimmten grammatischen Phänomenen werden als eine Art Bindeglied zur Grammatik aufgeführt (z. B. zu den verallgemeinernden Pronomen mit s-);

– Wörter, die sich zu einem Sachbereich zusammenführen lassen und so wichtige Wortschatzausschnitte zu unterschiedlichen Bereichen bieten (Rechtswesen, Handwerk, Ausrüstung etc.).

Das Ziel ist nicht die exhaustive Vermittlung der mhd. Grammatik; vielmehr wird *pattern drill* ersetzt durch ausgewählte, aufeinander aufbauende Bausteine zur Grammatik, die am Ende zu einem möglichst gut ausgebauten Gesamtbild der Grammatik führen sollen. Ziel ist es dabei, träges Wissen in handlungsorientiertes Wissen zu transformieren, d. h. die richtige Anwendung der Grammatik wird als eine Handlungskompetenz im Rahmen der Texterschließung angesehen.

Das Prinzip der Grammatikvermittlung basiert auf einem kontrastiven Rückblick von gegenwartssprachlichen Zuständen auf mhd. Gegebenheiten, so wie dies Hermann Paul seit seiner ersten Auflage der Mhd. Grammatik praktiziert hat. Dies bedeutet, dass die Grammatikerläuterung immer dort ansetzt, wo Übersetzungs- und Verstehensprobleme aufgrund der sprachlichen Distanz zu erwarten sind.

Jedes Kapitel schließt mit der Sachdarstellung zu einem Themenbereich, in deren Rahmen Prinzipien aufgezeigt werden, die die Arbeit an und mit Sprache zum Gegenstand haben und/oder die Verbalisierung der zugrundeliegenden Konzepte beispielhaft an zeitgenössischen Texten gezeigt wird.

Zur Steuerung und Orientierung werden verschiedene Icons am Seitenrand verwendet. Die Haupttexte werden durch Icons markiert, die eine Zuordnung zu einer Textsorte beinhalten:

fiktionale
literarische Texte

Rechtstexte

medizinisch-
pharmazeutische
Texte

geistliche Texte

Die Differenzierung der beiden Aufgabentypen erfolgt ebenfalls durch zwei unterschiedliche Icons:
– Fragen zum Textverstehen sowie
– Grammatikübungen (zu den Haupttexten) und allgemeine Übungen (am Ende der Grammatik vor der Sachdarstellung)

Die Sachdarstellungen am Ende der einzelnen Kapitel werden durch folgendes Icon markiert:

Texte, zu denen es eine Audiobegleitung gibt, sind mit folgendem Icon gekennzeichnet:

Fragen zum
Textverstehen

Grammatik-
übungen

Die jeweiligen Beispiele der Gegenstandsbereiche aus den Abschnitten Wortschatz und Grammatik sind in den Haupttexten der Kapitel durch farbige Markierungen zusätzlich gekennzeichnet, um alle Bereiche miteinander zu verknüpfen und die Arbeit mit dem Material möglichst praktisch zu gestalten.

Mittelhochdeutsch lernen und lehren mit *online*-Unterstützung

(Dorothee Lindemann)

Die dritte Auflage des erfolgreichen Arbeitsbuches wird in doppelter Weise von *online*-Angeboten flankiert: Zum einen gibt es nun – neu – eine Audiobegleitung, zum anderen eine Internetplattform, die Texte und Themen des Arbeitsbuches aufgreift und zusätzliche Übungen zur Wiederholung und Vertiefung anbietet. Das Bochumer Mittelhochdeutsch-Lehr-Lernkonzept besteht damit aus den drei Pfeilern Lehrwerk, Audiobegleitung und *elearning*-Plattform.

Damit liegt erstmals ein multimodales Lernkonzept vor, das individuellen Interessen und Schwierigkeiten Rechnung trägt. Mit den *online*-Angeboten ist ein Rahmen geschaffen für ein begleitetes Lernen außerhalb der Präsenzlehre.

Die Idee zur Audiobegleitung ist u. a. der Erkenntnis geschuldet, dass das Sprechen der mhd. Texte die vielleicht wichtigste Grundlage für das Leseverstehen ist. Im akademischen Unterricht wird es den Lernenden deshalb abverlangt, für die Vorbereitung des ‚lauten Lesens‘ gibt es gleichwohl oft kein Anschauungsmaterial und insofern keine das individuelle Üben begleitende aktive Hilfe. Hier nun bieten die neuen Medien neue Möglichkeiten, denen gegenüber sich sowohl die Autoren dieses Lehrwerks als auch der Verlag erfreulich aufgeschlossen zeigen.

Das Hören, das auch als Gelegenheit zum halblauten produktiven Mitlesen verstanden sein will, fördert die mentale Vorstellung über das Deutsch des Mittelalters und damit den Umgang mit der fremd-vertrauten Sprachstufe. Gerade in den ersten Semesterwochen scheint insofern eine Audiobegleitung überaus sinnvoll; entsprechend werden v. a. die Grundlagentexte der Kapitel 1–4 des Arbeitsbuches durch Audioeinheiten flankiert, in den späteren Kapiteln dagegen nur noch eklektisch Hörbeispiele beigegeben.

Die Texte werden überwiegend von Studierenden (Nora Schönfelder, Timo Bülters und Julia Flor) gesprochen. Unser Ziel ist Anschaulichkeit und Förderung des Leseverstehens: von Studierenden für Studierende. Wenn partiell Abweichungen von der ‚reinen Lehre‘ zu hören sind, seien sie uns nachgesehen. Das Hörerlebnis ist ohnehin lediglich virtuelle Brücke zur Vergangenheit, denn erstens gibt es für das Mittelhochdeutsche keine Datenträger, zweitens bleibt die Schreibsprache einer Handschrift beim Vortrag in der Regel unberücksichtigt.

Die Internetplattform *limit* geht zurück auf den erstmals im Jahr 2011 im html-Format publizierten *Grundkurs Mediävistik online*. Sie wurde konzeptionell und didaktisch von mir entworfen und inhaltlich und in ihrem digitalen Profil zusammen mit Frauke Thielert erarbeitet. Timo Reuvekamp-Felber initiierte 2014 die Neuprogrammierung an der Christian-Albrechts-Universität zu Kiel (eLK Medien). Die Software wurde vom Stifterverband für die deutschen Wissenschaften im Juni 2015 als ‚Hochschulperle digital‘ ausgezeichnet.

elearning und Lehrwerk sind unabhängig voneinander entwickelt worden und können auch unabhängig voneinander genutzt werden. Gleichwohl ist ein integrativer Ansatz überaus sinnvoll, denn beide Medien sind zuerst einmal inhaltlich verbunden: Das Lehrwerk verweist auf das *elearning*, das *elearning* verweist auf das Lehrwerk und thematisiert viele Beispiele daraus.

Fünf Module – „Lesen und hören"; „Laute und Lautwandel"; „Übersetzen"; „Sätze und ihre Strukturen", „Wörter und ihre Formen" – bieten unterschiedliche Zugänge zum Mittelhochdeutschen, die für das Erkennen und Verstehen der sprachlichen Eigenheiten des Mittelhochdeutschen und den eigenständigen kompetenten Umgang mit mittelhochdeutschen Texten hilfreich sind.

Den theoretisch-methodischen Rahmen des *online*-Konzeptes bildet die kognitive Leseforschung, die mit einem sprachvergleichenden diachronen Ansatz und Beobachtungen aus einer langjährigen Unterrichtspraxis verbunden wurde. Wiederkehrende, d. h. typische Probleme beim Verstehen mittelhochdeutscher Texte wurden systematisch erfasst und Fehlergenesen für diese sogenannten Fehler unter kognitionswissenschaftlicher und sprachvergleichender Fragestellung entwickelt und zum Ausgangspunkt für die Darstellung des Mittelhochdeutschen genommen. Dabei relativiert sich der Begriff des Fehlers. Es zeigt sich vielmehr, wie das durch die Gegenwartssprache generierte mentale Muster das Verstehen resp. Missverstehen des Mittelhochdeutschen bestimmen kann. Studierende lesen als hoch kompetente Leser z. B. nicht mehr Buchstabe für Buchstabe oder Wort für Wort, sie sind vielmehr darin geübt, Wörter und Satzstrukturen schnell zu erfassen und entsprechend schnell Sinn zu stiften. Sinn wird durch sprachliches Vorwissen und entsprechende Propositionsbildungen generiert. Verstehen ist u. a. dann gefährdet, wenn Schemata kollidieren und insofern Propositionsbildungen nicht mehr funktionieren; dies gilt umso mehr, wenn der Gegenstand changiert zwischen sprachlicher Nähe und Distanz. *False friends* begegnen intralingual nicht nur auf Ebene der Semantik, sondern auch der Schreibung (z. B. mhd. *naht* vs. nhd. ‚Nacht'; ‚naht'; ‚Naht'), der Morphologie (z. B. mhd. *reit* = ‚ritt'; *bullen* = ‚bellten'; mhd. *hânt/ hant* = nhd. ‚haben') und der Syntax (z. B. Verbendstellung im Hauptsatz bei mittelhochdeutschen Verstexten vs. Verbendstellung im Neuhochdeutschen als Nebensatzmarkierung).

Audiodateien, Animationen und Übungen haben das Ziel, unvertraute Muster in einem methodisch variablen Zugriff kognitiv zu verankern, so dass gewissermaßen intuitives Verstehen gefördert wird. Der Grad der Aktivität kann dabei vom Lernenden selbst bestimmt werden: Interaktive Aufgabenstellungen motivieren zu einem produktiven Vorgehen, Audiodateien und jeweils einblendbare Lösungen ermöglichen aber auch ein rezeptives Lernen.

Die Struktur der Module ist an das Konzept der Lernspirale angelehnt: Ein Modul bzw. ein Menüpunkt eines Moduls (Makrospirale) soll gerade nicht linear durchgearbeitet werden; vielmehr sollen die Studierenden lernen, sich gezielt im jeweiligen Menü eines Moduls bedarfsorientiert in den Menü-Unterpunkten (Mikrospiralen) zu bedienen. Hinweise auf die relevanten Menüpunkte finden sich integriert in die Kapitel des Lehrwerks. Nach ca. vier bis sechs Wochen kann sich das Puzzle zusammensetzen und ein Überblick über den Inhalt eines Moduls bzw. eines Menüpunktes gewonnen sein.

Der Kurs steht im *.exe-Format als kostenloser Download auf folgenden Servern zur Verfügung:

http://staff.germanistik.rub.de/mediaevistik/e-learning/
https://www.germanistik.uni-kiel.de/de/lehrbereiche/aeltere-deutsche-literatur/studium-und-lehre

Die Verweise auf das Programm sind im Lehrbuch mit ℮ gekennzeichnet.

Kapitel 1 Lasst uns sprechen: *willekomen*

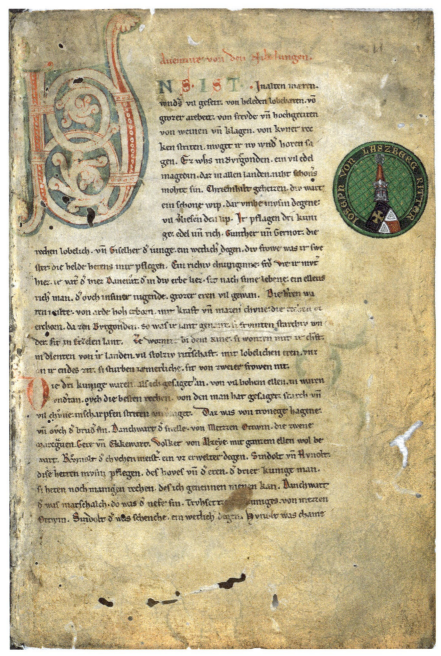

Nibelungenlied Hs. C, Badische Landesbibliothek Karlsruhe, Cod. Donaueschingen 63,
fol. 1ʳ (2. Viertel 13. Jh.)

1. ‚Nibelungenlied'

I   Uns ist in alten mæren   wunders vil geseit
    von helden lobebæren,   von grôzer arebeit,
    von fröuden, hôchgezîten,   von weinen und von klagen,
    von küener recken strîten   muget ir nu wunder hœren sagen.

II   Ez wuohs in Burgonden   ein vil edel magedîn,
     daz in allen landen   niht schœners mohte sîn,
     Kriemhilt geheizen: si wart ein scœne wîp.
     dar umbe muosen degene   vil verliesen den lîp.

III   Der minneclîchen meide   triuten wol gezam.
      ir muoten küene recken,   niemen was ir gram.
      âne mâzen schœne   sô was ir edel lîp.
      der juncvrouwen tugende   zierten anderiu wîp.

IV   Ir pflâgen drîe künege   edel unde rîch,
     Gunther und Gêrnôt,   di recken lobelîch,
     und Gîselher der junge,   ein ûz erwelter degen.
     diu frouwe was ir swester,   di fürsten hetens in ir pflegen.

V   Die herren wâren milte,   von arde hôhe erborn,
    mit kraft unmâzen küene,   di recken ûz erkorn.
    dâ zen Burgonden   sô was ir lant genant.
    si frumten starkiu wunder   sît in Etzelen lant.

VI   Ze Wormez bî dem Rîne   si wonten mit ir kraft.
     in diente von ir landen   vil stolziu ritterscaft
     mit lobelîchen êren   unz an ir endes zît.
     si sturben sît jæmerlîche   von zweier edelen frouwen nît.

VII   Ein rîchiu küneginne,   frou Uote ir muoter hiez.
      ir vater der hiez Dancrât,   der in diu erbe liez
      sît nâch sîme lebene,   ein ellens rîcher man,
      der ouch in sîner jugende   grôzer êren vil gewan.

VIII   Die drîe künege wâren,   als ich gesaget hân,
       von vil hôhem ellen.   (in) wâren undertân
       ouch di besten recken,   von den man hât gesaget,
       starc und vil küene,   in scarpfen strîten unverzaget.

Das Nibelungenlied. Nach der Ausgabe v. Karl Bartsch hrsg. v. Helmut de Boor. 22.,
rev. u. v. Roswitha Wisniewski erg. Aufl. Wiesbaden 1996, strr. 1-8. (Deutsche Klassiker des Mittelalters)

Das ‚Nibelungenlied' (um 1200 entstanden) ist eines der bekanntesten Werke der mittelhochdeutschen Literatur. Es handelt im ersten Teil von Siegfrieds von Xanten Reise an den Hof der Burgunden, seiner Hochzeit mit Kriemhild und seiner Ermordung durch Hagen. Der zweite Teil handelt von der Vernichtung der Burgunden am Hof König Etzels. Es wurde bis ins 16. Jh. hinein immer wieder abgeschrieben. Um 1750 erwacht erneut Interesse am ‚Nibelungenlied', viel diskutiert wurde seitdem, ob es sich um ein ‚deutsches Nationalepos' handele. Nach Wolframs von Eschenbach ‚Parzival' ist das ‚Nibelungenlied' das am häufigsten überlieferte deutschsprachige Epos des Hochmittelalters.

1 Erklären Sie mithilfe der Ausführungen zu ‚Aussprache und Schriftzeichen', welche Besonderheit bei den rot markierten Wortteilen jeweils vorliegt. Versuchen Sie im Anschluss, die kompletten Wörter auszusprechen.
2 Geben Sie zu folgenden Wörtern die Form im Singular mit Auslautverhärtung an (vgl. ‚Aussprache und Schriftzeichen', Konsonanten): *helden* (I,2), *magedîn* (II,1), *tugende* (III,4), *jugende* (VII,4), *künege* (VIII,1).

2. Aussprache und Schriftzeichen

Da das Mhd. nur in schriftlichen Quellen überliefert ist, ist nichts Gesichertes über dessen Aussprache bekannt. Es gibt in der germanistischen Tradition aber eine Reihe von zum Teil sprachhistorisch gut begründbaren Aussprachekonventionen, die beim lauten Lesen und beim Vortrag zu beachten sind; sie erleichtern zum Teil das Verstehen der Texte. Zur Darstellung: Laute (Phoneme) werden zwischen // gesetzt, Schriftzeichen (Grapheme) zwischen ‹›.

Vokale

Ein Zirkumflex über einem Vokal bedeutet, dass dieser Vokal lang gesprochen wird: â, ê, î, ô, û. Er findet sich in vielen Textausgaben (meist älteren Editionen), jedoch kaum in den Handschriften.

‹æ› bzw. ‹œ› (Ligaturen) stehen für (langes) /ä:/ bzw. /ö:/.

‹iu› wird als (langes) /ü:/ gesprochen.

Bei ‹ie›, ‹üe› und ‹uo› werden beide Laute artikuliert (Diphthonge): /iə/, /üə/ und /uo/; die Betonung liegt auf der ersten Komponente. In Handschriften finden sich oft ‹ů›, ‹i̊›, ‹ů›, ‹o̊› (Superskripte).

‹ei› wird ähnlich wie im Engl. *may* gesprochen, ‹ou› als /ou/, ‹öu› als /öe/.

‹v› und ‹u› können sowohl für den Konsonanten /f/ als auch für den Vokal /u/ stehen.

/i/ wird durch ‹i› oder ‹j› (vor allem initial, d. h. am Wortanfang) wiedergegeben. Der Konsonant /j/ entsteht erst in der frühen Neuzeit. Bei ‹j› handelt es sich um ein sog. i-longa.

(Vgl. Handschrift und Transkription S. 23)

Bei den kurzen e werden drei verschiedene Aussprachen angenommen, die in den Handschriften jedoch zumeist nicht unterschieden werden: ein ‚geschlossenes' e (als Umlaut von /a/) wie in *geste* (‚Gäste') und *edel*, ein ‚offenes' e wie in *swester* (das dem nhd. /ɛ/ entspricht und in vielen Ausgaben mit einem ‹ë› wieder gegeben wird: *swëster*) und ein ‚(über)offenes' /ä/ wie in *megede* (Pl. zu *maget*), das im Obd. jedoch überwiegend mit ‹ä› bzw. ‹å› geschrieben wird.

Eine vollständige Übersicht über das mhd. Vokalsystem findet sich unter (1) in der ‚Grammatik in Tabellen, Listen und Übersichten'.

Konsonanten

Die Aussprache der Konsonanten entspricht weitgehend der im Nhd. üblichen, allerdings gibt es einige Ausnahmen:

‹h› wird am Wortende (d. h. in finaler Position), vor Konsonant (*l, r, t* oder *s*) und nach *l* wie *ch* (/x/) gesprochen, also *ih* /ix/, *welhe* /wɛlxə/, *aht* /axt/ etc. ‹h› ist im Gegensatz zum Nhd. niemals Dehnungszeichen.

‹z› (und das sog. geschweifte ‹ʒ›) können für /s/ oder für /ts/ stehen: z. B. *grôzer* ‚großer' vs. *zît* ‚Zeit'. Im Anlaut oder nach Konsonant steht ‹z› für /ts/, nach Vokal meist für /s/. Intervokalisch steht ‹z› ~ ‹ʒ› gelegentlich für /ts/ oder /s/.

/f/ kann als ‹f›, ‹v› oder ‹u› realisiert werden. Dabei steht ‹f› überwiegend (jedoch nicht zwingend) vor *l, r, u, uo* und *üe*; ‹v› steht überwiegend vor anderen Vokalen.

/pf/ kann neben ‹pf› auch ‹ph› geschrieben werden (*pfenninc ~ phenninc*).

‹c› ist eine Schreibvariante zu ‹k› und wird /k/ artikuliert.

Neben dem runden *s* ‹s› gibt es in historischen Texten für /s/ noch ‹ſ› (sog. Schaft-s). Da dieses lautlich nicht von /s/ unterschieden ist, wird es in den meisten Textausgaben auch als ‹s› dargestellt.

/ʃ/ ‹sch› entwickelt sich aus der Lautfolge /sk/ ‹sk› ~ ‹sc› (mhd. *scœne* (II, 3) neben *schœne* (III, 3)). Vor Konsonanten wird ‹s› nicht wie im Nhd. als /ʃ/ ausgesprochen, sondern wie /s/ ‹s› (mhd. *spil* /spil/ – nhd. *Spiel* /ʃpiːl/).

Der Doppellaut (Affrikata) /kx/ (nhd. ‹k›), geschrieben ‹ch› oder ‹kch›, wird wie *k+ch* gesprochen.

(Vgl. Handschrift und Transkription S. 23)

Eine Ersatzprobe mit der nhd. Entsprechung ist oft hilfreich (mhd. *wazzer* – nhd. *Wasser*; mhd. *hizze* – nhd. *Hitze*, in mhd. Wörterbüchern steht i. d. R. bereits *-tz-*).

Stimmhafte Konsonanten (vor allem *b, d* und *g*) werden im Auslaut (auch im Silbenauslaut) stimmlos wie *p, t* und *k* artikuliert (sog. Auslautverhärtung). Während im Neuhochdeutschen bei gleichen Wörtern immer der gleiche Buchstabe verwendet wird (Morphemkonstanzschreibung), variiert die Schreibung im Mittelhochdeutschen häufig. Die Auslautverhärtung kann im Mittelhochdeutschen in der Schrift wiedergegeben werden.

im lande	*daz lant*
dem wîbe	*daz wîp*
mugen	*mac*

Daneben aber auch *land, wîb, mag.*

Eine vollständige Übersicht über die mhd. Konsonanten findet sich unter (3) in der ‚Grammatik in Tabellen, Listen und Übersichten'.

Folgende Übungen empfehlen wir zur Wiederholung und Vertiefung: Modul 1 ‚Lesen und Hören' Menüpunkte 1.1, 1.2; 3.1; 4.2; 5.1; 7.4. Modul 3 ‚Übersetzen' Menüpunkt 2.1 bis 2.4. (Hinweise zur Navigation im *elearning* siehe S. 18)

3. Übungstext

Nibelungenlied Hs. C, Badische Landesbibliothek Karlsruhe,
Cod. Donaueschingen 63, fol. 1ᵛ (2. Viertel 13. Jh.)

Die folgenden Strophen (Nibelungenlied, strr. 12 und 13) zeigen eine sehr handschriftennahe
Textform (vgl. Abbildung der Handschrift oben). Die durch Kürzelzeichen dargestellten Buchstaben sind zugunsten der Lesbarkeit aufgelöst und kursiv gesetzt.

IN Diſen hohen eren   trvmte Chriemhilde
wie ſi zvge einen valchen   ſtarch ſchon vnde wilde
den ir zwene arn erchrvmmen   daz ſi daz mvſte ſehen
ir enkunde in dirre werlde   leider nimmer geſchehen

Den trⱴm ſi do ſagete   ir mⱴter ⱴten
ſine chundes niht beſchaiden   baz der gvten
der valche den dv zivheſt   daz iſt ein edel man
in welle got behvten   dv mvſt in ſchier vloren han.

3 Erklären Sie die Besonderheiten der farbig markierten Wortteile hinsichtlich ihrer
Aussprache oder der Verwendung der Schriftzeichen.

Für Interessierte: Übung zum Lautwert von ‹v›: Modul 1 ‚Lesen und Hören' Menüpunkt 3.2
(Übung 2)

4. Mittelhochdeutsch

Der Begriff ‚Mittelhochdeutsch' verweist in seinen drei Elementen auf die Aspekte Zeit
(‚mittel'), geographischer Raum (‚hoch') und Sprachtyp (‚deutsch').
Mit *Mittel-* wird der Zeitraum von dem davorliegenden Althochdeutschen und dem nach-
folgenden Neuhochdeutschen unterschieden. Es handelt sich nicht um einen scharf abge-
grenzten und präzise definierten Zeitraum, sondern um eine relationale Bezeichnung.
Dem entsprechend kann dieser in unterschiedlicher Weise präzisiert und abgegrenzt
werden. Während Jacob Grimm noch mit einer Dreiteilung der deutschen Sprachgeschichte in alt, mittel und neu auskam, hat sich im Anschluss an Wilhelm Scherer schon im 19. Jh.
eine Aufteilung in vier Abschnitte etabliert, die zusätzlich das Frühneuhochdeutsche als
eigene Periode ausweist:

Althochdeutsch ca. 750–1050
Mittelhochdeutsch 1050–1350
Frühneuhochdeutsch 1350–1650
Neuhochdeutsch ab 1650

1050–1170 Frühmittelhochdeutsch
1170–1250 klassisches Mittelhochdeutsch
1250–1350 spätes Mittelhochdeutsch

Mit *-hoch-* wird der Raum bezeichnet. In voralthochdeutscher Zeit verändern sich einige Konsonanten, d. h. sie werden im Rahmen der sog. 2. oder hochdeutschen Lautverschiebung ‚verschoben' (vgl. Kap. 6 b; vgl. Paul, Mhd.Gr. §L60). Dies geschieht im Süddeutschen und in Teilen des Mitteldeutschen bis zu einer Sprachgrenze, die ‚Benrather Linie' genannt wird (Benrath ist heute ein Ortsteil von Düsseldorf). Die ‚Benrather Linie' trennt das nördlich von ihr gelegene niederdeutsche Sprachgebiet (Altsächsisch bzw. Altniederdeutsch, Mittelniederdeutsch) von einem südlich von ihr gelegenen hochdeutschen Sprachgebiet.

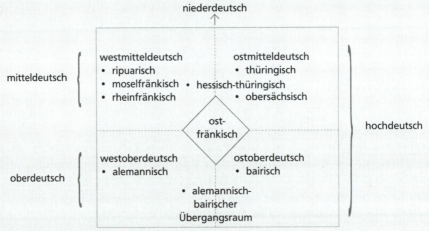

Das hochdeutsche Gebiet stellt keinen sprachlich einheitlichen Raum dar, sondern ist in sich weiter in landschaftlich geprägte Varietäten unterteilt, die zum Teil die alten spätgermanischen Stammessprachen (bes. der Franken, Alamannen, Bajuwaren und Thüringer) fortsetzen, zum Teil im Mhd. bereits eigene neue Sprachlandschaften ausgebildet haben. Schematisch lässt sich das hochdeutsche Gebiet wie in der Abbildung oben darstellen.

-deutsch bezeichnet die Sprache des Gebietes, in dem ‚Deutsch' als Muttersprache gilt und ist zugleich ein sozialer Begriff, der die Zugehörigkeit zu einer Gruppe markiert, die sich als ‚Volk', ‚Nation' u. ä. begreift.

Literatur: Roelcke, Thorsten (Hg.): Periodisierung. Die zeitliche Gliederung der deutschen Sprachgeschichte. Frankfurt/M. u. a. 2001 (Dokumentation Germanistischer Forschung 4); Paul, Mhd.Gr. §§E3-E7.

Aus: Werner König: dtv-Atlas Deutsche Sprache. Grafische Gestaltung: Hans-Joachim Paul © 1978 Deutscher Taschenbuch Verlag, München, S. 76 (kleinerer Kartenausschnitt in: 16., durchges. u. korr. Aufl. München 2007)

5. Grundlagenliteratur

Wörterbücher

Lexer, Matthias: Mittelhochdeutsches Handwörterbuch. Nachdruck der Ausg. Leipzig 1872–1878 mit einer Einleitung von Kurt Gärtner. 3 Bde. Stuttgart 1992.

Hennig, Beate: Kleines Mittelhochdeutsches Wörterbuch. 5., durchges. Aufl. In Zusammenarbeit mit Christa Hepfer und unter red. Mitwirkung v. Wolfgang Bachofer. Tübingen 2007.

Mittelhochdeutsches Wörterbuch. Hrsg. v. Kurt Gärtner, Klaus Grubmüller und Karl Stackmann. Stuttgart Lieferungen ab 2006.

Einführungen

Bein, Thomas: Germanistische Mediävistik. Eine Einführung. 2., überarb. und erw. Aufl. Berlin 2005. (Grundlagen der Germanistik 35)

Brandt, Rüdiger: Grundkurs germanistische Mediävistik/Literaturwissenschaft. Eine Einführung. München 1999. (UTB 2071)

Sieburg, Heinz: Literatur des Mittelalters. 2., aktualisierte Aufl. Berlin 2012.

Weddige, Hilkert: Einführung in die germanistische Mediävistik. 7., durchges. Aufl. München 2009.

Sprachgeschichten

Besch, Werner/Wolf, Norbert Richard: Geschichte der deutschen Sprache. Längsschnitte – Zeitstufen – Linguistische Studien. Berlin 2009. (Grundlagen der Germanistik 47)

Schmidt, Wilhelm: Geschichte der deutschen Sprache. Ein Lehrbuch für das germanistische Studium. 10., verb. und erw. Aufl., erarb. unter der Leitung von Helmut Langner und Norbert Richard Wolf. Stuttgart 2007.

Grammatiken

Paul, Hermann: Mittelhochdeutsche Grammatik. 25. Auflage. Neubearb. v. Thomas Klein, Hans-Joachim Solms u. Klaus-Peter Wegera. Mit einer Syntax v. Ingeborg Schröbler, neubearb. u. erw. v. Heinz-Peter Prell. Tübingen 2007.

Klein, Thomas/Solms, Hans-Joachim/Wegera, Klaus-Peter (Hgg.): Mittelhochdeutsche Grammatik. 4 Bde. Bisher erschienen: Bd. III: Wortbildung. Tübingen 2009.

Kulturgeschichte

Bumke, Joachim: Höfische Kultur. Literatur und Gesellschaft im hohen Mittelalter. 12. Aufl. München 2008.

Literaturgeschichte

Kartschoke, Dieter: Geschichte der deutschen Literatur im frühen Mittelalter. 3., aktual. Aufl. München 2000.

Bumke, Joachim: Geschichte der deutschen Literatur im hohen Mittelalter. 5. Aufl., aktual. Neuaufl. München 2004.

Cramer, Thomas: Geschichte der deutschen Literatur im späten Mittelalter. 3., aktual. Aufl. München 2000.

Lexika

Die deutsche Literatur des Mittelalters. Verfasserlexikon. Begr. v. Wolfgang Stammler; fortgef. v. Karl Langosch. 2., völlig neubearb. Aufl. unter Mitarb. zahlr. Fachgelehrter hrsg. v. Kurt Ruh (u. a.) Bd. 1 ff. Berlin 1978 ff. (1. Aufl. 1933–55). (^{2}VL)

Lexikon des Mittelalters. Hrsg. v. Robert-Henri Bautier (u. a.), 9 Bde. München, Zürich 1980–1999.

Zeitschriften

Zeitschrift für deutsche Philologie (ZfdPh). Berlin seit 1868.

Zeitschrift für deutsches Altertum und deutsche Literatur (ZfdA). Berlin seit 1841, Wiesbaden ab 1946.

Beiträge zur Geschichte der deutschen Sprache und Literatur (PBB = Pauls und Braunes Beiträge). Halle/Saale, seit 1874, aktuell Tübingen.

Links

www.mediaevum.de

www.woerterbuchnetz.de

www.mhdbdb.sbg.ac.at:8000/(Mittelhochdeutsche Begriffsdatenbank)

www.manuscripta-mediaevalia.de

www.handschriftencensus.de

www.fgcu.edu/rboggs/Hartmann/HvAMain/HvAHome.htm (Hartmann-Portal)

www.uni-due.de/mittelneu (Mittelhochdeutsche Texte in der Schule)

Kapitel 2 Deutsch: Sprache, Land und Leute

Heiliges Römisches Reich zur Zeit der Staufer (1138–1250). Putzger – Historischer Weltatlas, 104. Aufl., Kartenausgabe (Berlin: Cornelsen, 2011), S. 76f.

Swer tevtſch wil eben tihten
Der mvz sin hertz rihten
vf mangerleye ſprache

Hugo von Trimberg ‚Der Renner',
Ms. B 4, fol. 141ᵛᵇ,13-15; vv. 22253-22256

Ob ich an der têvſche miſſ ſpriche.
Ez enſol niht dvnchen wnderliche.
Wan ich vil gar ain walich bin.
Man wirteſ an miner tevſch in.
Ich bin von frivle geborn.
Vnde lazz gar an zorn.
Swer an ſpot mein getihte.
Vnde mein tevſche bezzert ihte.
Ich haizz thomaſin von zerclêre.
Boeſer levte ſpot iſt mir vnmêre.

Thomasin von Zerklære ‚Der welsche Gast',
Cod. Pal. germ. 389, fol. 2ʳ,4-13; vv. 67-76

Große Heidelberger Liederhandschrift (Codex Manesse), Universitätsbibliothek Heidelberg, Cod. Pal. germ. 848, Ausschnitte aus fol. 256ᵛ, 308ᵛ, 395ʳ, 316ᵛ und 394ʳ (1. Hälfte 14. Jh.)

1. Walther von der Vogelweide ‚Ir sult sprechen willekomen'

I   Ir sult sprechen willekomen:
    der iu mære bringet, daz bin ich.
    allez, daz ir habt vernomen,
    dest gâr ein wint, nû vrâget mich.
5   Ich wil aber miete. *falscher Freund*
    wirt mîn lôn iht guot,
    ich sage vil lîhte, daz iu sanfte tuot.
    seht, waz man mir êren biete.

Walther von der Vogelweide
(Weingartner Liederhandschrift),
Württembergische Landes-
bibliothek Stuttgart, HB XIII 1,
S. 139 (1. Viertel 14. Jh.)

II Ich wil tiuschen vrowen sagen,
    solhiu mære, daz si deste baz
    al der welte suln behagen,
    ,Laui wendet, âne grôze miete tuon ich daz.
5   Waz wolde ich ze lône?
    si sint mir ze hêr.
    sô bin ich gevüege und bitte si nihtes mêr,
    wan daz si mich grüezen schône.

III Ich hân lande vil gesehen
    unde nam der besten gerne war
    übel müeze mir geschehen,
    künde ich ie mîn herze bringen dar,
5   Daz ime wol gevallen
    wolte fremeder site.
    waz hulfe mich, obe ich unrehte strite?
    tiuschiu zuht gât vor in allen.

IV Von der Elbe unz an den Rîn
    her wider unz an der Unger lant,
    dâ mügen wol die besten sîn,
    die ich in der welte hân erkant.   hân, s. haben
5   Kan ich rehte schowen   schowen, s. schouwen
    guot gelâz und lîp,   gelâz, hier: ‚Benehmen'
    sem mir gôt, sô swüer ich wol, daz hie diu wîp   sem mir got ‚bei Gott'; swüer, s. swern; diu ‚die'
    bezzer sint danne ander frowen.   ander, hier: ‚anderswo'

V   Tiusche man sint wol gezogen,
    rehte als engel sint diu wîp getân.
    swer si schiltet, derst gar betrogen: schiltet, s. schelten; derst = der ist ‚der ist'
    ich enkan sîn anders niht verstân.   enkan ‚kann nicht'; sîn, hier: ‚ihn'
5   Tugent und reine minne,
    swer die suochen wil,
    der sol komen in unser lant, dâ ist wunne vil.
    lange müeze ich leben dar inne!

Walther von der Vogelweide. Leich, Lieder, Sangsprüche. 14., völlig neubearb. Aufl. der Ausgabe
Karl Lachmanns, hrsg. v. Christoph Cormeau. Berlin/New York 1996, 56,14-57,7.

Walther von der Vogelweide ist der bekannteste Lyriker des Mittelalters und gilt als der vielseitigste Lieddichter seiner Epoche. Sein umfangreiches Werk (Œuvre) – datiert auf die Zeit 1195-1220 – gliedert sich in Minnesang (Liebeslieder), Sangspruchdichtung (z. B. polit. Lyrik) und religiöse Lieddichtung (z. B. Marienpreis). Die Zuordnung des sog. Preisliedes ‚Ir sult sprechen willekomen' zu einer dieser Kategorien ist umstritten.

1 Lesen Sie den Text laut vor.
2 Versuchen Sie, den folgenden Textausschnitt ins Nhd. zu übersetzen. Berücksichtigen Sie dabei die Übersetzungshilfen neben dem Text.
3 Markieren Sie Stellen, an denen der von Ihnen übersetzte Text aufgrund der oben beschriebenen Unterschiede vom modernen Sprachgebrauch abweicht.

IV Von der Elbe unz an den Rîn _____

her wider unz an der Unger lant, _____

dâ mügen wol die besten sîn, _____

die ich in der welte hân erkant. _____

5 Kan ich rehte schowen _____

guot gelâz und lîp, _____

sem mir gôt, sô swüer ich wol, daz hie diu wîp _____

bezzer sint danne ander frowen. _____

V Tiusche man sint wol gezogen, _____

rehte als engel sint diu wîp getân. _____

swer si schiltet, derst gar betrogen: _____

ich enkan sîn anders niht verstân. _____

5 Tugent und reine minne, _____

swer die suochen wil, _____

der sol komen in unser lant, dâ ist wunne vil. _____

lange müeze ich leben dar inne! _____

Beim Übertragen bzw. Übersetzen ist es hilfreich, sich einiger Unterschiede zwischen dem Mhd. und dem Nhd. bewusst zu sein:

Unbekannte Wörter: Einige unbekannte Wörter kann man einfach im Wörterbuch nachschlagen (z. B. *unz*, IV,2). Flektierte Formen, die nicht ohne weiteres nachgeschlagen werden können, müssen auf das Stichwort im Wörterbuch (Lemma) zurückgeführt werden, wie z. B. Verben (z. B. *swüer*, s. Inf. *swern*, IV,7), Adjektive (*tiusche*, s. *diutisch*, V,1) und Substantive (*frowen*, s. *vrouwe*, IV,8).

Mehrere Bedeutungen: Wörter können ein breites Bedeutungsspektrum aufweisen. Die jeweils passende Bedeutung muss kontextuell mithilfe des Wörterbuchs erschlossen werden (mhd. *lîp*, nhd. ‚Körper', ‚Gestalt' oder ‚Leben').

Andere Bedeutungen: Einige Wörter sind bezüglich ihrer Form bekannt, ändern zum Nhd. hin jedoch ihre Bedeutung (mhd. *wîp*, nhd. ‚Weib'; sog. falsche Freunde). Um das Verstehen des Textes zu ermöglichen, müssen in vielen Fällen also auch vermeintlich bekannte Wörter im Wörterbuch nachgeschlagen werden.

Syntax: Der mhd. Satzbau ist in großen Teilen anders als der nhd. Dies betrifft sowohl die Stellung bestimmter Wortarten (Verben, Adjektive) und Satzglieder als auch die Verknüpfung von Satzteilen. Um den Satz in einer Übersetzung nhd. sinnvoll wiederzugeben, ist häufig eine Orientierung an der nhd. Syntax erforderlich.

2. Wortschatz

‚Falsche Freunde'

Wegen der großen sprachlichen Nähe beider Sprachstufen erweisen sich beim Übersetzen vom Mhd. ins Nhd. besonders viele Wörter als ‚falsche Freunde'. Aufgrund der vertrauten Gestalt meint man die Bedeutung zu kennen und übersetzt in der Folge falsch bzw. ungenau. Dieses Problem erstreckt sich auf alle Wortarten. Bei der Übersetzung von Walthers ‚Ir sult sprechen willekomen' müssen folgende Wörter als ‚falsche Freunde' angesehen werden (zu *wîp* und *vrouwe* s. u.):

miete (I,5; II,4)	‚Lohn, Belohnung, Vergeltung'
sanfte (I,7)	‚bequem, leicht'
zuht (III,8)	‚Erziehung, Bildung, Liebenswürdigkeit'
erkant (IV,4)	‚(er-)kennen, wissen, kennenlernen'
schowen (IV,5)	‚sehen, schauen, beurteilen'
getân (V,2)	‚beschaffen, gestaltet'

Dies gilt auch für eine Gruppe von Verben (Präteritopräsentien):

mhd. *kunnen/künnen*	bezieht sich auf die geistigen Möglichkeiten einer Person; nhd. ‚können, wissen, verstehen';
mhd. *durfen/dürfen*	bezeichnet die Notwendigkeit, im Mhd. zeichnet sich bereits der Übergang zu ‚können, dürfen' ab; nhd. ‚bedürfen, brauchen, müssen';
mhd. *suln/süln*	bezeichnet die Notwendigkeit einer Handlung; nhd. ‚müssen';
mhd. *mugen/mügen*	bezeichnet fast immer die physische Möglichkeit; nhd. ‚können, im Stande sein' (alt: ‚vermögen');
mhd. *müezen*	nhd. ‚können, dürfen', auch ‚müssen' (auch: Umschreibung eines Wunsches).

Zu Präteritopräsentien vgl. Kap. 5 b und die vollständige Übersicht unter (18) in der ‚Grammatik in Tabellen, Listen und Übersichten'. Vgl. Paul, Mhd.Gr. §M101.

Übungen zur Wiederholung und Vertiefung: Modul 3 ‚Übersetzen' Menüpunkt 3.2, 3.4; 4.1, 4.2.

wîp

Im Lied Walthers wird ein Unterschied zwischen *wîp* (IV,7) und *vrouwe* (IV,8) betont. Die Bedeutung dieser beiden mhd. Lexeme unterscheidet sich deutlich von den heutigen Lexemen *Weib* und *Frau*.

Während sich im Nhd. die Bezeichnung *Frau* auf alle weiblichen Personen ab einem bestimmten Alter bezieht, hat diese allgemeine Bedeutung im Mittelalter die Bezeichnung *wîp*. Daneben gibt es im Mhd. eine Reihe weiterer Bezeichnungen, die jeweils einen bestimmten Aspekt betonen und damit spezifizieren:

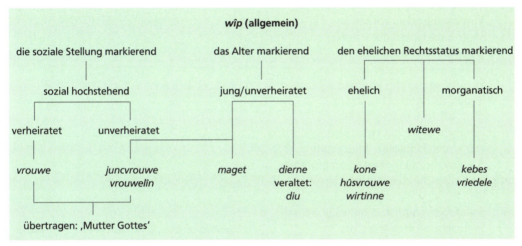

In Anlehnung an: König, Werner: dtv-Atlas Deutsche Sprache. 16., durchges. u. korr. Aufl. München 2007, S. 112.

vrouwe ‚Herrin' (vordeutsch **frawjōn*) ist Femininbildung zu ahd. *frō* (‚Herr', noch erhalten in *Fronleichnam, Frondienst*). Es handelt sich um eine sozial markierte Bezeichnung für Frauen gehobenen Standes; diese wird häufig auch auf Maria übertragen (in der Bedeutung als ‚Mutter Gottes'). Bereits im Mhd. veraltet ist z.B. *kone* und schwindet langsam.

4 Erklären Sie mithilfe der Graphik die Bedeutung der fettgedruckten Wörter in den folgenden Textbeispielen.

❶ Vnd vil schîere sach ich chomen,
do ich in die bvrch giê,
êine **ivnchfrovwen**, div mich enpfîe.
Ich gihe noch als ich do iach,
daz ich nîe schoener kint gesach.

Hartmann von Aue ‚Iwein', Hs. 97, fol. 6ᵛ,24-7ʳ,2, vv. 312-316

❷ ze dem engel si do sprah:
ia ne han ich niht betrahte,
wie daz ergen maehte,
daz ich kint gebaere
vnd iedoh **maget** waere.

Pfaffe Werner ‚Driu liet von der maget', Berol. Mgo 109, fol. 44ʳ, 4-6, vv. 2450-2454

❸ Wir sprechen mer von totslegen: Ist daz ein wirt sein **hausfrawen** ze tot slecht unverdienter dinge, wirt er darvm gevangen.

Ruprecht von Freising, ‚Rechtsbuch', Zim. 1, fol. 8,21-23

❹ Parzefal keine trurickeit hette.
Zvo der **Juncfrowen** sprach er zehant:
Schoene **maget**, tuont mir bekant
die truwe, ir moegent zuo gotte han.

‚Rappoltsteiner Parzival', Cod. Donaueschingen 97, fol. 283ʳᵇ,36-39

3. Hugo von Trimberg ‚Der Renner'

‚Der Renner' Hugos von Trimberg (geb. um 1230, gest. nach 1313) ist mit nahezu 25 000 Reimpaar-
versen eines der umfangreichsten Lehrgedichte des Spätmittelalters. Es ist konzipiert als geistliche
Didaxe und Sündenlehre, die einem nicht lateinkundigen Publikum weite Bereiche des lateinischen
Schulwissens (u. a. Sprachliches, Literarisches, Musik, Astronomie, Naturkunde und Medizin) mit
dem Ziel der Gotteserkenntnis erschließt.
Das Werk ist mit 60 zum Teil reich illustrierten Textzeugen gut überliefert.

Von manigerleie sprâche.

1   Swer tiutsche wil eben tihten,
Der muoz sîn herze rihten
Ûf manigerleie sprâche:
Swer wênt daz die von Âche
5   Reden als die von Franken,
Dem süln die miuse danken.
Ein ieglich lant hât sînen site,
Der sînem lantvolke volget mite.
An sprâche, an mâze und an gewande
10   Ist underscheiden lant von lande.
Der werlde dinc stêt über al
An sprâche, an mâze, an wâge, an zal.
Swâben ir wörter spaltent,
Die Franken ein teil si valtent,
15   Die Beier si zezerrent,
Die Düringe si ûf sperrent,
Die Sahsen si bezückent,
Die Rînliute si verdrückent,
Die Wetereiber si würgent,
20   Die Mîsener si vol schürgent,
Egerlant si swenkent,
Oesterrîche si schrenkent,
Stîrlant si baz lenkent,
Kernde ein teil si senkent

An der Endung -ent (v. 13 u. ö.) erkennt man, dass es
sich um die 3. Pers. Pl. Präs. handelt; eine Übersicht
über die Flexionsendungen der schwachen Verben
s. unter (16) in der ‚Grammatik in Tabellen, Listen und
Übersichten'

Der Renner von Hugo von Trimberg. Hrsg. von Gustav Ehrismann. Mit einem Nachwort und Ergänzungen von
Günther Schweikle. 4 Bde. Berlin 1970, Bd. III, vv. 22253-22276. (Deutsche Neudrucke. Reihe: Texte des
Mittelalters)

Es gibt in mhd. Zeit bereits ein Bewusstsein für die verschiedenen Regionen und die Sprach-
eigentümlichkeiten der jeweiligen Volksgruppen.

5 Welche verschiedenen Volksgruppen werden im Text genannt?

6 Durch welche – nicht sprachlichen – Eigenschaften zeichnen sich diese Volksgruppen jeweils
aus?

4. Grammatik

Lautwandelprozesse (Vokalismus)

Im Lauf der Zeit verändern sich in Wörtern bestimmte Vokale, während ihr konsonantisches Umfeld relativ stabil bleibt. Die Kenntnis von Lautwandelprozessen vom Mhd. zum Nhd. kann das Verstehen unterstützen und das Nachschlagen im Wörterbuch in vielen Fällen ersparen.

Im Mhd. gibt es einige lange Vokale, die im Nhd. zu Diphthongen geworden sind. Diesen Lautwandel nennt man ‚**Neuhochdeutsche Diphthongierung**':

mhd.		**nhd.**		**Merksatz:**
î	/i:/	ei	/ae/	mhd. *junge liute lebent in mînem hûs*
û	/u:/	au	/ao/	→ nhd. *junge Leute leben in meinem Haus*
iu	/ü:/	eu ~ äu	/oe/	

Nicht diphthongiert werden *nû*, *dû*.

Andererseits gibt es im Mhd. Diphthonge, die im Nhd. zu Monophthongen geworden sind. Diesen Lautwandel nennt man ‚**Mitteldeutsche Monophthongierung**' (die Monophthongierung ist vornehmlich auf das Mitteldeutsche beschränkt):

mhd.		**nhd.**		**Merksatz:**
ie	/iə/	ie	/i:/	mhd. *eine kuo was müede unde slief*
uo	/uo/	u	/u:/	→ nhd. *einen Kuh war müde und schlief*
üe	/üe/	ü	/ü:/	

Mhd. Kurzvokale werden in bestimmten Fällen zum Nhd. hin zu langen Vokalen (**Dehnung**), z. B.:

Einige mhd. Langvokale werden zum Nhd. hin zu kurzen Vokalen (**Kürzung**), z. B.:

mhd.	**nhd.**	**mhd.**	**nhd.**
vil	*viel*	*hât*	*hat*
wol	*wohl*	*jâmer*	*Jammer*
sagen	*sagen*	*dâhte*	*dachte*

Einige mhd. Vokale werden hinsichtlich ihres Artikulationsortes verschoben; in die nhd. Standardsprache werden aber nur jeweils wenige Wörter mit solchen Verschiebungen aufgenommen. Hohe (geschlossene) Vokale (besonders *u* und *ü*) können zu *o* bzw. *ö* gesenkt werden, insbes. vor Nasal (mitteldeutsche **Senkung**), z. B.:

mhd.	**nhd.**	**mhd.**	**nhd.**
sunne	*Sonne*	*künec*	*König*
sun	*Sohn*	*künnen*	*können*
sumer	*Sommer*	*wünne*	*Wonne*

Tiefe (offene) Vokale wie *â* können zu *ô* gehoben werden (**Hebung**, dabei wird zugleich *â* zu *ô* gerundet), z. B.:

mhd.	**nhd.**
mân(d)e	*Mond*
wâc	*Woge*
mâhe	*Mohn*

Vordere runde Vokale (*ü, ö* und *iu* /ü:/) können zu den nicht gerundeten Vokalen *i* bzw. *e* verschoben werden (**Entrundung**), z. B.:

mhd.	**nhd.**
küssen	*Kissen*
nörz	*Nerz*
sprützen	*spritzen*

Umgekehrt können vordere nicht gerundete Vokale (*e, i* und *ie*) zu den runden Vokalen *ö* und *ü* verschoben werden (**Rundung**), z. B.:

mhd.	**nhd.**
zwelf	*zwölf*
wirde	*Würde*
helle	*Hölle*
lewe	*Löwe*
vinf	*fünf*
triegen	*trügen*

Merksatz:
mhd. *der lewe lebet under der sunne niht hinder dem mâne*
→ nhd. *der Löwe lebt unter der Sonne, nicht hinter dem Mond*

Eine Übersicht über den vokalischen Wandel vom Mhd. zum Nhd. findet sich unter (2) in der ‚Grammatik in Tabellen, Listen und Übersichten'. Zu den jeweiligen Lautwandelprozessen s. Paul, Mhd.Gr. §§L17-18 und §§L20-L26.

 Merksätze zu den Lautwandelprozessen aus ‚limit'. Übungen zur Vertiefung: Modul 2 ‚Laute und Lautwandel' Menüpunkt 2.2–2.6.

7 Lesen Sie den Text (Hugo von Trimberg ‚Der Renner') und tragen Sie – sofern möglich – Beispiele für die oben beschriebenen Lautwandelprozesse in die Tabelle ein.

Textbeispiel	lautliche Transformation ins Nhd.	Lautwandelprozess
sîn	sein	Nhd. Diphthongierung

5. Wortgeschichte ‚deutsch'

Der 786 zum ersten Mal belegte mlat. Begriff *theodisce* (*tam latine quam theodisce*) bezeichnet zunächst die Sprache des Volkes (germanisch transgentil) im Gegensatz zu Latein und zum Romanischen. Er wird zu Beginn vor allem in amtlichen Texten benutzt, in denen rechtsverbindliche Beschlüsse und Urteile auch in der Volkssprache verkündet werden. Das Wort konkurriert seit dem 9. Jh. mit dem lat. Begriff *teutonicus*, der bereits einen Bezug zu einer Region (*in regno Teutonicorum*, 920) und zu einer ethnischen Gemeinschaft (*ex genere Teutonicorum*, 909) zeigt. In einer komplizierten und von der Forschungsliteratur sehr unterschiedlich beurteilten Wortgeschichte zwischen dem 8. und 11. Jh. wird die Bedeutung von *theodisce/teudisca* im 9. Jh. zur Abgrenzung des Nichtromanischen vom Romanischen (*teudisca* vs. *romana lingua*), im 10. Jh. zur Bezeichnung der kontinental-germanischen Stammessprachen benutzt. Bei Notker (um 1000) wird zum ersten Mal eine Identifikation sichtbar: Er bekennt sich mit dem deutschen Wort *diutisc* dazu, dass er (auch) *in diutiscūn* (,auf deutsch') schreibt. Das ,Annolied' (entstanden zwischen 1077 und 1081) spricht bereits von *diutsche lant, diutischi liuti, diutsche man*. Spätestens seit dem 12. Jh. wird ‚deutsch' als Volksname verwendet, der eine Identifikation nach innen und eine Abgrenzung nach außen erlaubt. Die Hessische Pilatusdichtung (1180) spricht vom *tutisch volc*. In der mhd. Dichtung finden sich – neben Walther von der Vogelweide – weitere Reflexionen der Grenzen: Reinbot von Durne (um 1270): *Tyrol rehte unz an Bremen [...] von Bresburg unz an Metze*; Friedrich von Sonnenburg (1270): *Von Metze hin zu Bruneswic / von Lübeke ze Berne* (Verona).

Uuánda logos pezéichenit apud grecos pêdiu.
rationem ióh orationem.
Álso óuh tûot réda **in díutiscun.**

In díutiskûn chédan uuír. táz uáz kehébit
ten uuîn. ter ság kehébit táz chórn.
Notker III. von St. Gallen ‚Kommentar zu den Kategorien des Aristoteles', S. 400, Z. 11–13 und S. 495, Z. 1 f.

Et in conspectu concilii clara voce
singula capitula perlecta sunt et
tam latine quam theodisce,
quo omnes intellegere potuissent, dilucide reserata sunt
(aus einem Brief des päpstlichen Legaten Georg von Ostia über zwei englische Synoden a. 786)

si gavin imi manige schar in hant,
si hiezin un vehtin wider **diutsche lant.**

man sagit, daz dar in halvin noch sin,
die dir **diutischin sprechin**

den sidde hiz er duo zerin
diutischi liuti lerin.
‚Annolied', 18,11 f., 20,21 f., 28,11 f.

Walther von der Vogelweide, Große Heidelberger Liederhandschrift (Codex Manesse), Universitätsbibliothek Heidelberg, Cod. Pal. germ. 848, fol. 133va (1. Hälfte 14. Jh.)

Literatur: Klein, Thomas: Zum Alter des Wortes ›deutsch‹. In: LiLi 24 (1994), S. 12–25; Reiffenstein, Ingo: Bezeichnung der deutschen Gesamtsprache. In: Besch, Werner u. a.: Sprachgeschichte. Ein Handbuch zur Geschichte der deutschen Sprache und ihrer Erforschung. 3. Teilbd., 2., vollst. neu bearb. und erw. Aufl. Berlin/New York 2003, S. 2191–2205. (Handbücher zur Sprach- und Kommunikationswissenschaft 2.3)

Kapitel 3 Wald und Wildnis
a Wald als Natur- und Nutzraum

Sus riten si mit ein ander dan,
der jäger und der junge man,
dâ der jäger sîn knehte vant
und sîn ruorhunde, zehant
frâgt er sîn knehte maere
ob kein hirz ervarn waere.

Pleier ‚Meleranz', vv. 2015-2020

Thomasin von Zerklære ‚Der welsche Gast', Universitätsbibliothek Heidelberg, Cod. Pal. germ. 389, fol. 51ᵛ (kurz nach Mitte des 13. Jh.)

Der ber begunde vliehen.   vor den hvnden dan.
im enchunde niht gevolgen.   wan Chriemhilde man.
der erlief en mit dem ſwerte.   ze tode er in do ſlv̊ch.
hin wider zv der chv̊chen.   man den bern ſider trv̊ch.

Nibelungenlied, Cod. Donaueschingen 63, fol. 37ʳ,1-3; str. 962,1-4

Vnſer vater Adam.
di chvnſt er von gote nam.
er gab allen dingen namn.
bediv wilden vnd zamn.

Wolfram von Eschenbach ‚Parzival', Cod. 857, Bl. 148ᵃ, 25-28; 518,1-4

1. ,Schwabenspiegel'

Dem ,Schwabenspiegel' (1287) liegen der ,Sachsenspiegel', das römische und kanonische Recht sowie frühmittelalterliche Rechtstexte zugrunde. Gegenüber den Vorlagen und Quellen lassen sich
Veränderungen erkennen, wie z. B. Einschübe und Spezifikationen, die die oberdeutschen Rechts-
räume betreffen. Der ,Schwabenspiegel' ist in 300 Handschriften überliefert.

1 Do got den menſchen geſchůf do gab er im gewalt vber vogel.
   vnd vber wildꝟ tier.
   Da von hant die kꝟnige geſetzet. daz nîeman ſinen lîp noch
   ſinen geſvnt. verwůrken mag. mit diſen dingen. Doch hant dîe
5 herren banfȯrſte. ſwer in dar inne iht tȯt. da habent ſi bůzze
   vber geſetzet. alſe wir har nach wol geſagen.
   Si hant ouch vber viſcher ban geſetzet. vnde vber vogele. hie
   ſprichet bangeſetzede. allen tieren iſt vride geſetzet. wan
   wolven. vnde bern. an den brichet nîeman keinen vride.
10 Swer in den banforſten wilt wundet. oder vellet. oder îaget.
   oder tȯtet. der ſol dem herren dez ez iſt ſehzeg ſchillinge geben dez herren lantphenninge.
13 Swer durch den banvorſt ritet ſinꝟ arenbrvſt. vnd ſine bogen
   ſvln vngeſpannen ſin. ſine kocher ſvln bedeket ſin. ſine winde
15 vnd ſine bracken ſvln vf gevangen ſin. vnde ſine îagehunde
   ſvln bekvpelt ſin.

ban fȯrſte (Z. 5),
    banforsten (Z. 10),
    banvorst (Z. 13)
    ,Bannwald' (Wald,
    der durch Bann der
    allg. oder best.
    Nutzung entzogen
    ist)

iht (Z. 5) ,etwas'

ban (Z. 7), hier
    ,Jagdverbot'

bangesetzede (Z. 8),
    hier ,Gerichtshoheit'

wan (Z. 8) ,außer'

Badische Landesbibliothek Karlsruhe (BLB), Cod. Donaueschingen 738, fol. 112vb,1-113ra,12

In Gesellschaften mit wenig verbreiteter Schriftlichkeit und geringer Alphabetisierung findet die
Rezeption von Schriftlichkeit eher über das Vorlesen und Vortragen als über stilles Lesen statt.
Der Text wird häufig so interpungiert, dass vor allem dem Vortragenden die Informations-
struktur des Textes deutlich wird und die Interpungierung damit zur rhetorischen Unterstüt-
zung des Vortrags dient. Diese Interpunktion kann im Vortrag auch das heutige Textverstehen
(Hörverstehen) unterstützen.

1 Machen Sie aus dem Text einen Lesetext, indem Sie moderne Interpunktion einfügen.

Die Interpungierung geht zurück auf die Antike; es handelt sich um ein System aus drei relativ zur Zeile
verschieden positionierten Punkten:
– *comma* (*subdistinctio* = tiefgestellter Punkt),
– *colon* (*media distinctio* = Punkt auf der mittleren Höhe der Zeile),
– und *periodus* (*distinctio* = hochgestellter Punkt).

Dieses System, das im Mittelalter durch weitere Zeichen wie die Virgel (/) ergänzt wird, dient bis in die
Frühneuzeit hinein überwiegend zur Markierung von (Vor-)Lesepausen bzw. Sprechpausen, die oft auch
Sinneinheiten gliedern. Erst mit der größeren Verbreitung der Schriftlichkeit – verbunden mit einer breite-
ren Alphabetisierung – wird ein detaillierteres und spezialisierteres System von ,Satzzeichen' installiert, das
die syntaktischen Informationen für das bessere Verstehen beim stillen Lesen hervorhebt.

2 Welche Bedeutungen haben die Präteritopräsentien *mag* (Z. 4, Inf. *mugen*) und *sol* bzw.
     svln (Z. 11 u. ö., Inf. *suln*) abweichend vom Neuhochdeutschen in diesem Text (vgl. Kap. 2)?
3 Erklären Sie, warum *gewalt* (Z. 1) und *bůzze* (Z. 5) zu den ,falschen Freunden' gehören.
     Wie übersetzen Sie die Begriffe im vorliegenden Text?

ⓔ Übungen zur Wiederholung und Vertiefung: Modul 1 ,Lesen und Hören' Menüpunkt 3.2; 4.1, 4.2;
     Modul 3 ,Übersetzen' Menüpunkt 4.2.

Eike von Repgow ‚Sachsenspiegel'

Der ‚Sachsenspiegel' wurde erstmals von Eike von Repgow zwischen 1224 und 1235 aufgezeichnet und enthält sächsisches Land- und Lehnrecht. Das Werk ist mit 460 Handschriften sehr breit überliefert; einige Handschriften zeigen eine durchgängige Illustration, die als eine zeitgenössische Interpretation des Textes verstanden werden kann. Auf der Grundlage dieses Rechtsbuches entstanden der ‚Deutschenspiegel' und der ‚Schwabenspiegel'.

Die Bilder aus dem ‚Sachsenspiegel' und der Text aus dem ‚Schwabenspiegel' beziehen sich auf den gleichen Sachverhalt. Die Bilder können dabei helfen, den Text zu verstehen.

Eike von Repgow ‚Sachsenspiegel', Herzog August Bibliothek Wolfenbüttel, Cod. Guelf. 3.1. Aug. 2°, fol. 40ʳ (3. Viertel 14. Jh.)

4 Markieren Sie die Textstellen im ‚Schwabenspiegel', die mit den Bildern im ‚Sachsenspiegel' korrespondieren.

5 Beschreiben Sie die Bilder möglichst detailliert und versuchen Sie, die dargestellte Situation zu benennen.

2. Wortschatz

winde, bracken, îagehvnde

6 In dem Text (,Schwabenspiegel') werden *winde*, *bracken* und *îagehvnde* (s. *jagehunt*) genannt. Finden Sie mithilfe der unten aufgeführten Jagdhundgruppen heraus, um welchen Hund mit welchen Aufgaben es sich jeweils handeln könnte.

In mittelalterlicher Zeit sind es in erster Linie die Eigenschaften und Fähigkeiten eines Hundes, die sein Einsatzgebiet bestimmen, dabei handelt sich nicht um Hunderassen im heutigen Sinn. Bei den für die Jagd eingesetzten Hunden wird zwischen auf Sicht und auf der Fährte jagenden Hunden unterschieden.

Windhunde (lat. *vertragus*) erreichen hohe Geschwindigkeiten, sie jagen das Wild auf Sicht und hetzen es.

Jagende Hunde oder Laufhunde (lat. *segutius*) verfolgen das Wild und sind dabei spurlaut; sie sind langsamer als das Wild und treiben dieses an. Zu ihnen zählen je nach Eignung Leit-, Schweiß- und Meutehund. Schweißhunde spüren das verwundete Wild entlang der Rot- bzw. Schweißfährte auf. Der Leithund wird aufgrund seiner feinen Nase aus der Meute ausgewählt und zur Vorsuche eingesetzt (z. B. Beagle, Bracke, Bayerischer Gebirgsschweißhund).

Stöber- und Apportierhunde werden speziell bei der Niederwild- und Wasserjagd eingesetzt. Sie durchsuchen unübersichtliches Gelände und treiben das Wild dem Jäger zu. Bei der Beizjagd stöbern sie Federwild auf, damit Habicht oder Falke es dann schlagen können; schließlich apportiert der Hund das geschlagene Wild (z. B. Deutscher Wachtelhund, Spaniel, Retriever).

Erdhunde (z. B. Dackel/Teckel, Terrier) werden unter der Erde zum Fuchs- und Dachssprengen eingesetzt sowie zur Wasser- und Schweißarbeit und zum Apportieren kleinen Wildes.

Vorstehhunde zeigen das Wild zunächst durch Vorstehen an und machen es erst auf Befehl hoch (z. B. Setter, Pointer, deutsch Lang-, Kurz- und Drahthaar, Münsterländer, Weimaraner, Viszla).

Dass Hunde nach Jagdart kombiniert eingesetzt werden, zeigt die Schwarzwildjagd: Zunächst wird das Wild von kleineren Hunden (z. B. Terriern) aufgestöbert und herausgetrieben, Molosserartige (Doggen) stellen und ziehen es nieder, damit das Wild mit dem Sauspieß erlegt werden kann.

,Alchymey teuczsch', Universitätsbibliothek Heidelberg, Cod. Pal. germ. 597, fol. 9ʳ (1426)

Verallgemeinerung mit *s-*

Das Pronomen *swër* (z. B. Z. 5) ist eine Zusammensetzung aus *sô* und *wër* und drückt eine Verallgemeinerung aus: ,wer (auch) immer'.

So auch	*swaz* ,was (auch) immer', *swëlch* ,welcher (auch) immer', *swëder* ,wer von beiden, zweien',
die Konjunktionen	*swan(ne)/swenne* ,wann irgend', ,sobald', *swie* ,wie (auch) immer'
sowie die relativischen Adverbien (vgl. Kap. 3 b)	*swannen* ,woher (auch) immer', *swâ/swô* ,wo (auch) immer', *swâr* ,wohin (auch) immer'.

Eine Übersicht über die Konjunktionen findet sich unter (34) in der ,Grammatik in Tabellen, Listen und Übersichten'. Zu den verallgemeinernden Relativpronomen vgl. Paul, Mhd.Gr. §M50.

℮ Übungen zur Wiederholung und Vertiefung: Modul 4 ,Sätze und ihre Strukturen' Menüpunkt 6.4; 7.1.

3. Grammatik

Verbflexion

Im Deutschen gibt es zwei verschiedene Arten der Verbflexion:

die sog. **starke Flexion**, bei der verschiedene Formen durch Wechsel des Stammvokals (dem sog. **Ablaut**) gebildet werden,

nëmen : nam : genomen

und die sog. **schwache Flexion**, bei der das Präteritum durch das Suffix *-(e)t-* (Dentalsuffix) gebildet wird,

sag-e(n) : sag-(e)t-e : gesag(e)t

Das Partizip Präteritum wird bei den starken Verben durch *ge-...-en* und bei den schwachen durch *ge-...-(e)t* gebildet.

Part.Prät.	**ge**-*louf*-**en**	**ge**-*vrag*-**(e)t**	**ge**-*nenn*-**(e)**t/ **ge**-*nann*-**t**

Jede Präteritalform mit dieser *-(e)t*-Erweiterung zeigt an, dass es sich um ein schwaches Verb handelt. Dieses *-t-* kann gelegentlich (besonders nach *l* und *n*) auch zu *-d-* lenisiert sein, so z. B. in Präteritalformen wie *kunde*, *solde*.
Einige schwache Verben zeigen zusätzlich einen Vokalwechsel zwischen Inf./Präs. und Prät. (sog. Rückumlaut, s. Kap. 6a).

	starkes Verb (st.V.)	schwaches Verb (sw.V.)	sw.V. mit ‚Rückumlaut'
Infinitiv/1. Sg.Präs.	*louf*-e(n)	*vrag*-e(n)	*nenn*-e(n)
1. Sg.Prät.	*lief*	*vrag*(e)-**t**-e	*nann*-**t**-e

Eine Übersicht über die Flexion der schwachen Verben findet sich unter (16) in der ‚Grammatik in Tabellen, Listen und Übersichten'. Vgl. Paul, Mhd.Gr. §§M66-69.

Starke Verben

Viele Verben bereiten beim Verstehen mhd. Texte kaum Probleme, da viele Formen aus dem Nhd. vertraut sind. Schwierigkeiten beim Übersetzen ergeben sich aber bei Formen, die sich nicht bis heute erhalten haben. In diesen Fällen ist es notwendig, die Verbform richtig zu bestimmen, um den Infinitiv zum Nachschlagen der Bedeutung im Wörterbuch finden zu können.

Der **Ablaut** ist ein Prinzip, das das Deutsche vom Indogermanischen ‚geerbt' hat und das zum Nhd. hin sehr stark eingeschränkt wird: Viele mhd. starke Verben werden heute nicht mehr genutzt, einige sind in die schwache Flexion übergegangen. Die verbliebenen starken Verben gleichen die verschiedenen Ablautformen in vielfacher Weise aus.

Im Mhd. gibt es noch rund 370 starke Verben mit Vokalwechsel. Diese können in verschiedene Klassen unterteilt werden. Die meisten Grammatiken unterscheiden mhd. sieben verschiedene Klassen (I-VII) von starken Verben. Einige der Klassen werden aufgrund historischer Lautwandelprozesse nochmals in Untergruppen unterschieden.

Eine Übersicht über die Flexion der starken Verben findet sich unter (13) und eine Übersicht über die Ablautreihen findet sich unter (14) in der ‚Grammatik in Tabellen, Listen und Übersichten'.

📧 Modul 5 ‚Wörter und ihre Formen' Menüpunkt 6.1.

Starke Verben: Ablautreihe IV

Das Verb *sprichet* (Z. 8) ist ein starkes Verb der Ablautreihe IV.

IV	Infinitiv	1. Sg.Präs.	1./3. Sg.Prät.	1. Pl.Prät.	Part.Prät.
Infinitiv-Vokal: ë Stamm endet auf einfachen Nasal (*m, n*) oder Liquid (*l, r*)	ë	i	a	â	o
	zëmen	*zimen*	*zamen*	zâmen	*zomen*

7 Füllen Sie die freien Felder aus und schlagen Sie die Bedeutung des Verbs im Wörterbuch nach. *zamen / beherrschen*

In diese Klasse gehören wichtige Verben wie *bërn, hëln, nëmen, stëln, schërn, quëln, zëmen*.

Eine vollständige Liste findet sich unter (15.4) in der ‚Grammatik in Tabellen, Listen und Übersichten'. Vgl. Paul, Mhd.Gr. §M79.

Zur Reihe IV gehört auch *komen*, da es von *quëman* stammt (1. Sg. Präs. *kume*, 1./3. Sg. Prät. *kam/kom*).
Zur Reihe IV gehören auch einige Verben, bei denen der Liquid vor dem Stammvokal steht, wie *brësten, vlëhten, brëchen, sprëchen, trëffen, schrëcken* und einige Verben, die bereits im Ahd. aus Klasse V zur Klasse IV gewechselt sind wie *vëhten, lëschen, rëchen, stëchen*.

In Reihe IV (wie auch in III b und V) werden die Formen des Sg. und Pl. im Präs. durch einen Wechsel des Stammvokals voneinander abgegrenzt:

> *ih spriche* *wir sprëchen*
> *du spriches(t)* *ir sprëchet*
> *er/si/ez sprichet* *si sprëchent*

Dieser Lautwechsel (*e-i*-Wechsel bzw. Alternanz) geht zurück auf einen vordeutschen Lautwandel und gehört nicht zum ursprünglichen Ablaut. Vgl. Paul, Mhd.Gr. §§L6-7, §M72.

Starke Verben: Ablautreihe V

Das Verb *gab* (Z. 1) ist ein starkes Verb der Ablautreihe V.

V	Infinitiv	1. Sg.Präs.	1./3. Sg.Prät.	1. Pl.Prät.	Part.Prät.
Infinitiv-Vokal: ë Stamm endet auf einfachen Konsonanten (außer Nasal oder Liquid)	*ë*	*i*	*a*	*â*	*ë*
			kras	*krâs*	*krës*
Ausnahmen nur *bitte, ligen, sitzen*	*sitzen*	*sitze*	*saz*	*sâzen*	*gesëzzen*

8 Füllen Sie die freien Felder aus und schlagen Sie die Bedeutung des Verbs im Wörterbuch nach.

In diese Klasse gehören wichtige Verben wie *ëzzen, gëben, genësen, geschëhen, jëhen, lësen, mëzzen, quëden* (,sagen'), *phlëgen, sëhen, trëten, vergëzzen, vrëzzen, wëgen, wësen* (Prät. *was, wâren, gewësen*).

Eine vollständige Liste findet sich unter (15.5) in der ,Grammatik in Tabellen, Listen und Übersichten'. Vgl. Paul, Mhd.Gr. §M80.

ëzzen (Part. *gëzzen*) und *vrëzzen* stellen eine Ausnahme dar: Zusätzlich zum doppelten Konsonanten im Stammauslaut haben sie bereits seit dem Ahd. Länge im Sg.Prät. (*âz* und *vrâz*).

9 Entscheiden Sie mithilfe der Ablauttabelle (auf dem Beilageblatt bzw. unter (14) in der ,Grammatik in Tabellen, Listen und Übersichten'), in welche der beiden Ablautreihen (IV oder V) die flektierten Verbformen *drasch* und *gerëgen* gehören.

Kontraktion

Kontraktion bezeichnet den Ausfall bestimmter Konsonanten zwischen zwei Vokalen (inter-vokalisch), bei gleichzeitiger Verschmelzung der beiden Vokale zu einem neuen: *-ege-, -age-, -ige-, -oge-* (seltener *-uge-*) u. ä. werden im Mhd. häufig zu /ae/ ‹ei›, /i:/ ‹i› ‹y›, /a:/ bzw. /e:/ ‹ê›, /o:/ kontrahiert.

leget →	*leit*	*maget →*	*meit*	
gegen →	*gein ~ gên ~ gen*	*klaget →*	*kleit* *voget →*	*voit ~*
saget →	*seit*	*tagelanc →*	*tâlanc*	*vait ~ fod ~ vad*
traget →	*treit*	*(ge)liget →*	*leit*	

-abe-, -ibe- werden im Mhd. häufig zu /a:/ bzw. /i:/ kontrahiert:

    haben → hân   *gibet → gît*   *liget → lît*

-ahe-/-âhe-, -ehe-/-êhe- werden im Mhd. häufig zu /a:/, /e:/ (mfrk. /i:/) kontrahiert:

    slahen → slân   *geschëhen →*   *geschên ~* (mfrk.) *geschien*
    vâhen → vân   *vlêhen →*   *vlên*

-ade- u. ä. wird im Mhd. gelegentlich zu /a:/ kontrahiert: *schadet → schât*.

Vgl. Paul, Mhd.Gr. §L27, §§L76-80.

🄴 Übungen zur Vertiefung: Modul 2 ,Laute und Lautwandel' Menüpunkt 3.2.

Kontrahierte Verben

Im ‚Schwabenspiegel' werden zwei unterschiedliche Formen der 3. Ps.Pl. zu *haben* verwendet: Neben *habent* (Z. 5) die kontrahierte Form *hant* (Z. 3 u.ö.). Zu *haben* wie auch zu *lâzen* sind die kontrahierten Formen jeweils so häufig, dass sie sich als Nebenformen zu der jeweiligen Vollform fest etabliert haben: *haben* : *hân, lâzen* : *lân*.

Infinitiv	1. Sg.Präs. Ind.	1. Sg.Präs. Konj.	1./3. Sg.Prät.	1. Pl.Prät.	Part.Prät.
lân	*lân*	*lâ*	*lie/liez*	*liezen*	*gelân*
hân	*hân*	*habe*	*hâte, hete, hæte*	*hâten*	*gehât, gehat, gehaben*

Eine Besonderheit ist die Endung *-n* in der 1. Ps.Sg.Präs.Ind.

Vollständige Paradigmen finden sich unter (22) und (23) in der ‚Grammatik in Tabellen, Listen und Übersichten'.

 Vertiefende Übung zu den Präsensformen: Modul 5 ‚Wörter und ihre Formen' Menüpunkt 4.3. Diese oft belegten Verbformen werden dort gemeinsam mit einer weiteren ebenfalls häufig vorkommenden Verbgruppe behandelt (vgl. S. 103 ‚Wurzelverben').

4. Aspekte von Wald: Nutzraum – Rechtsprechungsort – heiliger Hain

Mitteleuropa war das gesamte Mittelalter hindurch weit überwiegend bewaldet (der Waldanteil schwankte, da es einige Rodungsperioden gab), d. h. der Wald war als Raum immer präsent und wurde in unterschiedlicher Weise genutzt. Die Nutzungsarten blieben über die Jahrhunderte hinwegbeständig, nur die Nutzungsregelungen wurden zunehmend festgelegt.

So war noch im Frühmittelalter der Wald, der die bäuerlichen Fluren umgab, die aus Äckern und Wiesen bestanden, Allgemeinbesitz (Allmende). Die Bauern ließen hier ihr Vieh weiden und nutzten zudem das Holz des Waldes. Über die Nutzung der bewaldeten Flächen (u. a. Forst, Wildbann, Bannwald) bestimmten mehr und mehr die Grundherren. Mit dem Anstieg der Bevölkerung und der Verstädterung wuchs der Bedarf an Holz, z. B. benötigten Handwerksbetriebe zunehmend Holz zur Weiterverarbeitung und Befeuerung. Ebenso waren der Bergbau, die Glas- und Schmelzhütten sowie die Schiffswerften auf Holz angewiesen. Auch im Wald selbst siedelten sich unterschiedliche Gewerbe an: u. a. Köhlerei, Wiedenherstellung, Pottaschesiederei, Imkerei.

Während sich das Interesse der Bauern und Handwerker am Wald vor allem auf den Rohstoff Holz und die Nutzung für Vieh beschränkte, galt das Interesse der Adeligen der Freizeitbeschäftigung. Die Jagd, insbesondere die Beizjagd mit Habichten und Falken, die sich nicht nur auf den Wald sondern auch auf den Waldrand und die Flur erstreckte, war Adelsprivileg und galt als ‚Fürstenkunst'.

Naturräume unterlagen dem Recht des Herrschers oder einer Stadt und deren Gebrauch und Nutzung waren klar geregelt. Trotz des Fehlens klarer Grenzen darf der Wald nicht als Gegensatz zum höfischen oder städtischen Lebensraum gesehen werden, vielmehr war er Teil desselben. Der Übergang ist offen hin zu unbekannten Räumen; in der Vorstellungs- aber auch Erfahrungswelt sind dies Räume, in denen es zur Vermischung von Bekanntem und Unbekanntem kommt.

Die Präsenz des Waldes spiegelt sich in der Begrifflichkeit wieder, vor allem in der Bildung zahlreicher Komposita bereits in ahd. Zeit (hier eine Auswahl):

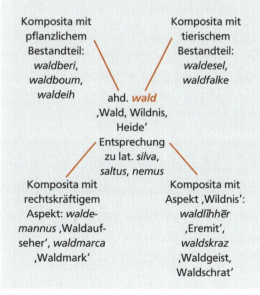

Komposita mit pflanzlichem Bestandteil: *waldberi*, *waldboum*, *waldeih*

Komposita mit tierischem Bestandteil: *waldesel*, *waldfalke*

ahd. *wald* ‚Wald, Wildnis, Heide' Entsprechung zu lat. *silva*, *saltus*, *nemus*

Komposita mit rechtskräftigem Aspekt: *waldemannus* ‚Waldaufseher', *waldmarca* ‚Waldmark'

Komposita mit Aspekt ‚Wildnis': *waldlīhhēr* ‚Eremit', *waldskraz* ‚Waldgeist, Waldschrat'

Konrad von Megenberg ‚Das Buch der Natur', Universitätsbibliothek Heidelberg, Cod. Pal. germ. 300, fol. 237[v] (um 1442-48?)

Komposita, die den Rechtsbereich markieren: *holzmarka* ‚Waldmark, Waldgebiet, Gemeindewald'

ahd. **holz** ‚Holz, Wald, Hain, Gehölz, Baum' Entsprechung zu lat. *lignum, nemus, saltus, silva*

Komposita mit tierischem oder pflanzlichem Bestandteil: *holzapful, holzmuk* ‚Eule, Hornisse', *holztūba* ‚wilde Taube', *holzwurm*

Komposita, die auf die Verarbeitung des Rohstoffes hinweisen: *holzman/ holzmeister* ‚Zimmermann, Tischler, Schnitzer'

Komposita, die auf den Ort hinweisen: *holzwang* ‚Waldwiese', *holzwīb* ‚im Wald lebende Frau, Unholdin, Hexe'

ahd. **forest** (aus lat. *forestis*) ‚Forst, Wald, Gehölz, Hain'

Ableitung *forstari* ‚Waldaufseher, Förster'

In mhd. Zeit erfolgt eine deutliche Ausweitung bei den Komposita. Die Verwaltungskomponente verstärkt sich bei mhd. *forëst* im Gegensatz zu *walt* und *holz*, die diese Komponente aber durchgängig auch zeigen.

Neben dem am häufigsten verwendeten *silva*, kennt das Lat. in frühmal. Zeit die Bezeichnungen *forestis, nemus, saltus, lucus, brogilus, salictum* und *virgultum* sowie die ahd. Entlehnungen *gualdo/uualdo* (lat./ahd.) und *waltmarcha* (ahd.) (Quellen: lat. Urkk. und Diplome, Bezug: dt. Gebiet).

Konrad von Megenberg ‚Das Buch der Natur', Universitätsbibliothek Heidelberg, Cod. Pal. germ. 300, fol. 91^v (um 1442-48?)

Bereits im 14. Jh. entstanden deutschsprachige Anweisungen zur Jagd auf Rotwild, die nicht erhalten sind, aber späteren Bearbeitungen zugrunde liegen. So legte z. B. in der 2. Hälfte des 15. Jhs. Kuno von Winenburg und Beilstein die ‚Lehre von den Zeichen des Hirsches' seinem Jagdtraktat zugrunde. Der Text enthält viele Wörter aus der jagdlichen Fachsprache.

1 Diſz buech leret ſpuren und Jagen. Des erſten wie man hirſz ſuochen ſoll in der faiſtin. Des erſten ſol man ſuochen den hirſz zu den rechten fronwaelden/ da gaetz lygent vnd an ſtoſzend. Daz ſin veſen, roggen vnd habern. Da ir wonung gern Inn iſt. Die
5 rogen ſind die beſten geaecz/ aber by diſen gaeczten ſolt du ſuochen zu rehter faiſztin Du ſolt och den bruch ſuochen vor den fron walden. Da gand ſy och gern. Du ſolt ſuochen vf den rechten haben in den waelden/ Da vindt man ſy och gern. Diſz ſuochen ſolt du zu der faiſtin tuon/ Da von ich geſchriben han.
10 Hie hebt ſich an/ wie du In an der brunſt ſuochen ſolt. Des erſten ſolt du suochen wie du wilt vf den foerſten/ da ſint ſy gern by den hinden. Du ſolt ſy och ſuochen an den furholczen hin. Du ſolt ſy ſuochen/ wann du wiſſeſt da ir gang ſy oder hin ſtand/ von ainem wald czu dem andern.

Kaiser Maximilians I. geheimes Jagdbuch und Von den Zeichen des Hirsches, Bl. 98^b-99^a.

ſpuren, mhd. *spürn; faiſtin* ‚Feiſtzeit', 4–6 Wochen vor der Brunft (Aug.–Sept.); *fronwaelden,* s. mhd. *vrônwalt; gaetz/geaecz* ‚Platz zum Äsen'; *veſen* ‚Dinkel'; *foerſten,* s. mhd. *forst; furholczen,* s. mhd. *vürholz*

Die früheste Rechtsprechung erfolgte auf Anhöhen unter Bäumen; hierbei handelte es sich um heilige Stätten, d. h. Kultstätte und Gerichtsstätte fielen in vorchristlicher Zeit zusammen. Oftmals befand sich dort zudem eine Quelle. Neben einzelnen oder mehreren Bäumen sind es Wiesen, Wasser, Brücken, Anhöhen, große Steine oder Stätten im Wald, die als Gerichtsorte dienten (schon in der griechischen Antike fand das Gerichthalten unter freiem Himmel statt und Bäume erfüllten dabei den praktischen Zweck des Schattenspendens).

Alter germanischer Schöpfungsmythos:

Dat gafregin ih mit firahim   firiuuizzo meista,
Dat ero ni uuas   noh ufhimil,
noh paum,   noh pereg ni uuas,
ni sterro nohheinig,   noh sunna ni scein,
noh mano ni liuhta,   noh der mareo seo.

Das habe ich bei den Menschen als größtes Wunder erfahren: dass es die Erde nicht gab und nicht den Himmel, es gab nicht den Baum und auch nicht den Berg, es schien nicht ein einziger Stern, nicht die Sonne, es leuchtete weder der Mond noch die glänzende See.

,Wessobrunner Gebet', vv. 1-5; Text und Übersetzung aus: Schlosser, Horst Dieter (Hg.): Althochdeutsche Literatur. Mit altniederdeutschen Textbeispielen. Auswahl mit Übertragung und Kommentar. 2., überarb. u. erw. Aufl. Berlin 2004, S. 48 f.

Zunehmend wurde der Ort der Rechtsprechung in die Städte verlagert und fand dort zunächst an zentralen Stätten statt, deren Mittelpunkt ein Baum, i. d. R. eine Linde (seltener eine Eiche) war, bevor das Gericht endgültig in geschlossenen Gebäuden platziert wurde. Die Gerichtsstätte wurde vor einer Versammlung gehegt, d. h. der Platz wurde z. B. durch Steinsetzungen eingegrenzt, zudem wurde der Bereich mit Richtertisch, Schöffenbänken und Schranken ausgestattet. Über die Funktion als Ort der Rechtsprechung hinaus waren dies oft Orte, an denen sich öffentliches Leben insgesamt abspielte: Der Platz an der Dorflinde diente neben der Nutzung als Gerichtsort auch als Versammlungsplatz, Festplatz (Kirchweih), Gesprächsort.

In den alten Kulturen Europas sind heilige Wälder (bei den Kelten *nemeton* genannt), in denen auf Lichtungen vereinzelt heilige Bäume standen, durchgängig zu finden. Bei den Kelten galten Bäume als Bewahrer von Wissen und Erinnerung und eine wirtschaftliche Nutzung heiliger Wälder, z. B. in Form von Rodung oder Auflesen von Holz, war verboten. Zuwiderhandlungen wurden hart bestraft, u. a. mit dem Tod. Heilige Haine fanden sich überwiegend in Gallien, Britannien und auf germanischem Boden. Gegen die Anbetung von Bäumen, Brunnen und Steinen wurden auf dem Konzil von Arles (452) Gesetze erlassen. Mit dem Ziel, den herrschenden Baumkult abzuschaffen, wurden im Rahmen der christlichen Missionierung fast alle heiligen Haine zerstört. Wo die alten Kulte nicht gänzlich abgeschafft wurden, christianisierte man heilige Bäume (wie z. B. den zu Weihnachten geschmückten Baum). Der *nemeton* lebt in bretonischen Legenden und Erzählungen als Zauberwald von Brocéliande (Breziljan; in der Bretagne) weiter. Aus Britannien gelangten Geschichten um König Artus (Arthur) in die Bretagne, die mit den Gegebenheiten vor Ort verschmolzen.

Literatur: Haage, Bernhard Dietrich/Wegener, Wolfgang: Deutsche Fachliteratur der Artes in Mittelalter und Früher Neuzeit. Berlin 2007, 168 f.; Vavra, Elisabeth (Hg.): Der Wald im Mittelalter. Funktion – Nutzung – Deutung. Berlin 2008. (Das Mittelalter, Bd. 13, H. 2); Brosse, Jaques: Mythologie der Bäume. 3. Aufl. Düsseldorf/Zürich 2002. (Originalausgabe: Mythologie des arbres. Paris 1989.); Gifford, Jane: Die Magie der Bäume. Legenden und Mythen der Kelten. Stuttgart 2007 (Originalausgabe: The Celtic Wisdom of Trees. London 2000.); Schnyder, Mireille: Der Wald in der höfischen Literatur: Raum des Mythos und des Erzählens. In: Der Wald im Mittelalter. Funktion – Nutzung – Deutung. Hrsg. v. Elisabeth Vavra. Berlin 2008, S. 122–135. (Das Mittelalter, Bd. 13, H. 2).

Kapitel 3 Wald und Wildnis
b Wald und Wildnis als Erzählraum

Hildebrand sucht im
Wald Deckung

Hildebrand kämpft aus der Deckung
des Waldes heraus mit Sigenot.

Sigenot reißt Bäume aus...

...und nähert sich Hildebrand.

Sigenot reißt den halben Wald
aus. Hildebrands Gegenangriff.

Sigenot zieht den unter die Bäume
gefallenen Hildebrand hervor.

‚Sigenot': Kampf zwischen Hildebrand und dem Riesen Sigenot, Universitätsbibliothek Heidelberg,
Cod. Pal. germ. 67, fol. 75ᵛ-78ʳ (um 1470)

Ez geſchach mir da von iſt ez war.
ez ſint nv wol zehn iar.
daz ich nach aventivre reît.
Gewafent nach gewonheît.
ze Brezzilian in den walt.
da waren die wege manecfalt.
do chert ich nach der zeſwen hant.
vf eînen ſtic den ich da vant.
der waſ vil rûch vnd enge.
dvrch dorne vnd dvrch gedrenge.
So fûr ich allen einen tac.
daz ich fvr war wol ſprechen mac.
daz ich ſo grozze arbeît.
nîe von vngeverte erleît.
vnd do ez an den abent gîenc.
eînen ſtîc ich do gevîenc.
der trûc mich vz der wilde.
vnd chom an eîn gevilde.

Hartmann von Aue ‚Iwein',
Hs. 97, fol. 5ᵛ,25-6ʳ,16; vv. 259-279

Gottfried
von Straßburg
‚Tristan und
Isolde': Tristans
Kampf mit dem
Drachen,
Bayerische
Staatsbibliothek
München, Cgm
51, fol. 67ʳ
(2. Viertel
13. Jh.)

1. Albrecht von Kemenaten ‚Goldemar'

Der ‚Goldemar' ist ein Text der sog. aventiurehaften Dietrichepik. Dietrich von Bern (Verona) macht sich in die südtiroler Waldwelt auf und erlebt dort vielfältige ‚Abenteuer'. Der ‚Goldemar' ist vermutlich um 1230 entstanden und wird Albrecht von Kemenaten zugewiesen; von dem Text, der in nur einer Handschrift aus der Mitte des 14. Jhs. überliefert ist, sind nur die ersten neun Strophen und drei Verse der zehnten Strophe erhalten.

1 Her Dieterich von Berne reit:	
die rehten strâze er dicke vermeit,	*rehten*, hier ‚richtig'
dô kêrte er gên der wilde.	
man seit von sîner degenheit,	
5 waz er nôt in strîten leit,	StrK
ze walde und ûf gevilde.	
wir hœren wunder von im sagen,	
daz er sô vil gevæhte	
(mänic wart von im erslagen)	
10 und och gên Berne bræhte SW	
beidiu gevangen und verwunt,	
die er mit degenheit betwanc.	
ime was ze strîte kunt.	
Dô wart dem tugenthaften man	
15 von grôzen risen kunt getân,	
die wæren in dem walde:	
dâ vunde man sî zaller stunt.	*vunde*, eigentlich *vünde*
daz birge heizet Trûtmunt.	
SW dar gâhte der degen balde.	
20 er sprach, er wolte gerne sehen	
die risen ungefüege.	
swaz kumbers im dâ möhte beschehen,	Kumbers – Gefahr / Leid
dô iegelicher trüege	
ein stange grôz und dar zuo lanc,	
25 diu wunder wolte er gerne spehen.	
sîn manheit in dar zuo betwanc.	
Im walde vant er einen berc,	
den hâten gar wildiu getwerc	
erbûwen und besezzen.	
30 bî dien er eine magt ersach,	*dien* ‚denen', vgl. (30) in der ‚Grammatik in Tabellen, Listen und Übersichten'
daz im sîn herze des verjach,	*verjach*, Inf. *verjehen*
dem edlen helde vermezzen,	
ern sæh nie wîp sô wol getân.	*schœnen vrouwen* (Akk.Sg.), zur schwachen Adjektivflexion vgl. (26), zur Flexion der Feminina vgl. (8)–(10) in der ‚Grammatik in Tabellen, Listen und Übersichten'
des vröute sich der guote.	
35 man wolte in sî niht sehen lân:	
sî was in grôzer huote.	
die stîge vertrâten im getwerc.	
die schœnen vrouwen wol getân	*in*, hier Reflexivpronomen, vgl. (28) in der ‚Grammatik in Tabellen, Listen und Übersichten'
vuorten sî mit in in den berc.	

Aus: Dietrichs Abenteuer von Albrecht von Kemenaten. Nebst den Bruchstücken von Dietrich und Wenezlan. Hrsg. v. Julius Zupitza. Berlin 1870, S. 202–204, strr. 3,1-5,13. (Deutsches Heldenbuch Bd. 5)

1 Beschreiben Sie, wie Dietrich von Bern in die *wilde* (v. 3) gelangt.
2 Listen Sie auf, über welche Eigenschaften Dietrich von Bern verfügt.
3 Fassen Sie zusammen, was Dietrich über Riesen berichtet wird.
4 Wem begegnet er an dem *berc* (v. 27 ff.)?

5 Markieren Sie alle schwach bzw. stark flektierten Präteritalformen in der 3. Ps. Sg.
6 Geben Sie für die zwei im Text enthaltenen kontrahierten Formen jeweils die nicht
   kontrahierte Form des Verbs an.

2. Wortschatz

wilt und *zam*

wilt (vgl. v. 28) ist – insbesondere auch als Teil literarischer Konzepte – ein wichtiger Begriff des
Mhd., der ganz allgemein einen Gegensatz zu *zam* darstellt:

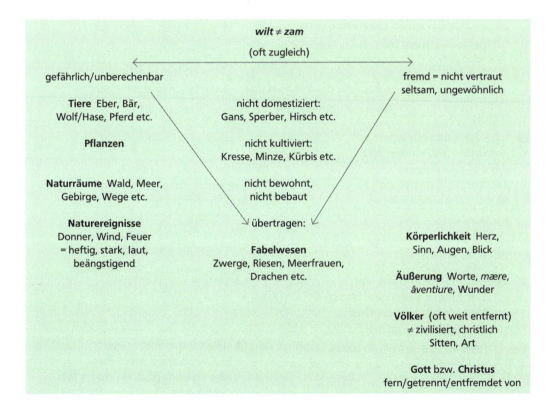

Die Bedeutungsvarianten ‚nicht domestiziert', ‚nicht kultiviert', ‚unbebaut', ‚fremd' sind auch
schon im Ahd. belegt. Neu ist in mhd. Zeit die starke Einbindung in das literarische Konzept von
wilde insbesondere in der höfischen Literatur bis hin zum Gegensatz von *hof* und *wilde*. Von
hier aus kann die Verwendung und damit die Bedeutung von *wilt* in vielfältiger Weise ausge-
dehnt werden.

Literatur: Hufeland, Klaus: Das Motiv der Wildheit in mittelhochdeutscher Dichtung. In: ZfdPh 95 (1976),
S. 1–19.

7 Erklären Sie mithilfe der Graphik, was mit *wilt* bzw. *zam* in den Textbeispielen jeweils gemeint ist.

❶ swaz lebendes ûf der erde sî
ez sî **wilde** oder **zam**
daz müeze sîn gehôrsam
dem man unt sîme liste

,Moriz von Craûn', vv. 308-311

❷ Dô diu juncfrouwe   die stimme dô vernam,
dô wolte si niht getrouwen,   daz immer alse **zam**
der **wilde** vogel wurde,   daz er reden kunde.
si hôrte sîne stimme,   sam si gienge ûz eines menschen munde.

,Kudrun', str. 1168,1-4

❸ er wart swach alsam ein huon
und vaht doch als ein **wildez** swîn.

Der Stricker ,Daniel von dem blühenden Tal', v. 3512 f.

❹ ,sehet, wie di wolken **wilde**   vliegent vor dem winde'

Albrecht von Scharfenberg ,Der Jüngere Titurel', str. 1072,1

❺ ich wânde daz hûs waere vol
gewürmes und **wilder** tiere
diu uns alsô schiere
âne wer den lîp naemen,
sô wir dar kaemen.

Hartmann von Aue ,Erec',
vv. 8037-8041

❻ in der zeit da lief dort heer.
Ein wurm vngehewr.
dem fûr **wildes** fewr.
aus ze feinem mûnde.
Wenn er plafen begûnde.
Sein Stymme vnmeͤſlichen dos.

,Dietrichs Flucht', Cod. Ser. nova 2663,
fol. 54ʳᶜ, 4-9; vv. 1544-1549

❼ Der jne braht in das lant.
Dar jnne er einen monad reit
Vnd leit vil groszer arbeit,
Wann das lant was **wild**.

Heinrich von dem Türlin ,Diu Crône',
vv. 27194-27197

❽ Darnach er furbas geriet
zu ainer ungehewrn diet,
die warn ungezemet und **wild**
und hetten doch menschen pild.

Seifrit ,Alexander', vv. 6063-6066

❾ dise âventiure nem sich an
ein sô künstiger man
der **wildiu** wort künne **zamen**.

Wirnt von Grafenberg ,Wigalois',
vv. 11653-11655

❿ ouch lâgen an den bergen
vil **wilder** getwergen,
manec wilder man unde wîp
den ungeschaffen was der lîp.

Der Pleier ,Tandareis und Flordibel',
vv. 9896-9899

3. Grammatik

Konjunktiv

Die Form *gevæhte* (v. 8) ist Konjunktiv Präteritum. Das genaue Erkennen des Modus ist für das Übersetzen jedoch wichtig.

Bei den **starken** Verben, die einen umlautfähigen Stammvokal haben, ist der Konjunktiv im Prät. gut zu erkennen. Nur im Plural Präsens sind die 1./2. Person im Indikativ und Konjunktiv formgleich (die hervorgehobenen Buchstaben markieren die formalen Unterschiede zwischen Indikativ und Konjunktiv):

Starke Verben, Präsens		Indikativ	Konjunktiv
Sg.	1.	*nime*	*nëme*
	2.	*nimest*	*nëmest*
	3.	*nimet*	*nëme*
Pl.	1.	*nëmen*	
	2.	*nëmet*	
	3.	*nëmen(t)*	*nëmen*

Starke Verben, Präteritum		Indikativ	Konjunktiv
Sg.	1.	*nam*	*næm(e)*
	2.	*næme → namst*	*næmest*
	3.	*nam*	*næm(e)*
Pl.	1.	*nâmen*	*næmen*
	2.	*nâmet*	*næmet*
	3.	*nâmen*	*næmen*

Eine besondere Form zeigt die 2. Ps.Sg.Prät.Ind., die häufig mit Umlaut des Stammvokals, dann aber – im Gegensatz zum Konjunktiv – ohne *-st*-Endung belegt ist.

Bei den **schwachen** Verben ist der Unterschied zwischen Indikativ und Konjunktiv dagegen kaum noch zu erkennen und zeigt nur in der 3. Ps.Sg.Präs. einen formalen Unterschied:

Indikativ: *er/sie/ez sag-et*   Konjunktiv: *er/sie/ez sag-e*

Eine vollständige Übersicht über die Flexion der starken und schwachen Verben findet sich unter (13) bzw. (16) in der ,Grammatik in Tabellen, Listen und Übersichten'.

📖 Vertiefung zu den Präsensformen der starken Verben: Modul 5 ,Wörter und ihre Formen' Menüpunkt 6.6.

8 Markieren Sie in dem Text (Albrecht von Kemenaten ,Goldemar') die Verbformen, die im Konjunktiv stehen.

Starke Verben: Ablautreihe I

Ablautreihe I ist in zwei Unterklassen unterteilt, je nachdem, welcher Vokal in der 1./3. Ps. Sg.Prät. steht. Das Verb *reit* (v. 1) zählt zur Klasse Ia, zu der die meisten Verben der Ablautreihe I gehören.

Ia	Infinitiv	1. Sg.Präs.	1./3. Sg.Prät.	1. Pl.Prät.	Part.Prät.
Infinitiv-Vokal: *î*	*î*	*î*	*ei*	*i*	*i*
				miten	

9 Füllen Sie die freien Felder aus und schlagen Sie die Bedeutung des Verbs im Wörterbuch nach.

In diese Klasse gehören wichtige Verben wie *bîzen*, *glîten*, *grîfen*, *lîden*, *nîgen*, *rîten*, *schînen*, *schrîben*, *snîden*, *strîten*, *slîzen*, *trîben*, *wîzen*.

Eine vollständige Liste findet sich unter (15.1) in der ‚Grammatik in Tabellen, Listen und Übersichten'.

Bei Verben mit *h*, *d* und *s* als stammschließendem Konsonanten gibt es einen **Wechsel von** ***h → g, d → t, s → r*** zwischen Präs. und Prät. bzw. Part.Prät.:

> *ziehen – zôch – zugen – gezogen*
> *lîden – leit – liten – geliten*
> *verliesen – verlôs – verluren – verloren*

Diese Alternation bezeichnet man seit Jacob Grimm als ‚**Grammatischen Wechsel**' (s. Paul, Mhd.Gr. §L65). /t/ in *leit* ist nicht durch den Grammatischen Wechsel bedingt, sondern ist eine Auslautverhärtung von /d/ zu /t/. In der 1./3. Ps.Sg.Prät. steht das *h* im Auslaut und wird entsprechend als /χ/ ausgesprochen und in vielen Handschriften und Editionen mit *ch* geschrieben.

Grammatischer Wechsel tritt in Ablautreihe Ia insbesondere zwischen *d* und *t* auf.

Zur Klasse Ib gehören weit weniger Verben, so z. B. *dîhen*, *lîhen*, *spî(w)en*, *zîhen* (‚zeihen') (eine vollständige Liste findet sich unter (15.1) in der ‚Grammatik in Tabellen, Listen und Übersichten'). Es handelt sich um Verben, deren Stamm auf (germ.) *h* /x/ oder (selten) *w* endet, vor denen ehemaliges (germ.) *ai* im Ahd. zu *ê* monophthongiert wird, während es ansonsten Diphthong bleibt. Ib unterscheidet sich so von Ia durch die Form der 1./3. Sg.Ps.Prät.:

Ib	Infinitiv	1. Sg.Präs.	1./3. Sg.Prät.	1. Pl.Prät.	Part.Prät.
Infinitiv-Vokal: *î*	*î*	*î*	*ê*	*i*	*i*
Stamm endet auf *h* (oder *w*)				*digen*	

10 Füllen Sie die freien Felder aus und schlagen Sie die Bedeutung des Verbs im Wörterbuch nach.

Grammatischer Wechsel tritt in dieser Reihe insbesondere als Wechsel zwischen *h* und *g* auf.

Zur Ablautreihe I vgl. Paul, Mhd.Gr. §M76.

Starke Verben: Ablautreihe III

Die Ablautreihe III ist in zwei Unterklassen aufgeteilt, das starke Verb *betwanc* (v. 12) gehört zur Klasse IIIa.

IIIa Infinitiv-Vokal: *i*	Infinitiv	1. Sg.Präs.	1./3. Sg.Prät.	1. Pl.Prät.	Part.Prät.
Stamm endet auf Nasal + Konsonant	*i*	*i*	*a*	*u*	*u*
Part.-Prät.-Vokal: *u*			*glanz*		

11 Füllen Sie die freien Felder aus und schlagen Sie die Bedeutung des Verbs im Wörterbuch nach.

In diese Klasse gehören wichtige Verben wie *betwingen, binden, brinnen, dringen, vinden, rinnen, sinnen, singen, trinken, twingen, winden, gewinnen* (eine vollständige Liste findet sich unter (15.3) in der ,Grammatik in Tabellen, Listen und Übersichten').

IIIb Infinitiv-Vokal: *ë*	Infinitiv	1. Sg.Präs.	1./3. Sg.Prät.	1. Pl.Prät.	Part.Prät.
Stamm endet auf Liquid + Konsonat	*ë*	*i*	*a*	*u*	*o*
Part.-Prät.-Vokal: *o*	*erknille*				

12 Füllen Sie die freien Felder aus und schlagen Sie die Bedeutung des Verbs im Wörterbuch nach.

Nach IIIb flektieren wichtige Verben wie *bevëlhen, bërgen, dërben, gëlten, hëlfen, schëlten, stërben, wërben, wërden, wërfen, wërren* (eine vollständige Liste findet sich unter (15.3) in der ,Grammatik in Tabellen, Listen und Übersichten').

Das *i* in *drillen* stellt eine Ausnahme dar; *drillen* gehört zu IIIb.

Zu Ablautreihe III und den Ursachen der Unterscheidung der Stammvokale im Part.Prät. vgl. Paul, Mhd.Gr. §M78.

🖰 Übungen zum Verstehen fremder Formen: Modul 5 ,Wörter und ihre Formen' Menüpunkt 6.2, 6.5 (AR III und Ia).

Klise

Wörter, die im Nhd. getrennt geschrieben werden, können im Mhd. zu einem Wort klitisiert werden, d. h. einzelne Wörter können – meist unter Verlust lautlicher Bestandteile – mit dem folgenden Wort (Proklise) oder dem vorausgehenden Wort (Enklise) verschmelzen. Neben der Klise von Negationspartikeln geschieht dies besonders häufig bei den (Personal-)Pronomen:

ih daz/ ih ez → ihz   *wir ez → wirz*   *heten si → hetens*   *machten ez → machtens*
saget er → sageter   *tu ez → tus*   *er ist → erst*   *der ist → derst*

Im Fall der 2. Ps.Sg.Präs.Ind. der Verben (*du sages*) nimmt man an, dass die Enklise von nachgestelltem Personalpronomen (*sages tu*) zur Ausbildung der Flexionsendung *-(e)st* (*du sagest*) geführt hat:

du sages | sages tu → *sagestu* → *sagest tu | du sagest*

Häufig wird auch das Präfix *ze* proklitisch angefügt (zumeist unter Verlust des *e*):

ze machene → *zmachene*   *ze ware* → *zware*   *ze aller* → *zaller*

Ändert sich dabei die Qualität der vokalischen Bestandteile, spricht man von Krasis:

daz ist → *deist*, auch *dest/dêst*.

Vgl. Paul, Mhd.Gr. §E21 und §S143.

Negation und doppelte Negation

Die Negation im Mhd. kann durch
– Negationspartikel *en-, ne-, n-* (Proklise: *ich enmag = ich mag niht*),
– *-ne, -n* (Enklise: *ern kan = er kan niht*),
– Negationswörter (Pronomen, adverbiale Ausdrücke wie *niht, kein, nie, nieman, niene, nehein* etc.)
ausgedrückt werden.

Doppelte Negationen (auch ‚gehäufte Negation‘ oder ‚mehrfache Negation‘) stellen eine häufige Form der Negation im Mhd. dar. Gelegentlich hat sie eine verstärkende bzw. verdeutlichende Funktion (im Gegensatz zum Nhd., wo doppelte Negation sich aufhebt): *ern sæh nie = er sah nie* (v. 33). Doppelte Negationen werden meist aus Negationspartikeln und Negationswörtern kombiniert:

> Die ſconi gotſ. die **ne** geſach **nie nehein** ŏge.
> die **ne** gehorte **nie neheinv** orn. die **ne** dachte **nihein** herze
>
> ‚Zürcher Predigten‘, fol. 108rb,17-20

Manche überwiegend positiv genutzten Wörter können kontextabhängig negative Bedeutung haben, wie *dehein* (‚irgendeiner‘ → ‚keiner‘), *iht* (‚etwas‘ → ‚nichts, nicht‘) oder *ie* (‚immer‘ → ‚nie‘). Einige werden als stilistische Formen verwendet (Litotes) wie z. B. *wênec* (‚nichts‘), *sëlten* (‚nie‘), *klein* (‚nichts‘), *lützel* (*lützel iemen* ‚niemand‘).

> daz ir daz gotiſ wort iht vliet odir verwidert
>
> ‚Speculum Ecclesiae C‘, Cgm 39, fol. 7^r,18 f.

> Ein herre in francheriche ſaz.
> deſ man ſelten ie vergaz.
> ſwa man der beſten do gewoc
>
> Rudolf von Ems ‚Wilhelm von Orlens‘, Cgm 63, fol. 2ra,25-30; vv. 133-135

> Daz half allez chleine.
> diz mære wart gemeine.
>
> Gottfried von Straßburg ‚Tristan und Isolde‘, Cgm 51, fol. 52ra,18 f.; v. 7695 f.

Vgl. dazu Paul Mhd.Gr. §E21 und §§S143-144.

 Übungen zur Vertiefung: Modul 4 ‚Sätze und ihre Strukturen‘ Menüpunkt 4.1 bis 4.4.

Relativsätze

Neben den Relativpronomen *dër, diu ~ die* und *daz*, die wie einfache Demonstrativpronomen flektiert werden, gibt es eine Reihe von Adverbien, die Relativsätze einleiten können, dazu gehören u. a.:

alsam, als(e), alsô, sam, sô ‚wie'
dâ ‚wo'
dar ‚wohin'
dô ‚damals, als'

13 Suchen Sie die Relativsätze aus dem Text (Albrecht von Kemenaten ‚Goldemar') heraus.

14 In manchen Fällen ist der relative Satzanschluss noch nicht eindeutig. Die folgenden Beispiele können daher sowohl als zwei Hauptsätze als auch als relativisches Satzgefüge übersetzt werden. Probieren Sie beide Möglichkeiten aus.

Einleitung durch Relativpronomina:

Dô wart dem tugenthaften man
von grôzen risen kunt getân,
die wæren in dem walde

Albrecht von Kemenaten ‚Goldemar', vv. 14-16

Einleitung durch Adverb:

daz birge heizet Trûtmunt.
dar gâhte der degen balde.

Albrecht von Kemenaten ‚Goldemar', v. 18 f.

Dâ wart unmaezlîchen grôz
der starke herschal.
daz gevilde allez nâchdôz,
alsam tete berc unde tal.

‚Rabenschlacht', str. 616,1-4

Weitere relativische Adverbien vgl. Kap. 3 a. Eine Übersicht über die Flexion der einfachen Demonstrativpronomen findet sich unter (30) in der ‚Grammatik in Tabellen, Listen und Übersichten'. Vgl. Paul, Mhd.Gr. §M50 und §S162.

 Modul 4 ‚Sätze und ihre Strukturen' Menüpunkt 7.2 (Verbstellung im Relativsatz).

Lautwandel (Konsonantismus I)

Anlautendes /t/ vor /v/ ‹w› wie z. B. in *twingen oder twër* wird im Wmd. und Obd. zur Affrikata /ts/ ‹z› verschoben. Im Omd. steht hier /k/. Der Lautwandel beginnt im Obd. bereits in mhd. Zeit, im Md. im 14. Jh. In die nhd. Standardsprache sind teils obd./wmd., teils omd. Formen eingegangen:

omd. /k/	nhd.	wmd. bzw. obd. /ts/	nhd.
kwalm	*Qualm*	*twingen*	*zwingen*
kwër	*quer*	*twërc*	*Zwerg*
kwëngeln	*quängeln*	*twëngen*	*zwängen*

Eine Übersicht über die mhd. Konsonanten findet sich unter (3) in der ‚Grammatik in Tabellen, Listen und Übersichten'. Vgl. Paul, Mhd.Gr. §L116.

4. Übungstext

> Ez **geſchach** mir da von iſt ez war.
> ez ſint nv wol zehn iar.
> daz ich nach aventivre **reît**.
> Gewafent nach gewonheît.
> 5   ze Brezzilian in den walt.
> da waren die wege manecfalt.
> do chert ich nach der zeſwen hant.
> vf eînen ſtic den ich da **vant**.
> der waſ vil rv̂ch vnd enge.
> 10   dvrch dorne vnd dvrch gedrenge.
> So fv̂r ich allen eînen tac.
> daz ich fvr war wol ſprechen mac.
> daz ich ſo grozze arbeît.
> nîe von vngeverte **erleît**.
> 15   vnd do ez an den abent gîenc.
> eînen ſtîc ich do gevîenc.
> der trv̂c mich vz der wilde.
> vnd **chom** an eîn gevilde.

Hartmann von Aue ‚Iwein‘, Universitätsbibliothek Gießen, Hs. 97, fol. 5ᵛ,25-6ʳ,16; vv. 259-276

15   Bilden Sie den Infinitiv zu den fettgedruckten starken Verben.
16   Suchen Sie die Relativsätze.
17   Wie übersetzen Sie *wol* (v. 2, v. 12) und *vil* (v. 9)?
18   Was ist hier mit *arbeit* (v. 13) gemeint?

5. ‚Wilde Weiber‘, Riesen, Zwerge und Drachen

Im Gegensatz zum bebauten, kultivierten Land, der *terra culta*, steht die *terra inculta* – der wilde, undurchdringliche Wald. Dieser war im Frühmittelalter idealer Klosterort (später Einsiedeleien, in die sich Mönche zur Askese zurückzogen) und bot das ganze Mittelalter hindurch für aus der Gesellschaft Ausgestoßene den einzig möglichen Lebensraum. Der Dichtung bietet dieser Raum die Möglichkeit, eine illustre Sammlung von Lebewesen zu präsentieren, der sich der Protagonist zumeist im Rahmen von Bewährungsfahrten (im Artusroman *âventiure*-Fahrt) ausgesetzt sieht. So begegnen in Form von ‚Wilden Weibern‘ oder ‚Wilden Männern‘ (allg. Waldmenschen) Ausgestoßene, die oft bereits so sehr mit der Natur verschmolzen sind, dass sie pflanzliche (z. B. aus den Ohren wachsendes Moos) oder tierische Attribute (z. B. enorme, übermenschliche Stärke, Hörner, Krallen) zeigen. Diese Waldmenschen lassen sich durch ihre Sprachfähigkeit recht eindeutig der menschlichen Sphäre zuordnen. Oft waren sie Bestandteil der zivilisierten Gesellschaft, sind ausgestoßen worden und haben sich im Lauf der Zeit an ihr neues Umfeld assimiliert.

Heinrich von Neustadt ,Apollonius von Tyrland': ,Wildes Weib', Universitäts- und Forschungsbibliothek Erfurt/Gotha, Chart. A 689, fol. 74ʳ (um 1465)

Heinrich von Neustadt ,Apollonius von Tyrland': ,Fischer', Universitäts- und Forschungsbibliothek Erfurt/Gotha, Chart. A 689, fol. 76ʳ (um 1465)

dem vngefŷgen manne.
vvaren gran vnd bra.
lanc. rvch. vnd gra.
div naſe alſ eînem ohſen groz.
kvrz. wit. nîender bloz.
daz antlvtze dvrre vnd flach.
ovwi wîe eîſliche er ſach.
div ovŷgen rot zornvar.
der mvnt het im gar.
Bedenthalp den wangen.
mit wîte bevangen.

Hartmann von Aue ,Iwein', Hs. 97, fol. 9ʳ,26-9ᵛ,10; vv. 444-454

Die drei Zwerge, Schloss Runkelstein (Südtirol), nach 1393 (Fresko)
Alle Rechte © by Stadt Bozen, Foto: Augustin Ochsenreiter

ich weiz einen kleinen man,
dem ist vil wunders undertân:
der ist kûme drîer spannen lanc.
er hât manegem âne sînen danc
hant und fuoz abe geslagen,
daz wil ich iu für wâr sagen,
der grôzer was dan sîn drî:
den machte er sorgen frî.
er ist Laurin genant.
im dienent alliu wildiu lant,
diu getwerc sint im unertan.
er ist ein künec lobesam.

,Laurin', vv. 53-64

Ebenfalls sprachfähig, jedoch nicht Teil der zivilisierten menschlichen Gesellschaft gewesen, sind Zwerge, Riesen, feenartige Wesen und Sirenen. Vor allem Zwerge bewohnen den Wald nicht nur, sondern formen ihr Umfeld, indem sie weitverzweigte Höhlennetze in Berge schlagen.

Das breite Spektrum der tierischen Waldbewohner reicht von heimischen bekannten (z. B. Hirsch, Bär) über exotische (z. B. Löwe) bis hin zu mythisch-imaginären Tieren (z. B. Einhorn).

Die ebenfalls im Wald lebenden bzw. arbeitenden Räuber, Fischer und Fährmänner befinden sich räumlich außerhalb der Gesellschaft, haben aber eine enge Verbindung zu dieser bzw. sind Bestandteil der Gesellschaft.

In Erzählungen kann dieses ,Waldpersonal' sowohl eine helfende oder den Protagonisten unterstützende Funktion haben, aber auch gefährlich oder bedrohlich sein und dem Helden (oft grundlos) nach dem Leben trachten.

Eine Besonderheit stellt der Drache dar: Sein Äußeres und seine Fähigkeiten sind nicht immer eindeutig festgelegt (so gibt es den Flugdrachen und den nicht flugfähigen *lintwurm*), seine Außerordentlichkeit ist jedoch grundsätzlich immens.

Nur die stärksten und besten Krieger können einen Drachenkampf durchstehen. Der berühmteste Drachenkampf ist zweifellos der Siegfrieds, der damit endet, dass Siegfried im Drachenblut badet und mit Ausnahme einer Stelle auf der Schulter, die während des Bades von einem Lindenblatt bedeckt wird, körperlich unverwundbar wird.

Diese Begebenheit wird im ‚Nibelungenlied‘ allerdings in nur ganz wenigen Zeilen wiedergegeben, erzählt von Siegfrieds Widersacher Hagen von Tronje.

Heinrich von Mügeln ‚Der Meide Kranz‘, Universitätsbibliothek Heidelberg, Cod. Pal. germ. 14, fol. 1ʳ (1407)

Noch weiz ich an im mere.   daz mir iſt bekant.
einen lintrachen.   flůch des heledes hant.
do badet er in dem blůte.   deſ iſt der helt gemeit.
von alſo veſter hvte.   daz in nie wafen ſit verſneit.

,Nibelungenlied‘, Cod. Donaueschingen 63, fol. 4ᵛ,18-20; str. 100,1-4

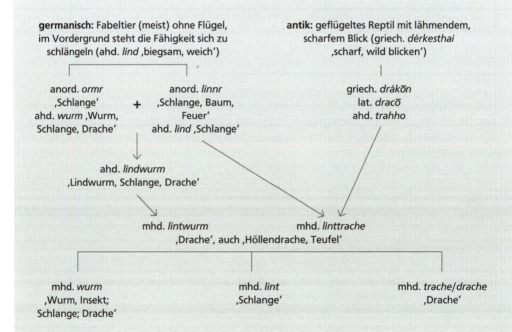

germanisch: Fabeltier (meist) ohne Flügel, im Vordergrund steht die Fähigkeit sich zu schlängeln (ahd. *lind* ‚biegsam, weich‘)

antik: geflügeltes Reptil mit lähmendem, scharfem Blick (griech. *dérkesthai* ‚scharf, wild blicken‘)

anord. *ormr* ‚Schlange‘ ahd. *wurm* ‚Wurm, Schlange, Drache‘

+

anord. *linnr* ‚Schlange, Baum, Feuer‘ ahd. *lind* ‚Schlange‘

griech. *drákōn* lat. *dracō* ahd. *trahho*

ahd. *lindwurm* ‚Lindwurm, Schlange, Drache‘

mhd. *lintwurm*

mhd. *linttrache* ‚Drache‘, auch ‚Höllendrache, Teufel‘

mhd. *wurm* ‚Wurm, Insekt; Schlange; Drache‘

mhd. *lint* ‚Schlange‘

mhd. *trache/drache* ‚Drache‘

Dô er den wurm rehte ersach,
in sînem herzen er des jach,
daz sô ein ungehiure
deheine crêâtiure
ie gesæhe dehein man. […]
mit beiden handen er dô nam
die glävîe, wan si was starc.
dô truoc in sîn schœne marc
ûf den wurm dâ er gie;
die glävîe er sîgen lie
daz sîn der wurm niht ensach;
durch sîn herze er im stach
den schaft unz an die hant gar
ê er des mannes würde gewar:
sô snellîche kom er dar.
Als er des stiches dâ enpfant,
dô begunde er lüewen sâ zehant
daz der walt al erhal.
sich huop dâ manic grôzer val
von den starken esten;
die boume begunden bresten
dâ der wurm nâch im sluoc;
sîn snellez ors in danne truoc.

Wirnt von Grafenberg ‚Wigalois‘, vv. 5020-5107

‚Virginal‘: Drachenkampf Rentwins,
Universitätsbibliothek Heidelberg, Cod.
Pal. germ. 324, fol. 286ᵛ (um 1440)

Literatur: Lecouteux, Claude: Der Drache. In: ZfdA (1979) 108, S. 13–31; Müller, Ulrich/Wunderlich, Werner (Hgg.): Dämonen, Monster, Fabelwesen. St. Gallen 1999; Schultz-Balluff, Simone: Dispositio picta – Dispositio imaginum. Zum Zusammenhang von Bild, Text und ‚Sinn‘ in den Überlieferungsträgern von Heinrichs von Neustadt ‚Apollonius von Tyrland‘. Bern 2006; Unzeitig-Herzog, Monika: Vom Sieg über den Drachen: alte und neue Helden. In: Ehlert, Trude (Hg.): Chevaliers errants, demoiselles et l’Autre: höfische und nachhöfische Literatur im europäischen Mittelalter. Festschrift für Xenja von Ertzdorff zum 65. Geburtstag. Göppingen 1998, S. 41–61.

Kapitel 4 Hof
a Höfische Bildung und Ausbildung

Gestickter Teppich mit Szenen aus dem Tristanroman, Kloster Wienhausen bei Celle (um 1300/1310)

Rudolf von Ems ‚Willehalm von Orlens':
Ritterschlag Wilhelms, Universitätsbibliothek
Heidelberg Cod. Pal. germ. 323, fol. 110ᵛ
(um 1420)

diz ſage ih iv ſprach Driſtran.
ich waſ ein hoſcher ſpileman.
vnde chunde genŏge.
hoffcheit vnd fŏge.
ſprechen vnd ſwigen.
liren vnd gigen.
harphen vnd rotten.
Schimphen vnd ſpoten.
daz chunde ich allez alſ wol.
alſ ſogetan livt von reht ſol.

Gottfried von Straßburg ‚Tristan und Isolde',
Cgm 51, 51ʳᵇ,30-39; vv. 7563-7572

ſwer ſchildes ampt v̊ben wil.
der mv̊z dvrchſtrichen lande vil.

Wolfram von Eschenbach ‚Parzival',
Cod. 857, Bl. 143ª,3 f.; 499,9-10

Nv was er in der ſterche.   daz er wol waffen trv̊ch.
ſwes er da zv bedorfte.   des lag an im genv̊ch.

‚Nibelungenlied', Cod. Donaueschingen 63, fol. 2ʳ,4-6; str. 26,1 f.

Große Heidelberger Liederhandschrift (Codex
Manesse), Universitätsbibliothek Heidelberg,
Cod. Pal. germ. 848, 13ʳ (1. Hälfte 14. Jh.)

1. Gottfried von Straßburg ‚Tristan und Isolde'

Der aus keltischem Sagenbereich stammende Tristanstoff wurde im Zuge der *Adaptation courtoise* auch von deutschen Bearbeitern auf Basis französischer Vorlagen rezipiert. Die älteste deutsche Fassung stammt von Eilhart von Oberg (1170). Die Bearbeitung Gottfrieds von Straßburg (1200/ 1210) basiert auf der Fassung von Thomas von Britanje (1170). Zentrales Thema ist die durch den Minnetrank initialisierte ehebrecherische Liebe zwischen Tristan und Isolde. Gottfrieds Werk blieb unvollendet (Torso) und wurde erst später von Heinrich von Freiberg und Ulrich von Türheim fortgesetzt.

Der junge Tristan wird zum höfischen Ritter ausgebildet. Dafür muss er verschiedene Dinge lernen.

1	dô leite er sînen sin dar an	
	und sînen flîz sô sêre,	
	daz er der buoche mêre	
	gelernete in sô kurzer zît	
5	danne kein kint ê oder sît.	
	under disen zwein lernungen	*aufgeber, verdummen verschwender, ausgeber (für)*
	der buoche und der zungen	
	so vertete er sîner stunde vil	*vertete,* Inf. *vertuon*
	an iegelîchem seitspil:	
10	dâ kêrte er spâte unde fruo	*dâ kêrte er … zuo,* hier ‚darauf verwandte er'
	sîn emzekeit sô sêre zuo,	
	biz er es wunder kunde.	*wunder,* hier ‚erstaunlich gut'
	er lernete alle stunde	*alle stunde,* hier ‚zu jeder Zeit, immer'
	hiute diz und morgen daz,	
15	hiure wol, ze jâre baz.	
	über diz allez lernet er	*lernet = lernete*
	mit dem schilte und mit dem sper	
	behendeclîche rîten,	
	daz ors ze beiden sîten	
20	bescheidenlîche rüeren,	
	von sprunge ez freche füeren.	
	turnieren und leisieren,	
	mit schenkeln sambelieren	
	rehte und nâch ritterlîchem site,	
25	hie bankete er sich ofte mite.	*bankete,* Inf. *baneken* ***spazieren***
	wol schirmen, starke ringen,	
	wol loufen, sêre springen,	
	dar zuo schiezen den schaft,	
	daz tete er wol nâch sîner kraft.	*tete,* Inf. *tuon*
30	ouch hœre wir diz mære sagen,	
	ez gelernete birsen unde jagen	
	nie kein man sô wol sô er,	
	ez wære dirre oder der.	*dirre oder der,* vgl. (30) und (31) in der ‚Grammatik in Tabellen, Listen und Übersichten'
	aller hande hovespil	
35	diu tete er wol und kunde ir vil.	*aller hande,* s. *hant*

Gottfried von Straßburg: Tristan. Hrsg. v. Karl Marold, unveränd. 5. Abdr. nach dem 3., mit einem auf Grund von Friedrich Rankes Kollationen verb. kritischen Apparat. Besorgt und mit einem erw. Nachw. vers. v. Werner Schröder. Berlin/New York 2004, vv. 2086-2120.

1 Suchen Sie die doppelte Negation aus dem Text heraus und übersetzen Sie diese.
2 Bestimmen Sie die Verbform *wære* (v. 33).
3 Suchen Sie die kontrahierte Verbform heraus und bilden Sie die nicht kontrahierte Form.

Um die jeweils passende Übersetzung eines Wortes mithilfe eines Wörterbuchs finden zu können, ist es notwendig, Wörterbucheinträge richtig lesen und verstehen zu können. Dies ist bei ‚falschen Freunden' und bei Wörtern, die über viele kontextuell variierende Bedeutungen verfügen, besonders wichtig.

4 Markieren Sie alle zu den Lexemen *zunge*, *lërnunge* und *buoche* angegebenen Bedeutungen.

zunge = Wörterbuchansatz (Lemma) des Lexems. Aufgrund z. B. dialektaler Varianz können hier auch unterschiedliche Ansätze stehen, z. B. *muotec* neben *muotic*.

swstf = Angabe der Flexion (stark bzw. schwach) und des Genus bei Substantiven.

einen mit der zungen snîden: Textbeispiel, aus dem der Leser selbst auf eine mögliche Bedeutung schließen kann.

PILAT. MAR. EN. TRIST. BARL. PASS.: Kürzel der Quellenangabe der einzelnen Beipiele.

gt. tuggô (tungô) zu lat. lingua: Informationen zur Herkunft des Wortes (Etymologie).

zunge swstf. (BMZ III. 950a) zunge, bes. als werkzeug der sprache, die sprache selbst, der sprechende mensch allgem. in dem munde hiez er hangen eine z. lange GEN. D. 5,17. wis mîn z. und mîn munt! RUL. 55,5. diu zung hât zwaierlai ampt MGB. 14,24 ff. Aristoteles gicht, es wær pesser, das ain mensch ân zungen wær als ein storch wann das er zwô zungen solt haben, oder het ain ochsenlange zung und wær doch underweilen stumm VINTL. 8185 ff. man sol sich hüeten von ainer zwifachen zung ib. 8790. die zwô zungen in ir munde haben REINH. 349,1589. wîlent was ein munt berihtet wol mit éiner zungen, nû sprechent zwô ûz eime NEIDH. 82,37. einen mit der zungen snîden ib. 93,39 [...] unse z. sol gote sagen danc LIVL. M. 4768. mit gemeiner z. einstimmig GREG. 1834. KRONE 19107. ir gemeiniu z. gap den rât KL. 2038. sie sprâchen mit einer gelîchen zungen APOLL. 3057,(...)er hete manige zungen ertœtet in dem strîte ib. 227 b , bes. die gemeinschaftl. sprache eines volkes PILAT. MAR. EN. TRIST. BARL. PASS. (môrlendische z. H. 296,67). LEYS. tiuschiu z. diu ist arm CRAON 1778 u. anm. BIHTEB. 36. latînischiu z. DIEM. 119,10. in franzischer zungen RUL. 310,10. arâbischiu, windischiu z. WH. v. W. 3427. 4874. mir reden aller zongen wort, die in der werlt sint gehôrt ALSF. G. 7980. 56. ir sprâche wart geteilet in zwô und subinzic zunge GEN. D. 32,12. [...] gt. tuggô (tungô) zu lat. lingua (altlat. dingua), skr. jihvâ (aus skr. dihwa, daghvâ, danghvâ) GSP. 83. FICK 2 86. 757. Z. 1,7. KUHN 7,185.

M. Lexer: Mhd. Handwörterbuch. Bd. 3, Sp. 1178 f.

lërnunge stf. (BMZ I. 966b) lirnunge CGM. 17,10 b : das lernen TRIST. BERTH. 112,3. WACK. pr. 57,47. BPH. 4687. WG. 6395. RENN. 16493. APOLL. 1980. PASS. 2,53. SWSP. 313,6. VINTL. Z. 9481 ; ort, wo gelernt wird, schule. die kind in lernunge schicken MONE z. 2,155. gymnasium, lernunge DFG. 262 c ; was gelernt wird, wissenschaft WG. 9196. PASS. K. 412, 36 ; das lehren, der unterricht [...]

M. Lexer: Mhd. Handwörterbuch. Bd. 1, Sp. 1886 f.

buoch stn. (BMZ I. 278a) md. bûch ; pl. buoch u. büecher buch, sammlung von gedichten, gesetzen etc., quelle eines gedichtes, die heil. schrift (bes. im pl.). allgem. s. noch der künege buoch ATH. A d , 9. als Karlen buoch gebôt MSH. 2,135 b. daz lebende b. J.TIT. 969. schrîben an sîn gehügede buoch ib. 2680. die gelêrten der buoch ib. 5222. ein b. tihten WARTB. 158,14. an ein buoch schrîben NEIDH. 100,9. in buochen noch in lieden wirt geseit noch gesungen GEO. 356. swaz man von vrouwen ie gesprach an buochen und an lieden TROJ. 19723. [...]

M. Lexer: Mhd. Handwörterbuch. Bd. 1, Sp. 385 f.

Auszüge aus: Lexer, Matthias: Mittelhochdeutsches Handwörterbuch. 3 Bde. Nachdruck der Ausgabe Leipzig 1872–1878 mit einer Einleitung v. Kurt Gärtner. Stuttgart 1992.

5 Übersetzen Sie die vorliegende Textstelle und entscheiden Sie sich dabei für die Ihrer
Meinung nach hier passende Bedeutung der Lexeme *zunge, lërnunge* und *buoche.*

dô leite er sînen sin dar an   _____

und sînen flîz sô sêre,   _____

daz er der **buoche** mêre   _____

gelernete in sô kurzer zît   _____

5 danne kein kint ê oder sît.   _____

under disen zwein **lernungen**   _____

der **buoche** und der **zungen**   _____

so vertete er sîner stunde vil   _____

an iegelîchem seitspil [...]   _____

6 Erstellen Sie eine Liste aller Fertigkeiten und Fähigkeiten, über die Tristan als Ritter
verfügen muss. Achten Sie dabei auf Wörter, bei denen Sie ebenfalls verschiedene oder
unerwartete Möglichkeiten des Übersetzens (z. B. ‚falsche Freunde') vermuten.

Übungen zur Wiederholung: Modul 3 ‚Übersetzen' Menüpunkt 2 (zur Aufgabe der Übersetzung);
Modul 2 ‚Laute und Lautwandel' Menüpunkt 3.2 (Kontraktion).

2. Grammatik

Genitivverwendung I

Im Mhd. wird der Genitiv weitaus häufiger verwendet als im Nhd. Abweichend ist in Genitivkonstruktionen die Stellung: Im Nhd. steht der Genitiv hinter dem Kernsubstantiv (*die Sitte des Landes*) bzw. beide Bestandteile sind zu einem Kompositum gebildet (*die Landessitte*). Im Mhd. kann insbesondere in Verstexten der Genitiv vorangestellt sein (*des landes site*).

Im Mhd. gibt es eine Reihe von Genitivkonstruktionen, die im Nhd. nicht mehr verwendet werden; sie werden inzwischen durch andere Kasus bzw. Präpositionalkonstruktionen wiedergegeben. Dies sollte beim Übersetzen berücksichtigt werden.

Eine der wichtigsten Genitivkonstruktionen ist der **Genitivus partitivus.**
Dieser drückt aus, dass es sich um einen Teil von etwas (und nicht das Ganze) handelt.

> ſwer der gebot einez brichet
>
> Satzungsbuch der Stadt Nürnberg, Amts- und Standbücher Nr. 228, fol. 10ra,5

> er verſvchte vil der riche.   dvrch ellenthaften mv̊t
>
> ‚Nibelungenlied', Cod. Donaueschingen 63, fol. 1^{v},25f; str. 21,2

> ſie ſprachen algemeine[...]
> waz boten er mohte ſin
> eines alſo richen manneſ.
>
> ‚Straßburger Alexander', vv. 3109-12

Eine umfassende Übersicht über die primären und sekundären Präpositionen mit jeweils regierten Kasus findet sich unter (37) in der ‚Grammatik in Tabellen, Listen und Übersichten'. Zum Genitiv vgl. Paul, Mhd. Gr. §S72, §S74 und §S79.

 Übung: Modul 4 ‚Sätze und ihre Strukturen' Menüpunkt 5.4 (Genitiv bei quantitativen Ausdrücken).

7 Markieren Sie im Text (Gottfried von Straßburg ‚Tristan und Isolde') Stellen, von denen Sie annehmen, dass es sich um Genitive handelt. Ist ein Genitivus partitivus darunter?

3. Wortschatz

Rüstung und Waffen

8 Lesen Sie den Artikel ‚Turnier' aus dem ‚Lexikon des Mittelalters' (s. Grundlagenliteratur, Kap. 1).

9 Schlagen Sie die hervorgehobenen Wörter in einem Wörterbuch nach. Notieren Sie sich Bedeutungen bzw. kurze Definitionen und versuchen Sie, die beschriebenen Gegenstände in den Bildausschnitten zu verifizieren.

Otto von
Freising
‚Weltchronik',
UB Jena, Cod.
Jenensis Bose
q. 6, fol. 79ʳ
(Mitte 12. Jh.)

❶ Hartmuot der starke   in durch den **helm** sluoc,
daz im sîn liehtiu **brünne**   mit bluote gar beran.

,Kudrun', str. 1418,2 f.

❷ dvrch die **choferture** er flôch.
Triſtrandeſ orſe abe den bŏch.

Gottfried von Straßburg ‚Tristan und Isolde',
Cgm 51, fol. 48ᵛᵃ,8 f.; vv. 7027 f.

❸ nû schirmte in daz **îsengewant**
vor dem tôde dicke.

Hartmann von Aue ‚Erec', vv. 9147

Pfaffe Konrad
‚Rolandslied',
UB Heidelberg,
Cod. Pal. germ. 112,
fol. 63ʳ (um 1200)

❹ man ſach ovch da zebrochen   uil manige **bukkel** ſtarch

,Nibelungenlied', Cod. Donaueschingen 63, fol. 2ʳ,29 f.; str. 36,2

Große Heidelberger
Liederhandschrift (Codex
Manesse), UB Heidelberg,
Cod. Pal. germ. 848, 184ᵛ
(1. Hälfte 14. Jh.)

❺ Si gap im einen **wâpenroc**,   der was guot genuoc.
si hiez ein ros im ziehen,   daz in wol verwâpent truoc.
den **schilt** gap si im ze arme,   den helm si im ûf bant.
dô er dan wolte rîten,   ein **sper** gap si im in die hant.

,Alpharts Tod', str. 106,1-4

❻ der kunde ritterschaft sô ziln
daz er im lützel iht vertruoc:
durch schilt und **ringe** er in sluoc
daz diu brünne meil gewan;

,Biterolf und Dietleib', vv. 1072-1075

Heinrich von Veldeke ‚Eneasroman',
Staatsbibliothek zu Berlin –
Preußischer Kulturbesitz, mgf. 282,
fol. 70ᵛ (ca. 1220–1230)
(© bpk/Staatsbibliothek
zu Berlin/Ruth Schacht)

❼ dô brâhten sie ûf die heiden   manege banier rîch.
diu ros wâren verdecket   alsô wünneclîch.
ûf den gekrônten helmen   manec **zimier** lac,
daz dâvon erlûhte   rehte alsô der tac.

‚Rosengarten zu Worms', str. 162,1-4

❽ Do ſach der chvne Volker.   wol gewafent gan.
die rechen von Berne.   die Dietriches man.
begvrtet mit den ſwerten.   ir ſchilde vor der hant.

‚Nibelungenlied', Cod. Donaueschingen 63,
fol. 83ᵛ,24-26; str. 2252,1-3

Codex Balduini
Treverensis, Landes-
hauptarchiv Koblenz,
Best 1c Nr. 1,
fol. 18 (bis 1354)

Eine kurze, prägnante Beschreibung für das Anlegen einer Rüstung
findet sich im frühmittelalterlichen Hildebrandslied (um 840):

> sunufatarungo,   iro saro rihtun,
> garutun se iro guðhamun,   gurtun sih iro suert ana,
> helidos, ubar hringa,   do sie to dero hiltiu ritun.
>
> Sohn und Vater,   sie richteten ihre Rüstungen,
> bereiteten ihre Brünnen,   gürteten sich ihre Schwerter um,
> die Krieger, über den Kettenhemden,   als sie zum Kampf ritten.
>
> ‚Das Hildebrandslied', vv. 4-6

4. Der Hof als Lebens- und Handlungsraum des Adels

hof bezeichnet ursprünglich einen eingezäunten Platz, der auch einen Wohnbereich mit einbezieht. Während der bäuerliche (auch stadtbäuerliche) Hof diese Bedeutung beibehält (nhd. Gehöft), verändert sich die Bedeutung des adligen Hofes im Zuge der Residenzbildung und zusätzlich durch frz. Einfluss (*cort, cour* < mlat. *cortis*). Die bereits in der Zeit ambulanter Hofhaltung (Reisekönigtum) verwendete Bedeutung von *hof* als Handlungsraum (*hof halten*) tritt nun in den Vordergrund. Daneben erhält der Hof als Residenz Zentralität (*der hof und daz lant*), dessen Mittelpunkt der *hovehërre* bildet, umgeben von einem Hofpersonal mit festen Ämtern und Rechten und einem unmittelbaren höfischen Umfeld (*hovestat*). In der Literatur wird der Hof zusätzlich durch eine moralisch-ethische Komponente überhöht. Zum Hof gehören danach eine spezielle Ausbildung, ein entsprechendes Verhalten sowie eine bestimmte Ausstattung und Kleidung, die mit dem Adjektiv *hövesch* beschrieben werden. Im Gegensatz dazu dient *hof* in Urkunden überwiegend zur Bezeichnung der bäuerlichen, gelegentlich der stadtbürgerlichen Hofstatt.

hövesch ist eine Lehnübersetzung (frz. *courtois*, lat. *courialis*) des 12. Jhs. *hövesch* und das daraus gebildete Substantiv *hövescheit* stellen ein Ideologem dar. Aus mnld. *hovesch* über mfrk. *hüvesch* wird nhd. *hübsch*. Es handelt sich um ein Verhaltens- und Bildungsideal, das die höfisch-ritterliche Gesellschaft abgrenzt (allgemein gegen *unhövesch*, *dörperlich*; frz. *vilain*; lat. *simplicitas rusticana*).

> Es hæte Fridrich der Appateker.
> ain Maur. an ſiner hoſſach. div ze
> næhſt ſtozzet an des Nyffnachs
> hoſſtat
>
> Urkunde der Stadt Augsburg vom
> 23.08.1337

> Min here Gawan do hin ſach
> Do der riche fvrſte lag
> Der zvht in ſime hove pflag
>
> ‚Rappoltsteiner Parzival', Cod. Donaueschingen 97, fol. 116rb,45-47

„‚Höfisch' wurde zum Programmwort für ein Gesellschaftsideal, in dem äußerer Glanz, körperliche Schönheit, vornehme Abstammung, Reichtum und Ansehen mit edler Gesinnung, feinem Benehmen, ritterlicher Tugend und Frömmigkeit verbunden waren." (Bumke 2008, S. 80)

hövesch markiert Personen, ein bestimmtes Verhalten, Umgangsformen und – übertragen – „die ganze materielle Ausstattung des adligen Lebens [...] Kleider, Waffen, Pferde" (ebd.):

hövesch man/ hövesch sitten/ hövesch muot/ hövesch gruoze ...

Das Adj. erscheint häufig in Doppelformen:

hövesch und erbære/ hövesch und weise/ hövesch und gemeit/ hövesch und vüege ...

Weitere Ableitungen sind: *hovebære, hovelich, höveschlich, höveschen.*

hov bietet auch viel Potential für Komposita:
- *hoverât* (‚Berater eines Fürsten')
- *hovezuht* (‚Erziehung, wie sie bei Hof angemessen ist')
- *hovehërre* (‚Hofherr', ‚Inhaber eines Hofes')
- *hovstat* und *hovstatelîn* (‚Hofstätte', ‚kleine Hofstatt')
- *hovliute* (‚Hofpächter', ‚zu einem herrschaftlichen Hof gehörende Leute')
- *hoveman* (‚Hofbesitzer' oder ‚Hofpächter')

> er ſprach herre Kalogreant.
> vnſ waſ ôvch ê daz wol erchant.
> daz vnder vnſ nîemen wære.
> So hoffch vnd alſ erbære.
> alſ ir wænt daz ir ſit.
>
> Hartmann von Aue ‚Iwein', Hs. 97,
> fol. 3r,9-13; vv.113-117

> Do ich wol vierzic ſper verſtach
> Vnd daz her hadmar erſach.
> Daz da von mûde was min lip
> chranc fûr war als ein wip
> Do tet er ein vnhoffch dinc
> Er braht gegen mir ſa vf den rinch
> Einen ritter der mich nider
> Solde riten daz rov in ſider.
>
> Ulrich von Liechtenstein ‚Frauendienst',
> Cgm 44, fol. 61rb, 4-11; 892,1-8

Bereits in vorkarolingischer Zeit bilden sich vier bedeutende Hofämter heraus:

der **Truchsess** (ahd. *truhtsāzzo*, lat. *dapifer*, älter auch *sinescalcus*) steht an der Spitze der (Erz-)Hofämter. Er ist der Leiter des Hauswesens und ihm obliegt die Fürsorge für die Tafel;

der **Marschall** (ahd. *marehscalc*, mhd. *marschalc*, zusammengesetzt aus ahd. *mareh* (‚Pferd') und *scalc* (‚Diener'), lat. *comes stabuli*) ist der verantwortliche Aufseher über die Pferdestallungen und den Tross;

der **Kämmerer** (ahd. *kamarāri*, lat. *camerarius*) ist zuständig für die Finanzverwaltung bzw. die Schatzkammer (lat. *camera*);

der **(Mund-)Schenk** (ahd. *scenko*, neben konkurrierendem *butigilāri* aus lat. *buticularius*) – auch Keller(er) (lat. *cellarius*) – ist zuständig für die Vorratshaltung in den Kellern und ggfs. für die Weinberge.

Danchwart der waſ marſchalch.   do was der nefe ſin.
Trvhſetzze deſ kuniges.   von mezzen Ortwin.
Sindolt der was ſchenche.   ein wetlicher degen.
Hvnolt was chamerǣre.   [...]

‚Nibelungenlied', Cod. Donaueschingen 63, fol. 1ʳ,29-1ᵛ,1; str. 11,1-4

Die sieben Kurfürsten wählen Heinrich VII. zum König. Die Kurfürsten, durch die Wappen über ihren Köpfen kenntlich, sind (v. li.) die Erzbischöfe von Köln, Mainz und Trier, der Pfalzgraf bei Rhein, der Herzog von Sachsen, der Markgraf von Brandenburg und der König von Böhmen; Codex Balduini Treverensis, Landeshauptstadtarchiv Koblenz, Best 1c Nr. 1, fol. 3 (bis 1354)

Die Ämter können an den bedeutenden Höfen, aber z. T. auch an kleineren Höfen durch Adlige ausgeübt werden. Für ‚Marschall' ergibt sich aus der Bedeutung des Amtes die semantische Brücke zur späteren Bedeutung ‚Reitergeneral'. Im 13. Jh. werden die vier Hofämter symbolisch mit den vier weltlichen Kurfürsten verknüpft: Erztruchsess des Reiches ist der Pfalzgraf bei Rhein, Erzkämmerer des Reiches ist der Markgraf von Brandenburg, Erzmarschall des Reiches ist der Herzog von Sachsen, Erzmundschenk des Reiches ist der König von Böhmen. Diese wählen zusammen mit den drei kirchlichen Kurfürsten den König.

Die Hofordnung der Wittelsbacher Pfalzgrafen bei Rheine und Herzöge von Bayern – Otto, Ludwig und Stephan – von 1294 bietet eine Übersicht über das gesamte Hofpersonal, u. a.:

chamermeister, chamrar	Kammermeister, Kämmerer
oberist schriber, chamerschriber	Schreiber
tv̊rhv̊t	Türhüter
chuchenmeister	Küchenmeister
hofritter	Hofritter
chapplan	Kaplan
hofmeister	Hofmeister
marschalich	Marschall
valchner	Falkner
jaegermeister, laufent jaeger	Jägermeister, Treiber
ærzt	Arzt
spilman	Spielmann
scheraer	Friseur/Barbier
snider	Schneider
chelner	Kellner (Verwalter)
spiser	Speisemeister
schvtzen	Schützen
lavfent chneht	Boten
junch heren	Junker
chneht, chnappen	Knechte, Knappen
geselle	Gesellen

Literatur: Schrader, Werner: Studien über das Wort „höfisch" in der mittelhochdeutschen Dichtung. Diss. Bonn 1935; Erlei, Stefan: Höfisch im Mittelhochdeutschen. Die Verwendung eines Programmworts der höfischen Kultur in den deutschsprachigen Texten vor 1300. Frankfurt 2010; Bumke, Joachim: Höfische Kultur. Literatur und Gesellschaft im hohen Mittelalter. 12. Aufl. München 2008, S. 78–82; Rösener, Werner: Hofämter an mittelalterlichen Fürstenhöfen. In: Deutsches Archiv für Erforschung des Mittelalters 45 (1989), S. 485–550.

Kapitel 4 Hof
b Höfische Kurzweil

Heinrich von Neustadt ‚Apollonius von Tyrland', Universitäts- und
Forschungsbibliothek Erfurt/Gotha, Chart. A 689, fol. 17$^{ra/rb}$ (um 1465)

Der knappe vragete fvrbaz.
dv nenneſt rittr waz iſt daz.
haſtv niht gotlicher chraft.
ſo ſage mir wer git rittrſchaft.
daz tv̊t der kvnec Artvs.
ivncherre chomt ir in deſ hvs.
der bringet ivch an rittrſ namn.
daz irſ ivch nimmer dvrfet ſchamn.

Wolfram von Eschenbach ‚Parzival',
Cod. 857, Bl. 38^b,32-39; 123,3-10

ſwer priſ ime ſtrîte hol.
deſ danchen im div ſtolzen wip.

Wolfram von Eschenbach ‚Parzival',
Cod. 857, Bl. 121^a,16f.; 420,18f.

nû lebte disiu ritterschaft
mit gewonlîcher kraft,
als man ze turneien phlac.
morgen an dem suntac
tâten si als ez in was gewant:
si hiezen ir îsengewant
vegen unde riemen.

Hartmann von Aue ‚Erec', vv. 2404-2410

Rosengarten zu Worms (R$_9$):
Zweikampf zwischen Sigestapp und
Reinolt, Universitätsbibliothek Heidelberg,
Cod. Pal. germ. 359, fol. 26^v (um 1420)

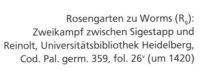

1. Der Pleier ‚Garel von dem blühenden Tal'

Artûs, der künic rîche,
saz hie vil wirdiclîche
mit manegem ritter ellens rîch
und mit maneger frowen minniclîch,
5 und manic juncherre kluoc
trinken und ezzen dar truoc.
dâ wart niht vergezzen,
man gab in wirtschaft, trinken und ezzen.
diu wirtschaft was grôz.
10 den künic lützel des verdrôz;
er hiez vil wirdiclîchen phlegen
des hers. er het sich bewegen
der koste, die man zerte dâ.
Dô man gâz, dô huob man sâ
15 die tische von in allen dan,
bêdiu von vrowen und von man.
si stuonden ûf. dô daz geschach,
manige banier man komen sach
alumbe und umb den rinc.
20 daz wâren höbeschlîchiu dinc.
die ritter heten sich bewegen,
si wolten bûhurdierens phlegen.
schilt und ors brâht man in dar.
diu vil tugenthafte schar
25 huop einen bûhurt an.
Artûs, der vil werde man,
selp vil ritterlîchen reit,
bî dem ringe ûf dem anger breit
wart vil künstlîch geriten.
30 nâch vil ritterlîchen siten
kunden si sich mengen
und diu ors mit hurt ersprengen,
daz sîn diu wîb ze sehen zam.
Dô der bûhurt ende nam,
35 Artûs mit den werden gie,
dâ er die küniginne lie
mit maneger vrowen lieht gevar.
Artûs und die werden gar
sâzen zuo der vrowen schar.
40 Artûs hiez gewinnen dar
guote videlære.
die hiez der êrbære
den vrowen machen einen tanz.
vil manic juncfrowen glanz
45 hiez der künec ze tanze gân
und manegen hôch gelobten man;
die tanzten mit den vrowen.
man moht dâ vreude schowen
von den hôch gemuoten werden.

In gebundener Sprache wird sehr häufig das Adjektiv nachgestellt und ist endungslos in allen Kasus (v. 1, v. 5 u.ö.); vgl. hierzu Paul, Mhd.Gr. §S102.

niht = nihtes ‚nichts'

lützel ‚wenig, gar nicht'

gâz, hier ‚gegessen hatte'

alumbe und umb, hier ‚rund um'

sîn ‚dieses'

gie, Inf. *gân/gên*

Garel von dem blüenden Tal. Ein höfischer Roman aus dem Artussagenkreise von dem Pleier. Mit den Fresken des Garelsaales auf Runkelstein. Hrsg. v. M. Walz, Freiburg i. B. 1892, vv. 20081-20129.

Insgesamt verfasste der im bairisch-österreichischen Sprachraum anzusiedelnde Pleier (‚Schmelz-meister') zwischen 1250–1280 drei höfische Romane. Während weder für ‚Tandareis und Flordibel' noch für den ‚Meleranz' eine Vorlage nachzuweisen ist und inzwischen davon ausgegangen wird, dass der Dichter die Handlung frei erfunden hat, diente für den ‚Garel vom blühenden Tal' der Ro-man des Strickers ‚Daniel vom blühenden Tal' (1220–1250) als Vorlage. Ein Indiz für seine breite und anhaltende Rezeption ist der Freskenzyklus zum ‚Garel' (um 1400) auf Schloss Runkelstein (Südtirol).

Lanzenturnier, Schloss Runkelstein (Südtirol), nach 1390 (Fresko)
Alle Rechte © by Stadt Bozen, Foto: Augustin Ochsenreiter

1 Lesen Sie den Text genau und bewerten Sie folgende Aussagen mit r (= richtig) oder f (= falsch) und unterstreichen Sie die Stellen im Text, die Grundlage Ihrer Entscheidung sind.

Nach dem Mahl werden die Tische weggetragen. ☐
Nach dem Turnier findet ein Festmahl statt. ☐
König Artus nimmt aktiv am Turnier teil. ☐
Die Frauen schauen beim Turnier zu. ☐
Das Turnier findet im Burghof statt. ☐
Die Ritter reiten geschickt und nach ritterlicher Art. ☐
Die Ritter kämpfen zu Fuß gegeneinander. ☐
Harfenspieler spielen zum Tanz auf. ☐

2 Der Text enthält eine Reihe von ‚falschen Freunden'. Suchen Sie zu *kluoc* (v. 5), *wirtschaft* (v. 8) und *phlegen* (v. 22) jeweils die mhd. Bedeutungen aus dem Wörterbuch heraus und kontrastieren Sie diese mit der/den nhd. Bedeutung(en). Beschreiben Sie die inhaltlichen (semantischen) Veränderungen.

Garelzimmer: König Artus' Tafelrunde, Schloss Runkelstein (Südtirol), nach 1390 (Fresko)
Alle Rechte © by Stadt Bozen, Foto: Augustin Ochsenreiter

3 Bilden Sie zu den starken Verben *geschach* (v. 17), *sach* (v. 18) und *zam* (v. 33) den Infinitiv.

4 Bestimmen Sie das Tempus der Verbform *reit* (v. 27).

5 Welche Bedeutung hat das Präteritopräsens *moht* (v. 48, Inf. *mugen*) abweichend vom Neuhochdeutschen in diesem Text (vgl. Kap. 2)?

6 Bei *lie* (v. 36) handelt es sich um ein kontrahiertes Verb (vgl. Kap. 3 a). Welcher Infinitiv liegt zugrunde?

7 Übersetzen Sie vv. 35-37 unter Berücksichtigung des adverbial eingeleiteten Relativsatzes in v. 36 (vgl. Kap. 3 b).

Übungen zur Wiederholung: Modul 5 ‚Wörter und ihre Formen' Menüpunkt 4.4, 4.6; 6.5, 6.6 (Auslaut-verhärtung); Modul 4 ‚Sätze und ihre Strukturen' Menüpunkt 3.5 (Syntax).

2. Wortschatz

âventiure

Die Bewährung des höfischen *ritære* zählt zu den zentralen Bestandteilen des höfischen Romans; sowohl das Konzept als auch der dafür verwendete Begriff *âventiure* werden Ende des 12. Jhs. aus dem Französischen übernommen. *âventiure* wird zu einem der zentralen Begriffe der höfischen Dichtung ausgebaut und erfährt eine deutlich über das ursprüngliche französische Wort hinausgehende semantische Erweiterung.

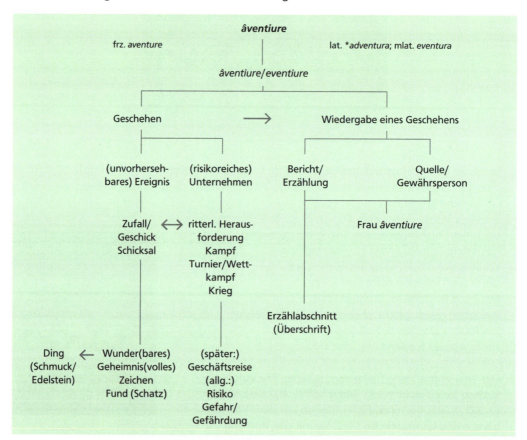

8   Überlegen Sie, welche Bedeutung bzw. Funktion der Begriff *âventiure* in den folgenden
     Textstellen hat und tragen Sie die Nummer des Textbeispiels in das jeweils passende Feld
     ein.

,ritterliche Herausforderung'   ☐

,Wunder, Zeichen'   ☐

,Schicksal'   ☐

Personifikation   ☐

,Bericht, Erzählung'   ☐

Überschrift   ☐

❶ aventîvre waz iſt daz.
daz wil ich dir beſchêiden baz.
Nv ſich wîe ich gewafent bin.
ich hêizze êin riter vnd han den ſin.
daz ich ſv̊chende rîte.
êinen man der mit mir ſtrîte.
vnd der gewafent ſi alſ ich.
daz prîſet in vnd ſleht er mich.
Geſige aber ich im an.
So hat man mich fvr êinen man.
vnd wirde werder danne ich ſi.

Hartmann von Aue ,Iwein', Hs. 97, fol. 11ʳ,5-15; vv. 527-537

❷ Auentiure wie Sivret ermort wart.

,Nibelungenlied', Cod. Donaueschingen 63, fol. 35ʳ,16

❹ Tv̊t v̊f. wem. wer ſit ir.
ich wil inz herce din zv̊ dir.
[…]
ia ſit irz frȯ **Aventîvre**.
wi vert der gehîvre.
ich meine den werden Parzifal.
den Cvndrie nach dem Gral.
mit vnſv̊zen worten iagete.
da manech frȯwe chlagete.
daz niht wendech wart ſin reiſe.

Wolfram von Eschenbach ,Parzival',
Cod. 857, Bl. 124ᵇ,11-23; 433,1-13

❸ Dô begund diu küniginne schouwen unde ouch spehen,
ob si iht **âventiure** an dem kinde möhte gesehen.
si vant im zwischen schultern ein rôtez kriuzelîn:
dâ bî si dâ erkante ir liebez kindelîn.

,Wolfdietrich B', str. 140,1-4

❺ ſi heten ſich mit alle ergeben.
an die vil armen ſtiv̊re.
div da heizzet **auentv̊re**.
ſi liezen ez an die geſchiht.
weder ſi genaren oder niht.

Gottfried von Straßburg ,Tristan und Isolde',
Cgm 51,fol. 18ᵛᵇ,36-40; vv. 2418-2422

❻ Ein künec der hiez Strâtô
der phlac einer insel dô
diu was genant Aradus.
Uns seit diu **âventiure** sus
daz sich daz selbe rîche dâ
ergæb Alexander sâ.

Rudolf von Ems ,Alexander', vv. 8237-8242

3. Grammatik

Adverbien

Das Wort *vil* (v. 2 u. ö.) dient hier als Adverb zur Steigerung bzw. Betonung der getroffenen Aussage. Diese Funktion können auch folgende Adverbien haben:

al	*harte*	*rëht*	*verre*
gar	*michel*	*sêre*	*vil(le)*
genuoc	*mitalle*	*(al)sô*	*wol(e)*

Artûs, der vil werde man … (v. 26)

Artus, der außerordentlich vornehme Mann …

Do wart ir vreude harte groz

‚Passional A' (Marienlegenden), Ms. germ. fol. 778, fol. 81ᵛᵃ,5

dri reine meide namen.
den reinen lichamen.
daz ſie in beiten zvme grabe.
vnd zvgen ime die cleider abe
daz ſie al bloz vor in lac.

‚Rheinfränkische Marienhimmelfahrt',
Cod. 876, Bl. 230,7-12

daz lebn waſ gnv̊c kv̊mberlich.

Hartmann von Aue ‚Iwein', Hs. 97,
fol. 108ʳ,4; v. 5574

Dy magt ſy begunde
Vil ſere weinen da ceſtunt

Bruder Hermann von Veldenz
‚Yolande von Vianden', v. 2994 f.

ſi ne habent geſin noch gedanch. ſi ſint gar unraine.

‚Kaiserchronik', Cod. 276, fol. 35ʳᵇ,35 f.; v. 8182

9 Verdeutlichen Sie durch eine Übersetzung, inwiefern die Adverbien hier zur Steigerung dienen.

Vgl. Paul, Mhd.Gr. §M37.

Vertiefung: Modul 3 ‚Übersetzen' Menüpunkt 4.3.

Starke Verben: Ablautreihe II

Die Ablautreihe II ist in zwei Unterklassen unterteilt, das starke Verb *verdrôz* (v. 10) gehört zur Klasse IIb.

IIb Infinitiv-Vokal: *ie* Stamm endet auf *d, t, s, z* oder *h*	Infinitiv	1. Sg.Präs.	1./3. Sg.Prät.	1. Pl.Prät.	Part.Prät.
	ie	*iu*	*ô*	*u*	*o*
			dôz		

10 Füllen Sie die freien Felder aus und schlagen Sie die Bedeutung des Verbs im Wörterbuch nach.

In diese Klasse gehören wichtige Verben wie *bieten, giezen, kiesen, niezen, schiezen, sieden, sliezen, verliesen, vliezen, vliehen* und *ziehen*.

Eine vollständige Liste findet sich unter (15.2) in der ‚Grammatik in Tabellen, Listen und Übersichten'.

Grammatischer Wechsel tritt in dieser Reihe als Wechsel von *d* zu *t*, *h* zu *g* und *s* zu *r* auf.

IIa	Infinitiv	1. Sg.Präs.	1./3. Sg.Prät.	1. Pl.Prät.	Part.Prät.
Infinitiv-Vokal: *ie* Stamm endet auf anderen Konsonanten	*ie*	*iu*	*ou*	*u*	*o*
			louc		

11 Füllen Sie die freien Felder aus und schlagen Sie die Bedeutung des Verbs im Wörterbuch nach.

In diese Klasse gehören wichtige Verben wie *biegen, triegen* (,trügen') und *vliegen*. Einige Verben, die auch zu dieser Klasse gehören, haben als Stammvokal im Infinitiv und im Präsens *û* (*sûfen, sûgen, snûfen*) oder *iu* (*bliuwen, briuwen, riuwen*), zeigen aber im Präteritum den für diese Klasse üblichen Ablaut.

Eine vollständige Liste findet sich unter (15.2) in der ‚Grammatik in Tabellen, Listen und Übersichten'.

Vgl. Paul, Mhd.Gr. §M77.

Starke Verben: Ablautreihe VI

Das Verb *truoc* (v. 6) gehört zur Ablautreihe VI. Verben dieser Ablautreihe haben im gesamten Prät. (ohne das Part.Prät.) *uo*, ansonsten *a*, einige Verben haben im Infinitiv und Singular Präsens *e*; *swern* (,schwören') hat *a* im Partizip Präteritum nur im Bair., ansonsten *o* (*gesworn*).

VI	Infinitiv	1. Sg.Präs.	1./3. Sg.Prät.	1. Pl.Prät.	Part.Prät.
Infinitiv-Vokal: *a* oder *e*	*a*	*a*	*uo*	*uo*	*a*
				schuoben	
Part.-Prät.-Vokal: *a*	*e*	*e*	*uo*	*uo*	*a*
			betuop		

12 Füllen Sie die freien Felder aus und schlagen Sie die Bedeutung der beiden Verben im Wörterbuch nach.

Mit Stammvokal *a* im Infinitiv finden sich wichtige Verben wie *graben, bachen, laden, schaffen, slahen, tragen, twahen, varn, waschen*; mit *e* im Infinitiv finden sich *entseben, heben, schepfen* (,erschaffen'), *swern*.

Eine vollständige Liste findet sich unter (15.6) in der ‚Grammatik in Tabellen, Listen und Übersichten'.

Grammatischer Wechsel tritt in dieser Reihe als Wechsel von *h* zu *g* auf.

Vgl. Paul, Mhd.Gr. §§M82-83.

Starke Verben: Ablautreihe VII

hiez (v. 11) gehört in Ablautreihe VII. Gemeinsam ist den Verben dieser Klasse, dass die einzelnen Verben im Infinitiv, Präsens und Part.Prät. jeweils den gleichen Vokal haben und das Prät. aller Verben den Stammvokal *ie* aufweist. Der Stammvokal des Infinitivs kann *a, â, ei, ou, ô* oder *uo* lauten. Entsprechend kann man die Verben der Klasse VII in sechs Untergruppen unterteilen. Verben dieser Klasse gehören nicht zu den Ablautreihen im engeren Sinne. Es handelt sich um ehemals reduplizierende Verben, die zwischen Präs. und Prät. ein ähnliches Ablautverhalten zeigen wie die übrigen starken Verben (der Ablaut der Klasse VII wird auch als jüngerer Ablaut bezeichnet).

Reduplikation: got. *haita* ‚(ich) heiße', *hai-hait* ‚(ich) hieß'.

VII	Infinitiv	1./3. Sg.Prät.	1. Pl.Prät.	Part.Prät.
a	*a*			*a*
b	*â*			*â*
c	*ei*	*ie*		*ei*
d	*ô*			*ô*
e	*ou*			*ou*
f	*uo*			*uo*

Zu VIIa gehören Verben wie *bannen, halten, spannen, vallen, wallen.*
Zu VIIb gehören Verben wie *blâsen, brâten, vâhen, hâhen, lâzen, enphâhen, râten, slâfen.*
Zu VIIc gehören *eischen, heizen, meizen, scheiden, sweifen, zeisen.*
Zu VIId gehören *bôzen, schrôten, stôzen.*
Zu VIIe gehören *houwen* (‚hauen'), *loufen.*
Zu VIIf gehören *ruofen, wuofen* (‚klagen').

ern/erren (‚pflügen') hat abweichend *e* im Infinitiv (*ern – ier – ieren – gearn*).
Grammatischer Wechsel tritt in dieser Reihe als Wechsel von *h* zu *g* auf (bei *vâhen, hâhen* und *enphâhen*).

Eine vollständige Liste findet sich unter (15.7) in der ‚Grammatik in Tabellen, Listen und Übersichten'. Vgl. Paul, Mhd.Gr. §M84.

e   Übungen: Modul 5 ‚Wörter und ihre Formen' Menüpunkt 6.5 (AR II und VI); 6.3, 6.4 (Umgang mit der Ablauttabelle).

Genitivverwendung II

Neben dem Genitivus partitivus (vgl. Kap. 4 a) gibt es einige weitere Genitivkonstruktionen, die beim Übersetzen durch andere Kasus bzw. Präpositionalkonstruktionen wiedergegeben werden müssen.

Der **Genitiv der Relation**:

*… mit manegem ritter **ellens rîch**.* (v. 3)

Ebenso kann der **Genitiv bei reflexiven Verben** stehen, wie
– *sich bewëgen*
– *sich vlîzen* ‚Eifer auf etwas verwenden'
– *sich verstân*

er het sich bewegen der koste (v. 12 f.)

Der **Genitiv** kann auch **bei unpersönlichen Verben** stehen, z. B.
– *verdriuzen* ‚lästig sein'
– *gebrësten*
– *gelüsten*

den künic lützel des verdrôz (v. 10)

Zahlreiche **Verben** können – jeweils neben anderen Kasus – auch **mit Genitiv als Objektkasus** erscheinen, so
– *begërn*
– *geniezen*
– *vergëzzen*
– *bîten* ‚warten auf'
– *hüeten*
– *phlëgen*
– *ruochen*
– *warten* ‚acht geben, bewachen'
– *walten* ‚Gewalt haben über'
– *volgân*
– *zîhen* ‚beschuldigen'

er hiez vil wirdiclîchen phlegen des hers (v. 11 f.)

si wolten bûhurdierens phlegen (v. 22 f.)

13 Übersetzen Sie die Textstellen aus Pleiers ‚Garel von dem blühenden Tal', indem Sie den Genitiv durch einen anderen Kasus oder eine Präpositionalkonstruktion ersetzen.

Vgl. Paul, Mhd.Gr. §S71 und §81.

 Übungen: Modul 4 ‚Sätze und ihre Strukturen' Menüpunkt 5.3, 5.5.

Lautwandel (Konsonantismus II)

Die Lautfolge /m+b/ verschmilzt häufig zu /m/ ‹mm› (**Assimilation**). Diese Assimilation wird in die nhd. Standsprache übernommen:

/n/ wird vor /b/ häufig zu /m/, so etwa in:

mhd.	nhd.	mhd.	nhd.
kumber	*Kummer*	*anebôz*	*Amboss*
lamp	*Lamm*	*enbor*	*empor*
		enpfinden	*empfinden*

Vor /f/ setzt sich in der Standardsprache aber *n* durch (mhd. *fümf* → nhd. *fünf*, mhd. *vernumft* → nhd. *Vernunft*).

Dissimilation ist dagegen seltener und weniger regelmäßig. Insbesondere bei gehäuftem Auftreten von Nasalen bzw. Liquiden in einem Lexem werden *r* oder n durch *l* bzw. *l* durch *r* oder *n* ersetzt, so etwa:

Am Wortende bes. nach /n/ und /s/ wird häufig ein /t/ angehängt (**t-Epithese**), so etwa bei der Ableitungssilbe *-icht* (mhd. *habech* → nhd. *Habicht*):

mhd.	nhd.	mhd.	nhd.
priol	Prior	*nieman*	*niemand*
samenen	sammeln	*palas*	*Palast*
klobelouch	Knoblauch	*obez*	*Obst*

Eine Übersicht über die mhd. Konsonanten findet sich unter (3) in der ‚Grammatik in Tabellen, Listen und Übersichten‘.

Vgl. Paul, Mhd.Gr. §§L74-75.

e Übungen: Modul 2 ‚Laute und Lautwandel‘ Menüpunkt 4.5.

4. Frankreich – der bewunderte Nachbar

Im 12./13. Jh. üben das französische Rittertum und die französische Adelskultur einen starken Einfluss auf das Deutsche Reich aus. Vermittelt über zahlreiche Handels- und Wirtschaftsbeziehungen, dynastische Verbindungen und die verschiedenen Bildungsbeziehungen zum Nachbarland werden militärische Einrichtungen, Bewaffnungen, wesentliche Elemente der höfischen Kultur und damit auch der Literatur diesseits des Rheins übernommen bzw. an hiesige Verhältnisse angepasst. Eine nicht unbedeutende Rolle spielt dabei die Tatsache, dass in Frankreich aufgrund der besonderen machtpolitischen Situation im 11./12. Jh. – anders als im Deutschen Reich – eine starke Verschmelzung von *miles* und *nobiles* zur Aristokratie stattgefunden hatte. Im Deutschen Reich legt sich der Adel den Titel ‚Ritter‘ als Ehrenname zu und lässt sich dem entsprechend darstellen. Die Vorstellung eines sozial harmonisierten Adels, der das Rittertum einschließt, bleibt eine Utopie, die ihren Ausdruck vor allem in der Literatur findet.

> „In einigen Teilen Frankreichs setzte bereits im 11. Jahrhundert eine Umschichtung ein, in deren Verlauf eine Schicht, deren Mitglieder in den Quellen als ‚Ritter‘ (*milites*) bezeichnet wurden, sich als niederer Adel verfestigte und sich nach oben gegen die mächtigen ‚Châtelains‘ (*castellani*) und nach unten gegen die bäuerliche Landbevölkerung abgrenzte. Eine entsprechende Gruppierung läßt sich in Deutschland nicht nachweisen. In den deutschen Urkunden blieb im Bereich der unteren Adelsränge die Unterscheidung zwischen ‚Edelfreien‘ (*nobiles*) und ‚Ministerialen‘ (*ministeriales*) selbst dann noch bestehen, als die Ministerialen – jedenfalls die mächtigeren unter ihnen – schon längst eine adlige Lebensweise angenommen hatten." (Bumke 2008, S. 70)

Ab der Mitte des 12. Jahrhunderts beginnen deutsche Dichter französische Vorlagen aus dem Bereich des Antikenromans, der Heldenepik, des höfischen Romans und der Minnelyrik zu bearbeiten. Den Anfang bildet der Pfaffe Lamprecht mit der Übertragung des Alexanderromans (1150), zwanzig Jahre später leiten neben der Bearbeitung des Rolandslieds die Werke Eilharts von Oberg und Heinrichs von Veldeke den Höhepunkt der Adaptation französischer Epen ein. In der Blütezeit um 1200 entstehen die wichtigen epischen Werke Hartmanns von Aue, Gottfrieds von Straßburg und Wolframs von Eschenbach. Nach 1220 nimmt das Interesse am französischen Literaturbetrieb ab, von nun an stehen die deutschen Bearbeitungen selbst im Zentrum der literarischen Rezeption.

Der Prozess der Übernahme französischer Vorlagen durch deutsche Bearbeiter wird als *Adaptation courtoise* bezeichnet. Dieser Begriff, der die Eigenständigkeit der deutschen Bearbeitungen verschleiert, „[...] ist inzwischen durch das Konzept d. acclimation revidiert worden" (Pérennec 1984; Sachwörterbuch der Mediävistik, s.v. Adaptation courtoise). Dahinter verbirgt sich die Frage, inwiefern die deutschen Bearbeiter die französischen Vorlagen hinsichtlich ihres Gehalts modifiziert haben oder ob sie lediglich andere Mittel des Ausdrucks und der Darstellung nutzten, die vorhandenen Geschichten in ihrem Kern jedoch unberührt ließen. Die Eigenleistung der deutschen Bearbeiter und ihr Selbstverständnis treten dabei in den Mittelpunkt der Aufmerksamkeit. Die Diskussion hat gezeigt, dass die volkssprachliche Literatur in Deutschland – eingebettet in gesellschaftliche, kulturelle und intellektuelle Kontexte, die den französischen nicht entsprechen – andere Funktionen erfüllte. So werden in den deutschen Fassungen ideologische Elemente betont, wie etwa die Idealisierung und Typisierung des höfischen Ritters, der nicht nur der Welt sondern auch Gott gefallen muss.

Albrecht Marschall von Rapperswil, Große Heidelberger Liederhandschrift (Codex Manesse), Universitätsbibliothek Heidelberg, Cod. Pal. germ. 848, fol. 192^v (1. Hälfte 14. Jh.)

Mes sire Yvains mout a anviz
S'est de la dame departiz
Einsi, que li cuers ne se muet.
Li rois le cors mener an puet,
Mes del cuer n'an manra il point;
Car si se tient et si se joint
Au cuer celi, qui se remaint,
Qu'il n'a pooir, que il l'an maint.

(Herr Yvain hat sich sehr ungern von seiner Dame getrennt, so daß sein Herz nicht mit auf die Reise geht. Der König kann den Leib mit sich fortführen, aber nicht das Herz, denn es klammert sich so fest an das Herz jener an, die zurückbleibt, daß seine Macht nicht dazu ausreicht, es nachzuziehen).

Chrestien de Troyes ‚Yvain', vv. 2639-2646

Si wehſelten bêide.
der herzen vnder in zwein.
div frôwe vnd her Iweîn.
im volget ir herze vnd ſin lip.
vnd beleîp ſin herce vnd daz wîp.

Hartmann von Aue ‚Iwein', Hs. 97, fol. 58^r,24-58^v,1; vv. 2990-2994

„So lanng ich nicht peleibe,
des sey mein trew verpfenndt
von euch, vil súesses weybe!"

Ulrich Füetrer ‚Von Iban', vv. 4214 ff.

Durch tiefgreifenden Kulturtransfer gelangen zwischen dem 12. und 14. Jh. zahlreiche französische Lehnwörter ins Deutsche und bereichern so den Wortschatz, u. a.:

âventiure	*gentil*	*prinze*	*tjoste*
barûn	*kulter*	*prîs*	*turn*
birsen	*kursît*	*rîm*	*vloite*
blîalt	*kompân*	*sarjant*	*wambeis*
bûhurt	*lanze*	*schâch*	*wâpen*
covertiure	*ors*	*schapël*	
garzûn	*palas*	*tanz*	

Zusammen mit den Wörtern werden auch Wortbildungsmittel (insbesondere Suffixe) entlehnt, die zunächst nur zusammen mit dem jeweiligen französischen Lehnwort erscheinen, später aber auch unabhängig davon verwendet werden können.

Verben auf *-ieren* wie: Substantive auf *-iere/ -ier* wie:

turn-ieren	später auch	*barb-ier*	*pant-ier*
bûhurd-ieren	*hof-ieren*	*ban-iere*	*panz-ier*
disput-ieren	*halb-ieren*	*condew-ier*	*quart-ier*
krei-ieren	*stolz-ieren*	*zim-ier(e)*	*riv-ier*
(t)jost-ieren		*goll-ier*	*sold-ier*
pun-ieren		*kurr-ier*	*turn-ier*
salû-ieren			

Hinzu kommen Substantive auf *-ie* wie *amîe, glavîe, kompânîe, krîe, massenîe*.

Literatur: Bumke, Joachim: Höfische Kultur. Literatur und Gesellschaft im hohen Mittelalter. 12. Aufl. München 2008, S. 64–71 u. 83–120; Borst, Arno (Hg.): Das Rittertum im Mittelalter. 2., unveränd. Aufl. Darmstadt 1989. (Wege der Forschung 349); Pérennec, René: Recherches sur le roman arthurien en vers en allemagne aux XII° et XIII° siecles. 2 Bde. Göppingen 1984. (Göppinger Arbeiten zur Germanistik 393); Zollna, Isabel: Französisch und Provencalisch/Deutsch. In: Besch, Werner, u. a. (Hg.): Sprachgeschichte. Ein Handbuch zur Geschichte der deutschen Sprache und ihrer Erforschung. 4. Teilbd., 2., vollst. neu bearb. und erw. Aufl. Berlin/New York 2004, S. 3192–3202. (Handbücher zur Sprach- und Kommunikationswissenschaft 2.4)

Kapitel 5 Macht
a Recht und Ordnung

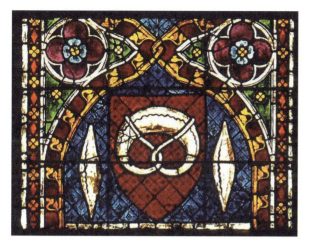

Bäckerfenster im Freiburger Münster (um 1320), Corpus Vitrearum Deutschland, Freiburg i. Br. (Foto: Ulrich Engert)

Man hat ovch verboten ellev ſwert vnd ellev ſpitzigev mezzer dev niht ſtvmpf geſlagen ſint vnd alle verboten were. daz die niemen tragen ſol. danne der lantrihter ſo der hinne iſt vnd ſin geſinde daz ſin brot izzet vnd fvrbaz niht mere. vnd der Lantvogt vnd ſin geſinde daz ſin brôt izzet. Vnd der Schultheiz vnd ſin tegelich geſinde daz ſin brot izzet vnd der ſtat pvtel. Swer dar vber ſwert oder mezzer tregt oder verboten were offenlich. der gibt dem Rihter vnd der ſtat Sêhzic phennig.

Satzungsbuch der Stadt Nürnberg, Staatsarchiv Nürnberg, Rep. 52b, Rst. Nürnberg, Amts- und Standbücher Nr. 228, fol. 11vb,1-16

wir Grave Egen von Friburg/ kùnden allen die diſen brief ſehint/ oder hœrint leſen/ daſ wir haben erlŏbit Burchart dem Tvrner/ Heinrich wolleben/ Cv̊nrat Ederlin/ Meiſter Cv̊nrat Rotermellin/ vnd allen iren geſellen ze den Silberbergen ze Sukendal/ vnd ze deſ Herzogen berge/ vnd allen die die ſelben berge buwent/ vnd iren erben/ daſ ſi einen graben mit waſſer ze den ſelben bergen vůren v̊ber deſ Gottiſhuſ gůt von Sante peter/ vnd v̊ber ellv̊ dv̊ gůt da wir vogit v̊ber ſin/ vnd da wir gewaltig ſin/ nah ir willen/ vnd alſe vil ſo ſi bedùrfen/ vnd her v̊ber ze einem vrkùnde ſo geben wir in diſen brief mit vnſerm Jngeſigel beſigelt. vnd geſchach diſ ding/ vnd wart dirre brief gegeben do man zalte von gottiſ gebùrte zwelf hundirt/ ahzig/ vnd vier/ jar/ an dem nehiſten ziſtage nah Sante walpurge tage.

Urkunde der Stadt Freiburg vom 02.05.1284

Ulrich Richental ‚Chronik‘, Rosgartenmuseum Konstanz, Hs. 1, fol. 23^a (1465)

1. Satzungsbuch der Stadt Nürnberg

Das ‚Satzungsbuch der Stadt Nürnberg' (die älteste Rechts- und Gesetzesordnung der Stadt Nürnberg, ca. 1301/1302–1310) regelt das alltägliche Leben bis ins Detail. Es eröffnet mit einem Kapitel über das Brot (s. u.), es folgen Regelungen Fleisch, Tuche, Waffen, Spiel, Wein, Gericht und Rat, Bier, Sicherheit u. v. m. betreffend. Der Aufbau der Kapitel und die syntaktische Struktur sind jeweils sehr ähnlich.

1 Des erſten habent die pvrger
geſetzet von dem Rat. maiſter
vber daz brôt. In Sande Seboltes
pharre. Hern wolflein den Sachſen.

5 vnd Hern Heinrich den Eiſvogel.
In Sande Lovrenzin pharre Heren
Heinrich den Regnolt. vnd den
Heinrich von Swabach. Vnd zv den
vier Pvrgern hat man gegeben

10 vier Meiſter vz den Becken. In
Sande Seboltes pharre den Pynz-
berger. vnd den Gotfrid an dem
weinmarkt. In ſande Laurenzen
pharre Beſolt den Biſſcholf.

15 vnd den Wenger. Die ſelben alle
ſvlen bewaren. daz man von lov-
terre ſemelle ein brôt bache vmb
ein phenninc. vnd von Bolle ein
brôt vmb ein phenninc. vnd daz

20 dev brot alſo gezaichent ſeîn. daz
man einez von dem andern er-
chenne. vnd ſvlen ovch bewaren.
daz bolle vnd ſemele zv einander
iht gemiſchet werden. Vnd ſwelher

25 hande brot ein maiſter bachen
wil. von den zwein melwen. der ſol
bolle vnd ſemel von einander
geſvndert werden. Vnd ſwelhe bekke ze chlein bachet. der iſt ſchvl-

30 dic dem Schvltheizzen der alten
bvze daz ſint Sechs phenninge.
Vnd ſwaz der becke iſt dev ze chlein
gebachen iſt. die ſvlen die maiſter
gar vf die penke haizen tragen.

35 vnd ſvlen der brot fvnfev vmb vier
ſâtzen. der aber ein phenwert
wil. dem ſol man dar zv ein vier-
teil geben. vnd zv zwein phenwer-
ten ein halbz brot. Vnd ſwanne man

40 daz brot alſo geſetzet. ſwelher maiſter danne die bekke niht gar vf
die penke bringet. oder der ſin ein-
teil wider von der bank heim trêgt.
fvrſt ez dar vf geſetzet wîrt. der

45 iſt ſchvldic Sehzic phenning. dem
Rihter vnd der Stat. Iſt er aber ein
mietkneht der daz gebot brichet.
den ſol man ſchvpfen. Ez ſvlen
ovch die maiſter alle tag den brot-

50 chovff verſvchen. Man ſol ovch
newer ein brot bachen vmb ein
phenninc. Vnd ſwaz bekken geſezzen
iſt în zwein meilen. die ſvlen in
dem gebot ſein als vnſer bekken

55 vnd meiſter in der ſtat. vzzerhalb
zweir meil niht. Vnd ſwer brot
her în fvret. vnd daz gebot bricht
dem ſol man dreizic brot zeſnei-
den. ie daz brot ze zwein ſtvck-

60 ken. Ez ſol ovch ein iegelich becke ein tvch vnder ſîn brot legen.
ſwer daz brichet der gibt Sechs
phenning.

Z. 3/4 (und öfter): *In Sande Seboltes pharre*
‚in der Pfarrei St. Sebolt' (= rechtlicher
Einzugsbereich einer Pfarrkirche)

Z. 44: *vurst – voreste* (Adv. sup.) ‚zuvorderst',
hier ‚bevor'

Z. 49/50: *brotchovff*, s. *brôtkouf*

Z. 51: newer ‚nur'

Satzungsbuch der Stadt Nürnberg, Staatsarchiv Nürnberg, Rep. 52b, Rst. Nürnberg, Amts- und Standbücher
Nr. 228, fol. 9ra,1-9va,9.

Die Schreibsprache Nürnbergs zeigt nordbairische und ostfränkisch-mitteldeutsche Besonderheiten:
- Nordbairisch ist anlautend *p* statt *b* (z. B. *purger*, aber: *brot*), *ai* statt *ei* (z. B. *gezaichent*), *ch* statt *k* (z. B. *chlein*);
- Kennzeichen des Ostfränkisch-Mitteldeutschen ist die durchgeführte Monophthongierung (*tuch*).

Die dialektale Form findet sich nicht immer im Wörterbuch. Die Stichwörter (Lemmata) in den Wörterbüchern zeigen eine von dialektalen Formen weitgehend bereinigte Schreibung (sog. normalisierte Form). Um das Wort im Wörterbuch zu finden, muss man dialektale Formen in Lemmaformen transformieren.

1 Suchen Sie jeweils Beispiele zu den genannten dialektalen Merkmalen aus dem Text heraus und füllen Sie die Tabelle aus.

Textbeispiel	Transformation: *p → b; ai → ei; ch → k*	Lemma im mhd. Wörterbuch
purger	burger	burgære/ burger, borgâre, purgâre

2 Benennen Sie die *maister vber daz brôt* und die *Meister vz den Becken* (Z. 1-15).
3 Beschreiben Sie, welche Aufgaben dieses Gremium hat.
4 Erklären Sie das Verhältnis von Größe des Backwerks und Preis im Fall zu klein gebackener Brote.
5 Listen Sie auf, welche Verstöße gegen die Satzung auf welche Art und Weise geahndet werden.

2. Wortschatz

Bäckereihandwerk

Die in den einzelnen alltäglich ausgeübten handwerklichen Bereichen verwendete fachliche Sprache verfügte bereits in mittelhochdeutscher Zeit über ein sehr differenziertes Vokabular, wie im Folgenden das Beispiel des Bäckereihandwerks verdeutlicht:

mhd. *sëmele*
feinstes Weizenmehl, Brot
daraus; später: kleines
Brot (Brötchen)

mhd. *mël*
ausgemahlenes
Getreide

ahd. *bakkan*
rösten,
backen,
trocknen

mhd. *bachûs*
Backhaus

mhd. *phister*
Feinbäcker, aus
lat. *pistor*

mhd. *bolle*
sog. Bollmehl, Mehl, das übrig
bleibt, wenn feinere Mehlsorten
ausgeschieden sind

mhd. *bachoven*

mhd. *bacwërc*

mhd. *brôtschetzer/*
mhd. *brôtschouwære*
Brottaxierer; Aufseher
über das Brot

mhd. *becke* (mask.)
Bäcker, der für den
alltäglichen Bedarf
arbeitet; ‚Grobbäcker'

mhd. *brôtkouf*
Gesamtheit des zu verkaufen-
den Brotes, Brotangebot

mhd. *becke* (fem.)
Bäckerei; auch: das Recht
zu backen, Summe dessen,
was auf einmal gebacken
wird, Backwerk

mhd. *brôtbanc*
Bank zur Auslage
des Brotangebotes

mhd. *brôt*
Brot
allgemein

ahd. *brōt*
Brot,
Brotfladen;
Nahrung,
Speise

ahd. *bakkāri*
jmd., der
Gebackenes
herstellt

ahd. *brōtbekko*
Brotbäcker

6 Welche Bedeutung haben die Wörter *becke* (Z. 32) und *becke* (Z. 60 f.) im Satzungsbuch der Stadt Nürnberg?

2.2. *gesetzen*

Eine eigene Rechtssprache bildet sich zwar erst im Spätmittelalter heraus, schon vorher gibt es aber Begriffe, die sehr deutlich einen Rechtsgehalt zeigen und als Rechtstermini bezeichnet werden können.

Neben zentralen Rechtsbegriffen (wie z. B. *rëht, buoze, schulde*) werden auch Begriffe verwendet, die zur Darstellung rechtlicher Sachverhalte dienen (z. B. *gesetzen*) und in speziellen Kontexten rechtlichen Gehalt zeigen. Bei diesen handelt es sich nicht um Rechtstermini im engeren Sinn, wohl aber um rechtlich relevante Begriffe. Wieder andere Begriffe sind weniger eindeutig zu klassifizieren, da sie auch anderen Lebensbereichen zugeordnet werden können und dort im Lauf der Zeit einen weniger rechtlich bindenden Gehalt bekommen haben. In bestimmten Rechtskontexten jedoch zeigt sich der rechtliche Gehalt wieder deutlicher und ist als solcher zu berücksichtigen. Die Genese eines Rechtsbegriffs und die Herausbildung der Wortfamilie veranschaulicht das Beispiel des Begriffs ‚Gesetz': *gesetzen* (‚festsetzen', ‚bestimmen') hat einen deutlich rechtlichen Gehalt (so nicht das mhd. *setzen*, aus dem es abgeleitet ist). Das Substantiv *gesetze* ‚Gesetz' ist entweder Verbalabstraktum zu mhd. *(ge)setzen* oder Kollektivbildung zu mhd. *saz*, was ‚das Festgesetzte' bedeutet, schließlich ‚Gesetz'.

> Wîr Otte. von gotes gnaden.
> Bifchof zů wirtzebur tůn
> kunt allen den. die dife gefetze
> fehen oder hœren lefen. daz wîr
> mit vnferm gefworn rate durch
> gemeine notdurft. gůt. nutz. Fride
>
> vnd gemach armer vnd richer in vnfer
> ftat zů wirtzeburg. haben gefetzt
> die gefetze. die her nach gefchriben
> fint. vnd wollen vnd gebieten.
> daz man die felben gefetze ftete
> vefte vnd vnuerbrochen halte.
>
> Würzburger Polizeisätze, 2° Cod. ms. 731, fol. 240ra,4-15

7 Übersetzen Sie die vorliegende Textstelle und erklären Sie, wodurch ein Gesetz rechtskräftig wird.

3. Grammatik

Zahlen

Die Kardinalzahlen *vier* bis *zwelf* können im Mhd. – im Gegensatz zum Nhd. – auch adjektivisch flektiert werden, so steht z. B. *fvnfev* (Z. 35) im Akk.Pl.Neutr.
Die Kardinalzahlen *zwei* und *drei* werden im Mhd. wie folgt flektiert:

	Mask.	Fem.	Neutr.
Nom./ Akk.	*zwêne*	*zwô*	*zwei*
Dat.	*zwei(g)er* *zwei(e)n*		
Gen.			

	Mask.	Fem.	Neutr.
Nom./ Akk.	*drî, drîe*		*driu*
Dat.	*drî(g)er* *drin/drî(e)n*		
Gen.			

Eine Übersicht zur Flexion der Adjektive findet sich unter (25) in der ‚Grammatik in Tabellen, Listen und Übersichten‘.

Kardinalzahlen (bis zwölf):
ein (*ein(e)s* ist Adverb)
zwei
drî
vier
vünf
sëhs
siben
aht
niun
zëhen
einlif (*einlef* = ‚eins übrig‘; vgl. engl. *left*)
zwelf (*zweilef* = ‚zwei übrig‘)
dann weiter: *drîzëhen, ... zweinzec,*
     drîzic, ...
hundert (auch *zëhenzec*), *tûsent, ...*

Ordinalzahlen:
êrste (Adv.)
ander (seit dem 16. Jh. *zweite*)
dritte
vierte
...

Multiplikationszahlen:
drîstunt (‚dreimal‘) auch:
drîweide, dritte weide,
drîwerbe, dritte warp
ab dem 13. Jh. *-mal*

ferner:
sëhstehalb (‚fünf und einhalb‘),
heute noch:
anderthalb (‚eineinhalb‘)

8 Markieren Sie alle Zahlen in dem Text (Satzungsbuch der Stadt Nürnberg) und entscheiden Sie, welchen der oben beschriebenen Kategorien diese sich zuordnen lassen.

Eine Übersicht zu den Kardinal- und Ordinalzahlen findet sich unter (35) in der ‚Grammatik in Tabellen, Listen und Übersichten'. Vgl. Paul, Mhd.Gr. §§M60-61.

Abhängige Sätze

Es gibt eingeleitete und uneingeleitete Nebensätze in hypotaktischen Satzgefügen. Bei den eingeleiteten Nebensätzen gibt es verschiedene Typen:
- Relativsätze (eingeleitet durch Pronomina, vor allem *dër*, *diu* ~ *die*, *daz,* sowie relative Adverbien, z. B. *dar*, *dâ*, *swâr*, *swâ*; vgl. Kap. 3 a und 3 b),
- Nebensätze mit *w*-Anschluss (Fragepronomina, Frageadverbien),
- Konjunktionalsätze.

Das Verhältnis von Haupt- und Nebensatz kann Bedingungen, Folgen, Begründungen u. a. m. ausdrücken (semantische Relation).

daz-Sätze und konjunktionale Nebensätze

> Die ſelben alle
> ſvlen bewaren. **daz** man von lov-
> terre ſemelle ein brôt bache vmb
> ein phenninc. vnd von Bolle ein
> brôt vmb ein phenninc. vnd **daz**
> dev brot alſo gezaichent ſeîn. **daz**
> man einez von dem andern er-
> chenne.
>
> Satzungsbuch der Stadt Nürnberg, Amts- und Standbücher Nr. 228, Z. 15–22

9 Dieser Textausschnitt enthält dreimal die Subjunktion *daz*. Übersetzen Sie den Ausschnitt genau und entscheiden Sie, in welchem Fall sich *daz* nicht mit ‚dass' sondern besser mit einer anderen Subjunktion übersetzen lässt.

Die Subjunktion *daz* hat in den meisten Fällen nur die Funktion der reinen Nebensatzeinleitung und kann entweder mit ‚dass' oder mit erweitertem Infinitiv übersetzt werden.

> […] die wiſen heten reht.
> daz ſi den tumben dienten […]
>
> ‚Nibelungenlied', Cod. Donaueschingen 63,
> fol. 2ʳ,20 f.; str. 32,2 f.

> Nu wizzet frauwen vnd man
> daz ſich ditz buch hie hebt an
>
> Hugo von Trimberg ‚Der Renner', Ms. B 4, fol. 1ᵛᵇ,8 f.,
> vv. 36a-b

> ern bot mir nîe die êre.
> daz er mich het an geſehn.
>
> Hartmann von Aue ‚Iwein', Hs. 97,
> fol. 15ʳ,20 f.; v. 750 f.

Als Einleitung konjunktionaler Nebensätze kann *daz* zusätzlich einen deutlich eigenen semantischen Wert haben (final ‚damit', konsekutiv ‚so dass', temporal ‚als', kausal ‚weil', konditional ‚wenn', konzessiv ‚obwohl', modal-konsekutiv ‚(so) wie'). Das semantische Verhältnis ist dabei jedoch nicht immer eindeutig zu bestimmen:

> Da wart manic edel kint geſant
> von einem lande inz ander lant
> Daz ez zuht vnd ere
> noch frummer herren lere
> Sœlte lernen in ſiner iugent
>
> Hugo von Trimberg ‚Der Renner', Ms. B 4, fol. 5ra, 11-15; vv. 539-543

Damals wurden viele adelige Jungen von einem Land ins nächste geschickt,	**so dass** konsekutiv **weil** kausal **damit** final	sie in der Jugend die Lebensart und das herrschaftliche Verhalten angesehener Herrscher kennenlernten/ kennenlernen sollten.

Häufig werden in *daz*-Sätzen zweigliedrige Subjunktionen verwendet (z. B. *unz daz*, *biz daz*, *durch daz*), deren erstes Glied das semantische Verhältnis verdeutlicht:

er was alſo vihe riche. daz er chume vant die weide. an dem velde vnd an der heide. Pfaffe Wernher ‚Driu liet von der maget', Berol. Ms. germ. oct. 109, fol. 8^r, 5-7	konsekutiv	Er war **derart/ so** reich an Vieh, **dass** er die Weide ...
der was ein hirte biz an den tach daz er ſider tot gelach Hugo von Trimberg ‚Der Renner', Ms. B 4, fol. 2va, 16 f.; v. 163 f.	temporal	Er war **so lange** Hirte, **bis** er letztlich starb.

ℰ   Vertiefung: Modul 4 ‚Sätze und ihre Strukturen' Menüpunkt 6.3, 6.5.

Konjunktionale Nebensätze werden durch verschiedene Subjunktionen eingeleitet. Man unterscheidet nach der semantischen Relation zwischen Haupt- und Nebensatz:

Konsekutivsätze	**Konzessivsätze**	**Finalsätze**	**Konditionalsätze**
eingeleitet durch:	eingeleitet durch:	eingeleitet durch:	eingeleitet durch:
daz ‚so dass'	*doch* ‚obgleich',	*daz* ‚damit'	*ob* ‚wenn'
(al)sô daz ‚so dass'	‚obwohl'	*durch daz* ‚damit'	*sô* ‚wenn'
	so auch: *swie*, *aleine*,	*ûf daz* ‚damit'	
	âne (daz), *ob*		

Kausalsätze	Modal-Konsekutivsätze	Temporalsätze
eingeleitet durch:	eingeleitet durch:	eingeleitet durch:
wan ‚denn'	*sô* ‚wie'	*dô* ‚als'
wande ‚denn'	*als*	*sô* ‚als'
nû ‚da nun'	*alsô* ‚so wie'	*al(sô)* ‚so wie'
sît (daz) ‚da'	*(al)sam* ‚so wie'	*unz* ‚bis', ‚solange'
durch daz ‚deshalb'/‚weil'	*danne* ‚als'	*sît (daz)* ‚nachdem'
umbe daz ‚deshalb'/‚weil'	*(s)wie* ‚wie (auch immer)'	*swanne/swenne* ‚wann
fur daz ‚deshalb'/‚weil'	*daz* ‚(so) wie'	(auch) immer'
		biz daz ‚so lange bis/wie'

Eine umfangreiche Übersicht über die Konjunktionen findet sich unter (34) in der ‚Grammatik in Tabellen, Listen und Übersichten'. Zu den subjunktional eingeleiteten Nebensätzen vgl. Paul, Mhd.Gr. §§S172-179.

10 Bestimmen Sie die semantische Relation in folgenden Beispielsätzen und tragen Sie die jeweilige Nummer unten in das passende Feld ein. Beachten Sie dabei, dass die semantische Relation nicht immer eindeutig zu bestimmen ist, so dass Mehrfachnennungen möglich sind.

❶ die glävie er sîgen lie,
daz si der wurme niht ensach.

Wirnt von Grafenberg ‚Wigalois', v. 5094f.

❸ sun, ich hete dich erwelt
ze einem gotes kinde:
ob ich ez an dir vinde,
des wil ich iemer wesen vrô.'

Hartmann von Aue ‚Gregorius',
vv. 1526-1529

❺ Si stuonden ûf, **dô** daz geschah.

Der Pleier ‚Garel von dem blühenden Tal',
v. 20097

❼ mit beiden handen er dô nam
die glävîe, **wan** si was starc.

Wirnt von Grafenberg ‚Wigalois',
v. 5099f.

❷ Die drie kunige waren.   **alſ** ich gesaget han.
von vil hohem ellen. […]

‚Nibelungenlied', Cod. Donaueschingen 63,
fol. 1ʳ,22; str. 8,1f.

❹ Des enkam dâ niemen in den strît,
wan si wurden rîche
alle gelîche.

Hartmann von Aue ‚Erec', vv. 2173-2175

❻ der chivſche und der vreche.
Gagunret der wigant
verlos ſus burge und lant.
da ſin vater ſchône.
trůch ſceptium und die chrone.
mit grozer kůneclicher chraft.
unz er lac tot an riterſchaft.

Wolfram von Eschenbach ‚Parzival', Cod. 857,
Bl. 6ª,36-42; 5,22-28

❽ Alſo Conſtantiuſ daz irſach.
Daz der ſun ſo urůme waz.
Doch er were ein kindelin.
Sie můſe alle under im ſin.

‚Kaiserchronik', Cpg. 361, fol. 45ᵛ,11-14,
vv. 7624-7627

konsekutiv   _____
konzessiv   _____
final   _____
konditional   _____
kausal   _____
modal-konsekutiv   _____
temporal   _____

Lautwandel (Konsonantismus III)

Mhd. /v/ ‹w›, /j/ und /h/ bleiben im Anlaut weitgehend erhalten. Inlautend wird /w/ (außer nach Liquid) getilgt:

Inlautend nach Liquid wird spätmhd. /v/ ‹w› zu /b/, so etwa:

mhd.	nhd.	mhd.	nhd.
triuwe	Treue	varwe	Farbe
vrouwe	Frau	swalwe	Schwalbe
sêwe	See	mürwe	mürbe

Ausnahmen: *ewig* (mhd. *êwic*), *Löwe* (mhd. *lëwe*) und nd. *Möwe*.

Nach mhd. /a/ wird *w* besonders in den md. Mundarten zu *u* (mhd. *brâwe* → nhd. *Braue*) und bildet zusammen mit *a* einen Diphthong /ao/.
/j/ schwindet inlautend nach langem Vokal oder Diphthong und wird oft durch *h* ersetzt:

mhd.	nhd.
blüejen	blühen
kræjen	krähen
sæjen	sähen

Eine Übersicht über die mhd. Konsonanten findet sich unter (3) in der ‚Grammatik in Tabellen, Listen und Übersichten'. Vgl. Paul, Mhd.Gr. §§L84-87.

4. Übungstexte

1 <u>Man hat ovch verboten ellev</u> [Alle]
ſwert vnd ellev ſpitzigev mezzer
dev niht ſtvmpf geſlagen ſint [waſſen]
vnd alle verboten were. daz die
5 niemen tragen ſol. danne der [niemand]
lantrihter ſo der hinne iſt vnd
ſin geſinde daz ſin brot izzet vnd
fvrbaz niht mere. vnd der Lantvogt vnd ſin geſinde daz ſin brôt
10 izzet. Vnd der Schultheiz vnd ſin
tegelich geſinde daz ſin brot iz-
zet vnd der ſtat pvtel. <u>Swer dar</u> [wer auch immer]
vberſwert oder mezzer tregt
oder verboten were offenlich. der
15 gibt dem Rihter vnd der ſtat Sêhzic phennig.

11 Der erste Teil des Textes (Z. 1–12) zeigt ein komplexes (hypotaktisches) Satzgefüge. Fügen Sie zum besseren Verständnis zunächst eine am Nhd. orientierte Interpunktion ein und strukturieren Sie dann ausgehend vom Hauptsatz (im Text unterstrichen) das Satzgefüge.

12 Wo finden Sie im Text eine mögliche Erklärung für die heute häufig gebrauchte Wendung ‚in Lohn und Brot stehen'?

Satzungsbuch der Stadt Nürnberg, Staatsarchiv Nürnberg, Rep. 52b, Rst. Nürnberg, Amts- und Standbücher Nr. 228, fol. 11vb,1-16

[handschriftlich: gefestigt]

1   Ein
rihter ſol ouch ſtete ſin.
daz er lîp vnde gût wagen
ſol. daz er dc reht beſchir-

[handschriftlich: → Paraphrasina]

5   me. ein rihter ſol ouch
witzig ſin. vnde alſo
wiſe. daz er daz ʋbel von
dem gûten. vnd daz gû-
te von dem ʋbelen ſchei-

10   den ſol. vnde kʋnnen ſol.
kan er daz. ſo hat er dîe
rehten wiſheit. ob er daz
vbel lat. vnd tʋt da bi dc
gûte. ſo iſt er ein wiſer

[handschriftlich: } der rihter ſol dc leben .]

15   rihter. Die beſten tvgen-
de ſol er han. daz iſt daz

[handschriftlich: → dazu gehört]

er got fúrhten ſol. vnd
daz er triwe vnde reht
minnen ſol. vnde ellîv

20   vnrehten ding haſſen
ſol. ſo iſt er ein wiſer
rihter.

13 Wie ist ſol (Z. 2, Inf. suln) hier zu übersetzen?
14 Kontrastieren Sie die mhd. und nhd. Bedeutung von witzig (Z. 6).
15 Listen Sie die Eigenschaften eines Richters auf.

,Schwabenspiegel', Cod. Donaueschingen 738, fol. 44ra,6-44rb,6

ⓔ Wiederholung: Modul 3 ,Übersetzen' Menüpunkt 4.2, Übung 2 (zu suln).

5. Strukturen in Gesellschaft, Recht und Verwaltung

Das gesellschaftliche Leben im Mittelalter ist – wie heute auch – geprägt von Ordnungs-
vorstellungen und diese erfordern feste Strukturen und die Umsetzung und Einhaltung
bestimmter Verhaltensweisen. Entsprechende Regelungen werden in mündlichen aber
auch schriftlichen Regelwerken, z. B. Geboten, Anweisungen und Gesetzen, festgehalten
und thematisieren die ideale Ordnung aber auch Vergehen. Explizite mediale Träger
dieser Ordnungen sind Rechtstexte, z. B. Rechts- und Stadtbücher und Urkunden. Rechtstexte verzeichnen Gesetze und Normen, die Geltung haben oder haben sollen, und verdeutlichen Rechtsverhalte anhand von abstrakten Beispielen; sie spiegeln häufig Idealvor-
stellungen wieder. Eine Einbettung in konkretes Geschehen erfolgt in anderen Texttypen,
wie z. B. erzählenden Texten (u. a. höfischer Roman). Trotz des fiktiven Umgangs – vielleicht auch der Überformung – gelten erzählende Texte als sog. Rechtserkenntnisquellen,
die Rechtspraxis abbilden.
Seit den 70er Jahren des 11. Jhs. wird in den größeren deutschen Städten ein Ringen um
Freiheit und Unabhängigkeit von den bisherigen Stadtherren (u. a. Bischöfe, Könige, Herzöge) erkennbar. Diese kommunale Freiheitsbewegung beginnt 1073 in Worms, setzt sich
1074 in Köln fort und erfasst bald weitere Städte, die sich gewaltsam oder auf vertrag-
lichem Weg von ihren Herren zu emanzipieren suchen. Dies führt im Verlauf des Hoch-
und Spätmittelalters allmählich – gestützt auch durch die im Gefolge der Gottesfriedens-
bewegung entstehende Pax – zu eigenen Rechtsräumen mit eigener Gerichtsbarkeit und
eigenen ,Bürger'-Freiheiten (,Stadtluft macht frei').

Innerhalb der Städte entwickeln sich unterschiedliche Machtstrukturen, die in der Folgezeit auch immer wieder zu innerstädtischen Unruhen und Aufständen führen (z. B. der Aufstand der Wollweber in Köln 1349). In vielen Städten hat sich das Meliorat als mächtigste Gruppe etabliert, in anderen bestimmen die (Fern-)Kaufleute oder auch die Handwerkerzünfte (Zechen, Gilden) die Politik.

Städte haben seit ihren Gründungen durch das ihnen verliehene Stadtrechtsprivileg ein eigenes Recht und damit eigene Rechtsprechungsorgane. Oberster Stadtherr war zunächst ein Vertreter des Meliorats, dem eine Gruppe Bürger als Beamte beigeordnet war. Im Lauf des 13. Jahrhunderts wurden die Rechte des Stadtherren zunehmend auf den Stadtrat übertragen. Der Rat reglementierte u. a. die Wirtschaft und legte die Warenpreise fest. Er setzte damit eigene Machtansprüche durch und war schließlich die entscheidende Instanz. Aus den den Rat bildenden Bürgern wurde ein oberster Richter gewählt, der Schultheiß.

Eine Vorstellung davon, wie ein idealer Richter sein soll, findet sich im Schwabenspiegel:

Ein
rihter fol ouch ftete fin.
daz er lîp vnde gût wagen
fol. daz er dc reht befchir-
me. ein rihter fol ouch
witzig fin. vnde alfo
wife. daz er daz vbel von
dem gûten. vnd daz gû-
te von dem vbelen fchei-
den fol. vnde kvnnen fol.
kan er daz. fo hat er dîe
rehten wifheit. ob er daz
vbel lat. vnd tvt da bi dc
gûte. fo ift er ein wifer
rihter. Die beften tvgen-
de fol er han. daz ift daz
er got fúrhten fol. vnd
daz er triwe vnde reht
minnen fol. vnde ellîv
vnrehten ding haffen
fol. fo ift er ein wifer
rihter.

Ältestes Stadtsiegel
der Stadt Köln (1149)
(© Rheinisches
Bildarchiv Köln)

‚Schwabenspiegel', Cod. Donaueschingen 738, fol. 44ra,6-44rb,6

Eines der wichtigsten Rechte im Mittelalter ist das Münzrecht, d. h. die Erlaubnis, Münzen prägen und ihren Wert (Münzfuß) bestimmen zu dürfen. Das Wachsen der Städte und ihr Ringen um Eigenständigkeit führen zu einem erhöhten Geldbedarf. Begünstigt durch den Schwund der kaiserlichen Macht (im Verlauf des 13. Jhs.), eignen sich Territorialfürsten das Münzrecht und damit das Recht auf Festlegung des Münzfußes an. Um 1300 gibt es ca. 500 Münzstätten in Deutschland. Probleme ergeben sich dabei durch den regional stark variierenden Wert der Münzen und die häufig erfolgenden Münzverrufungen, die zur Entwertung des Geldes führen. Ursprünglich wurde das Münzrecht unter Pippin (751–768) zentralisiert, unter Karl dem Großen durfte die Prägung von Münzen nur in den königlichen Pfalzen erfolgen, erst im 10. Jh. unter der Herrschaft der Ottonen wird das Münzrecht immer häufiger an den Klerus (Äbte und Bischöfe) verliehen. Ab dem 11. Jh. wird das Münzrecht zunehmend an Städte vergeben.

Das Münzsystem, das zum Leitsystem in Europa wird und aus dem die mal. Münzsysteme der verschiedenen Länder und Regionen abgeleitet werden (in England gültig bis 1971), geht auf die Münzreform Karls des Großen (793/94) zurück. Bezugspunkt für dieses System ist das sog. **Karlspfund**. Die zentrale Münzeinheit ist bis ins Hochmittelalter der Denar, der im Deutschen Reich ‚Pfennig' genannt wird (engl. *penny*). Der Begriff *Pfennig* ist so verbreitet, dass er auch allgemein für Münzen benutzt werden kann (*lantpfennig* = Landesmünze).

Der **Gulden** (mhd. *gulden*) wird zur Ergänzung des Pfennigs als Großmünze seit 1325 (zuerst in Prag) nach Florentiner Vorbild (daher auch *Floren*) geprägt. Es handelt sich um eine Goldmünze, die ab 1486 auch als Großsilbermünze geprägt wird.

Die **Mark** (mhd. neutr. *marc*) ist eine Rechnungsmünze[1], die auf ein eigenes Münzgewicht zurückgeht. Die bedeutendste ist die seit dem 11. Jh. bekannte sog. Kölner Mark, die im 16. Jh. Grundlage für den Silbertaler (abgeleitet aus dem Bergwerksort St. Joachimsthal) und 1524 zum Grundgewicht des Deutschen Reiches wird.

Der **Schilling** (lat. *solidus*; in der Antike eine Goldmünze, mhd. *schillinc*) ist seit der karolingischen Reform zunächst nur eine Rechnungsmünze[1] bzw. Gewichtseinheit. Erst im 14. Jh. wird der Schilling (auch *Groschen* nach *Gros de Trois*) als reale Münze geprägt.

Der **Kreuzer** (Kreutzer, mhd. *kriuzære*) ist eine süddeutsche Münze, die ab 1271 zuerst in Südtirol (Meran) geprägt wird. Sie verdankt ihren Namen dem eingeprägten (Doppel-)Kreuz auf der Vorderseite.

Der **Pfennig** (vielleicht aus lat. *pondus* ‚Gewicht', *pendere* ‚wägen', mhd. *phenninc*) bestand bis ins 13. Jh. aus Silber (später auch aus Kupfer) und war im Mittelalter Kurrantmünze[2] und besaß so ein hohes Maß an Akzeptanz und Wertbeständigkeit.

Der **Heller** (mhd. *haller ~ heller*) ist eine deutsche Silbermünze (später aus Kupfer), die nach der Stadt Hall (Schwäbisch Hall) benannt ist. Die Münze wird erstmals gegen Ende des 12. Jhs. urkundlich erwähnt. Münzen aus wertminderem Silber bzw. Kupfer waren in vielen deutschen Städten unter dem Namen *Scherf* (*Schärff* = ‚scharfer Pfennig') verbreitet. Der Wert beider Münzen entsprach jeweils einem halben Pfennig.

Die Münzgewichte und die Münzwerte differieren im Mittelalter zum Teil erheblich, so dass es schwierig ist, die jeweilige Kaufkraft genau zu bestimmen. Aus Urkunden kann belegt werden, dass die Kaufkraft eines Pfennigs um 1300 etwa den Wert von 20 Eiern oder einem Weizenbrot beträgt, eine Gans kostet 6 Pfennige.

1 Rechnungsmünze – Einheit, die einen bestimmten Wert angibt, aber nicht als reale Münze existiert
2 Kurrantmünze – Münze, deren Kurswert dem Metallwert entspricht

Literatur: Sprenger, Bernd: Das Geld der Deutschen. Geldgeschichte Deutschlands von den Anfängen bis zur Gegenwart. 3., aktual. u. erw. Aufl. Paderborn u. a. 2002, S. 47-95; Zimmermann, Albert (Hg.): Mensura. Mass, Zahl, Zahlensymbolik im Mittelalter. 2 Bde. Berlin/New York 1983/84. (Miscellanea Mediaevalia 16/1 u. 16/2); Kluge, Bernd: Münze und Geld im Mittelalter: eine numismatische Skizze. Frankfurt/M. 2004.

Karlspfund = *406 g Silber bzw. 20 Silberschillinge = 240 Pfennige*

Gulden = *240 Pfennige (Karlspfund)*

Mark = *234 g Silber bzw. ca. ½ Pfund*

Schilling *(Groschen) = 12 Pfennige*

Kreuzer = *4 Pfennige*

Pfennig = *1/240 Karlspfund (rund 1,7 g)*

(Kreissparkasse Köln, Geldgeschichtliche Sammlung)

Heller = *½ Pfennig*

Einseitig geprägter Pfennig, sog. Brakteat, aus sehr dünnem Silberblech; mit dieser Technik, die nur in einigen Landesteilen angewendet wurde, konnten große Münzen geprägt werden, die dennoch leicht waren, d. h. nur wenig des kostbaren Silbers enthielten; Braunschweig, Herzog Heinrich der Löwe (1142–1180) (Kreissparkasse Köln, Geldgeschichtliche Sammlung)

Kapitel 5 Macht
b Herrschaft

Kaiser Friedrich II. (1198–1250) auf einem Kastenthron mit goldener Krone, Lilienzepter und Reichsapfel; die gekreuzten Bein symbolisieren die Haltung eines Richters; Eike von Repgow ‚Sachsenspiegel', Herzog August Bibliothek Wolfenbüttel, Cod. Guelf. 3.1. Aug. 2°, fol. 1ʳ (3. Viertel 14. Jh.)

Karl waſ ain warer gotes wigant.
di haiden er ze der criſtenhaite getwanc.
Karl was ſælic.
Karl was ſcone.
Karl was genædic.
Karl was chune.
Karl was teůmǒte.
Karl was ſtæte.
unt hete iedoch di gute.
Karl was lobelich.
Karl was uǒrhtlich.
Karl lobete man pilliche.
in Romiscen richen.
uor allen werltkuningen.

‚Kaiserchronik', Cod. 276, fol. 64ᵛᵃ,36-45; vv. 15075-15086

swer sin gabe also git,
der hat gotes lop gemeret
und hat sich selben geeret
und hat der milte sin rehte getan.

Der Stricker ‚Falsche und rechte Freigebigkeit', vv. 60-63

Reichskrone, Kunsthistorisches Museum Wien – Schatzkammer Wiener Hofburg, um 962 (Krone der Könige und Kaiser des Heiligen Römischen Reiches)

Evangeliar Heinrichs des Löwen: Krönung Heinrichs des Löwen und Mathildes, Herzog August Bibliothek Wolfenbüttel, Cod. Guelf. 105 Noviss. 2°, fol. 171ᵛ (zwischen 1173 und 1188)

1. Pfaffe Konrad ‚Rolandslied‘

Das ‚Rolandslied‘ (um 1170, basierend auf dem afrz. ‚Chanson de Roland‘, wohl um 1100) ist eines der ersten Werke der frühhöfischen Epik. Die auf eine historische Grundlage zurückgehende Erzählung hat die Eroberung Spaniens durch Karl den Großen zum Thema. In diesem Zusammenhang führt der Verrat Herzog Geneluns zum Tod Rolands, des Neffen Karls des Großen. Rolands Märtyrertod im Kampf gegen Heiden in Spanien wird schließlich von Karl gerächt. Der sich im Epilog nennende Dichter (*ich haize der phaffe chunrat*, fol. 123ʳ) hat den Text im Auftrag Heinrichs des Löwen verfasst.

1 Markieren Sie in den drei folgenden Texten (Pfaffe Konrad ‚Rolandslied‘, Hartmann von Aue ‚Gregorius‘, Walther von der Vogelweide ‚Erster Philippston‘) die Stellen, die die Eigenschaften und Fähigkeiten eines vorbildlichen Herrschers beschreiben.

1	Nune *mugen* wir in disem zite
	dem chûninge Dauite
	niemen so wol gelichen
	so den herzogen Hainrichen.
5	got gap ime di craft
	daz er alle sine uiande eruacht.
	di cristen hat er wol geret,
	die haiden sint uon im bekeret:
	daz erbet in uon rechte an.
10	zefluchte gewant er nie sin uan:
	got tet in ie sigehaft.
	in sinem houe newirdet niemir nacht.
	ich maine daz ewige licht:
	des nezerrinit im nicht.
15	untruwe ist im lait,
	er minnit rechte warhait.
	io ŏbit der herre
	alle gotlike lere,
	vnt sin tiure ingesinde.
20	in sime houe mac man uindin
	alle state unt alle zucht.
	da ist vrŏde unt gehucht,
	da ist kŭske unt scham;
	willic sint im sine man;
25	da ist tugint unt ere.

geret = geêret,
Inf. êren

gewant,
Inf. wenden

ŏbit, Inf. üeben/uoben

state, s. stæte
vrŏde, s. vröude; gehucht, s. gehuht
kŭske, s. kiusche

Pfaffe Konrad ‚Rolandslied‘: Carolus Magnus hält Rat mit Roland und Olivier, Universitätsbibliothek Heidelberg, Cod. Pal. germ. 112, fol. 5ᵛ (um 1200)

Das Rolandslied des Pfaffen Konrad. Hrsg. v. Carl Wesle. 3., durchges. Aufl., bes. v. Peter Wapnewski. Tübingen 1985, vv. 9039-9063. (ATB 69)

2 Geben Sie für den mit *daz* eingeleiteten Nebensatz in v. 6 die drei möglichen Übersetzungen an.

3 Suchen Sie die beiden doppelten Verneinungen und übersetzen Sie diese.

 Wiederholung: Modul 4 ‚Sätze und ihre Strukturen‘ Menüpunkt 4.2; 6.5.

In Handschriften und handschriftennahen Editionen kann ‹v› für /u/ bzw. /u:/ stehen, ebenso kann ‹u› auch für /f/ ‹v› stehen, so *uiande* (v. 6), *eruacht* (v. 6), *uon* (v. 8), *uan* (v. 10), *houe* (v. 12), *uindin* (v. 20); in den Wörterbüchern steht hier in der Regel ‹v›.

Der Text des Rolandsliedes ist bairisch (z. B. ‹ai› statt ‹ei›; vgl. Kap. 5 a) mit mitteldeutschen (hessisch-thüringischen) Elementen.

Eine regionale Besonderheit, die besonders in thüringischen Texten auftritt, ist die Schreibung von ‹i› statt ‹e› in Nebensilben: *niemir* (v. 12), *nezerrinit* (v. 14), *minnit* (v. 16), *ŏbit* (v. 17), *uindin* (v. 20), *tugint* (v. 25). In den Wörterbüchern steht hier ‹e›.

Hartmann von Aue ‚Gregorius'

Verfassen Sie den hier ‚fehlenden' Informationstext zu Hartmann von Aue. Finden Sie heraus, wann Hartmann gelebt hat, welche Werke er verfasst hat und beschreiben Sie mit wenigen Worten, worum es in seinem Werk ‚Gregorius' geht. Lesen Sie hierzu den Artikel zu ‚Hartmann von Aue' im Verfasserlexikon (vgl. Kap. 1, Grundlagenliteratur).

Der Fürst von Equitanja gibt kurz vor seinem Tod seinem Sohn folgenden Ratschlag:

1	er sprach: ‚sun, nû wis gemant	
	daz dû behaltest mêre	
	die jungisten lêre	
	die dir dîn vater tæte.	*tæte*, hier Indikativ
5	wis getriuwe, wis stæte,	
	wis milte, wis diemüete,	
	wis vrävele mit güete,	
	wis dîner zuht wol behuot,	
	den herren starc, den armen guot.	
10	die dînen soltû êren,	
	die vremeden zuo dir kêren.	
	wis den wîsen gerne bî,	
	vliuch den tumben swâ er sî.	
	vor allen dingen minne got,	
15	rihte wol durch sîn gebot.'	

Gregorius. Von Hartmann von Aue. Hrsg. v. Hermann Paul. 15., durchges. u. erw. Aufl. Neu bearb. v. Burghart Wachinger. Tübingen 2004, vv. 244-258. (ATB 2)

4 Erklären Sie die Form *soltû* (v. 10) und geben Sie die hier passende Übersetzung an.

5 Bestimmen Sie die Verbform *vliuch* (v. 13).

🅮 Wiederholung und Vertiefung: Modul 5 ‚Wörter und ihre Formen' Menüpunkt 6.6 (Präsensformen).

Walther von der Vogelweide ‚Erster Philippston'

Der Erste Philippston besteht aus mehreren Strophen (je nach Überlieferung). In der hier abgedruckten 3. Strophe wird König Philipp von Schwaben, in dessen Dienst sich Walther zeitweise befand, hinsichtlich seiner Herrscherqualitäten direkt angesprochen. Zu Walther von der Vogelweide s. Kap. 2.

1   Philippes künic, die nâhe spehenden zîhent dich,
    dûn *sîst* niht dankes milte. des bedunket mich,
    wie dû dâ mite verliesest michels mêre.
    dû möhtest gerner dankes geben tûsent pfunt
5   danne drîzec tûsent âne danc. dir ist niht kunt,
    wie man mit gâbe erwirbet prîs und êre.
    Denke an den milten Salatîn:
    der jach, daz küniges hende dürkel solten sîn,
    sô wurden sî erforht und ouch geminnet.

Walther von der Vogelweide. Leich, Lieder, Sangsprüche. 14., völlig neubearb. Aufl. der Ausgabe Karl Lachmanns, hrsg. v. Christoph Cormeau. Berlin/New York 1996, 19,17.

6 Bestimmen Sie die Verbformen *zîhent* (v. 1), *verliesest* (v. 3) und *jach* (v. 8).

7 Suchen Sie die doppelte Verneinung und übersetzen diese.

2. Wortschatz

triuwe

Das grundlegende personelle Verhältnis, welches besonders in mittelalterlicher Zeit das Miteinanderleben strukturiert, ist das – grundsätzlich rechtsverbindliche – Treueverhältnis. Treuverhältnisse stabilisieren die Gesellschaft und festigen Ordnungen. In erster Linie bestehen diese zwischen Herr und Mann (Lehensverhältnis) aber auch zwischen Mann und Frau sowie Mensch und Gott. Die Begründung eines Treueverhältnisses wird neben der verbalen Bestätigung (Willenserklärung) von non-verbalen Akten begleitet, wie z. B. Handgang (*manum dare*, auch: Kommendation oder *commendatio*), Gabe (z. B. Ringgabe), Schwurgebärde.

Schwurgebärde: Zeige- und Mittelfinger berühren einen Reliquienbehälter

Ringgabe

Kommendation (*manum dare*): Die aneinandergelegten Hände einer Person werden in die Hände einer zweiten Person gelegt.

Eike von Repgow ‚Sachsenspiegel', Universitätsbibliothek Heidelberg, Cod. Pal. germ. 164, fol. 1ᵛ, 3ʳ, 25ʳ (Anfang 14. Jh.) (jeweils Ausschnitte)

Die Grundintention von mhd. *triuwe* ist ‚Festhalten am Abgemachten' bzw. ‚Festigkeit' und kann übersetzt werden mit ‚Treue', ‚Zuverlässigkeit', ‚Vertrag', ‚Bündnis'. Die Verwendung des Begriffes *triuwe* weist auf eine Verbindung bzw. ein Versprechen zweier Parteien hin. Wie dieses Verhältnis jeweils ausgestaltet ist, lässt sich über Kollokationen (d. h. häufig auftretende, erwartbare Wortverbindungen) und die kontextuelle Verwendung erschließen:

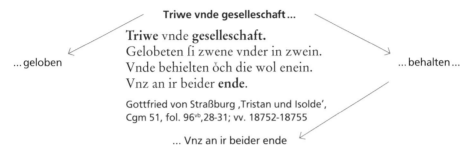

Triwe vnde geselleschaft ...

Triwe vnde **geselleschaft.**
Geloboten ſi zwene vnder in zwein.
Vnde behielten ỏch die wol enein.
Vnz an ir beider **ende.**

Gottfried von Straßburg ‚Tristan und Isolde',
Cgm 51, fol. 96vb,28-31; vv. 18752-18755

... geloben   ... behalten ...

... Vnz an ir beider ende

Erschließen Sie unter Zuhilfenahme des Beispiels die folgenden Textstellen:

8   Markieren Sie Verben und Substantive, die in einem inhaltlichen Zusammenhang zum Begriff *triuwe* stehen.
9   Setzen Sie die markierten Begriffe, unter Beachtung ihrer verschiedenen Bedeutungen, in einen kausalen Zusammenhang.

❶ Vor einer bevorstehenden kriegerischen Auseinandersetzung richtet Dietrich von Bern folgende Worte an sein Gefolge:
Nv wol ỏf mage vnde man.
vnd gedenchet alle dar an.
Daz ir mir triwe habt gegewen.
ſwer dvrch mich ere vnde leben
Hivte wagt in dirre nôt.
vm den dien ichz vnz an minen tot
Do ſprach der marcgrave Rvdeger
wir ſin vmb daz bechomen her
Ich vnd mine geſellen.
daz wir wagen wellen.
Beidiv lỉp vnde gỏt.
durch dich fvrste hohgemỏt

‚Dietrichs Flucht', Ms. germ. fol. 1062,
fol. 82ra,37-48; vv. 6003-6014

❷ In der Predigt wird beschrieben, wie man Gefahr läuft, vom rechten Weg abzukommen:
Alle die di niht he-
ten geſetzet ir fỏz in daz dieneſt ir
ſchepfæreſ. von allen ſinen ſinnen.
mit triwe vnd mit warheit. vnd mit gỏten werchen mit gỏten gedanchen.
di warn chrvmp. vnd entwichen von
dem wege deſ ewigen libeſ.

‚St. Pauler Predigten', Cod. 109/3, Bl. 25,9-15

❸ Lêiſtet imo trîuuua [...]
ſo lêistet er iu dîe gnâda

Williram von Ebersberg ‚Hoheliedparaphrase' (um 1060), Cod. R 347,fol. 35^v,11-13

❹ Formel zur Bestätigung eines Rechtsvorgangs (Ausschnitt aus der Dispositio einer Urkunde):
Vnd ſwaſ da vor von vnſ geſchriben ſtat daſ geloben wir vỏr vnſ vnd vỏr vnſer erben Vnd nahkomenden ſtête ze habende mit gỏten trỏwen Ane alle geuerde.

Urkunde der Stadt Freiburg vom 13.7.1317

❺ Eigenschaften eines Richters:
Dîe beſten tvgen-
de ſol er han. daz iſt daz
er got fỏrhten ſol. vnd
daz er triwe vnde reht
minnen ſol. vnde ellîv
vnrehten ding haſſen
ſol. ſo iſt er ein wiſer
rihter.

‚Schwabenspiegel', Cod. Donaueschingen 738, fol. 44ra,20-44rb,6

Paarformeln

Der rechtsverbindliche Charakter wird in den Beispielen (2) und (5) zu *triuwe* durch Doppelformeln betont: *mit triwe vnd mit warheit* bzw. *triwe vnde reht*.

Bei diesen sog. Paarformeln handelt es sich um (meist) zweigliedrige Sprachformeln, in denen gleiche Wortarten miteinander verbunden sind. Paarformeln dienen in rechtlichen und rechtsrelevanten Kontexten der Erfassung abstrakter Begrifflichkeiten und schaffen (Rechts-)Verbindlichkeit. Vermutlich waren Paarformeln ein mnemotechnisches Hilfsmittel, das im mündlichen Gebrauch zum Einsatz kam. Viele mal. Paarformeln haben sich bis heute erhalten und sind in den alltäglichen Gebrauch übergegangen (meist ohne dass eine (Rechts-)Verbindlichkeit noch erkennbar ist), wie z. B. ‚mit Haut und Haar'.

❶ Ein ieglich burggrafe
ſol rihten dem armen
vnde dem richen. vnde ſol auh
niemen cheinen gewalt tvn.

Stadtbuch der Stadt Augsburg, fol. 14ᵛᵇ,11-14

❷ ein ieglich biderber man hie ze auſpurch
hat daz reht. ez ſin chorherren dienſt-
man. oder burgær. ſwelh man in ir hus
geflohen kvmt. daz ſi dem raten vnde
helfen. vnde ſchærmen. vnde im hin
helfen ſuln. vnz an den voget daz der
ſelbe kumt. der hat den gewalt daz er in
ſůchet. vnde ſol im der wirt tv̊r vnde tor
uf tv̊n. koment aber vogtes knehte vnde
waibel dar. die habent des gewaltes niht
daz man ín tv̊r oder tor vf tv̊n ſv̊le.

Stadtbuch der Stadt Augsburg, fol. 24ʳᵇ,4-19

❸ Swer in der kilchen iht vbelz tv̊t. den
ſchirmet dîv kilche nv̊t. wen ſol in drvz
zîehen vnde vber in rihten alſe dy
ſchulde geſchaffen ſi. vnde ſtilt er dar
inne drier phenninge wert wen ſleht im
hut vnde har abe. vmbe eins ſchillinges
wert henket man in.

‚Schwabenspiegel', Cod. Donaueschingen 738, fol. 117ʳᵃ,5-14

❹ Man verbv̊tt auch allen hantwerk
knehten. Vnd fremden knehten. die niht
behuſet ſint. ſwert vnd mezzer bi tage
vnd bi naht. vnd geuerlich ſpitzeht
ſcheiden mezzer.

Würzburger Polizeisätze, 2° Cod. ms. 731, fol. 246ᵛᵇ,28-247ʳᵃ,2

 10 Markieren Sie alle Paarformeln und geben Sie die verhandelten Rechtsverhalte möglichst genau wieder.

3. Grammatik

Wurzelverben

Der Infinitiv zu *tet* (Pfaffe Konrad ‚Rolandslied', v. 11) ist *tuon*. *tuon* gehört zu den Wurzelverben, die so genannt werden, weil die Flexionsendung direkt an die Wurzel *(tuo-)* tritt (ohne einen weiteren Vokal zwischen Wurzel und Flexionsendung).

Neben *tuon* gehören zu dieser Gruppe noch *sîn*, *stân/stên* und *gân/gên*. Besonderheit aller Wurzelverben ist, dass die 1. Ps.Sg.Präs.Ind. in der Regel mit *-n* flektiert wird (*ich stân*, *tuon*, *gân*) und nur selten ohne *-n*.

Die Formen lauten:

Infinitiv	1. Sg.Präs.	1./3. Sg.Prät.	1. Pl.Prät.	Part.Prät.
stân/ stên	*stân (stâ)*	*stuont*	*stuonden*	*gestanden/ gestân*
gân/gên	*gân (gâ)*	*gienc/gie*	*giengen*	*(ge)gangen/ gegân*
tuon	*tuon (tuo)*	*tëte/tët*	*tâten/tæten/ tëten*	*getân*

Eine Übersicht über die Flexion der Wurzelverben findet sich unter (20) und (21) in der ‚Grammatik in Listen, Tabellen und Übersichten'. Vgl. Paul, Mhd.Gr. §§M103-106.

 Übungen zu Wurzelverben und kontrahierten Verben (vgl. S. 44) sowie Präteritopräsentien (vgl. S. 104) zusammengefasst in einer Gruppe der ‚irregulären Verben': Modul 5 ‚Wörter und ihre Formen' Menüpunkt 4.1–4.5.

sîn

Die Flexionsformen von *sîn* gehen auf drei verschiedene Wurzeln zurück und werden entsprechend aus verschiedenen Formen zusammengesetzt (Suppletion):
– Die Flexionsformen, die mit *b*- beginnen, gehen zurück auf idg. *b^hueh_2*- (‚wachsen', ‚entstehen', ‚werden');
– Die Flexionsformen, die mit *s*- beginnen, gehen zurück auf idg. *h_1s*-; *ist* geht zurück auf die entsprechende Vollform *h_1es*-;
– Die Flexionsformen mit *w*- werden mit Formen des st. Verbs *wesen* (Klasse V) gebildet.

wis (vgl. Hartmann von Aue ‚Gregorius', v. 1 u. ö.) ist eine Form des Imperativs und steht im Sg. neben jüngerem *bis*.

Präsens

		Indikativ	Konjunktiv	Imperativ
Sg.	1.	*b**in**	*sî*	
	2.	*b**ist**	*sîst*	*w**is/ b**is*
	3.	*ist*	*sî*	
Pl.	1.	*sîn/b**irn**	*sîn*	
	2.	*sît/b**irt**	*sît*	*sît/w**eset**
	3.	*sint*	*sîn*	

Präteritum

		Indikativ	Konjunktiv
Sg.	1.	*w**as*	*w**ære*
	2.	*w**ære*	*w**ærest*
	3.	*w**as*	*w**ære*
Pl.	1.	*w**âren*	*w**æren*
	2.	*w**âret*	*w**æret*
	3.	*w**âren*	*w**æren*

(Die hervorgehobenen Buchstaben zeigen jeweils, welche Wurzel den einzelnen Formen zugrunde liegt.)

Eine Übersicht über die Flexion findet sich unter (19) in der ‚Grammatik in Listen, Tabellen und Übersichten'. Die in der Grammatik aufgeführten Formen im Präsens zu *wësen* sind ausgesprochen selten belegt, vgl. Paul, Mhd.Gr. §M107.

Flexion der Personennamen

Im Mhd. können Personennamen wie *Hainrichen* (Pfaffe Konrad ‚Rolandslied', v. 4) flektiert werden. Mask. haben im Gen. *-(e)s*, im Akk. und Dat. gibt es neben *-e* auch häufig schwache Endungen mit *-(e)n*. Die Fem. flektieren wie Substantive schwach oder stark.

Nom.	*Diepholt*	*Heinrîch*	*Uote*	*Kriemhilt*
Akk.	*Diepholt*	*Heinrîchen*	*Uoten*	*Kriemhilt(e)*
Dat.	*Diepholt(e)*	*Heinrîchen*	*Uoten*	*Kriemhilt(e)*
Gen.	*Diepholtes*	*Heinrîchen*	*Uoten*	*Kriemhilt(e)*

> alſ ich hie geſæhe.   der edeln V̂ten chint.
>
> ‚Nibelungenlied', Cod. Donaueschingen 63, fol. 55ʳ,14; str. 1406,3

Eine Übersicht über die Flexion der Personennamen findet sich unter (11) in der ‚Grammatik in Listen, Tabellen und Übersichten'.

Präteritopräsentien

Die Verben *mugen* (Pfaffe Konrad ‚Rolandslied', v. 1) und *suln* (Hartmann von Aue ‚Gregorius', *soltû*, v. 10) sind Präteritopräsentien (zur Semantik vgl. Kap. 2); diese stellen in mehrfacher Hinsicht eine Sondergruppe der Verben dar. Zu dieser Gruppe gehören folgende Verben:

wizzen, tugen, gunnen, kunnen, durfen, turren, suln, mugen, müezen

Es handelt sich um ursprünglich starke Verben, deren Präteritalform als Präsensform umgedeutet (reanalysiert) wurden und diese ersetzt haben:
– der Ablaut des ehemaligen Prät. zwischen Singular und Plural ist erhalten (*ich darf* gegen *wir durfen*),
– die Personalendung in der 3. Ps. Sg.Präs. ist wie bei den starken Verben endungslos (*er/sie/ez darf*)
– abweichend von den starken Verben wird die 2. Ps. Sg.Präs. mit *-t* flektiert und
– der Stammvokal richtet sich nach dem Stammvokal der übrigen Singularformen (*du darf-t*).
Die Präteritalformen werden neu mit Dentalsuffix *-(e)t-/-(e)d-* (nach Liquid/Nasal*)* analog zu den schwachen Verben gebildet (*ich dorf-te*); allerdings ist Umlaut des Stammvokals im Konj. möglich (*dörf-te*).
Das Part.Prät. ist selten und nur für die Ablautklassen I und III belegt.

Einige der Prät.-Präs. (*müezen, suln, mugen, kunnen, dürfen*) und das bes. Verb *wellen* haben im Mhd. bereits teilweise eine Funktion zum Ausdruck von Modalität inne (Modalverben).

Eine Übersicht über die Flexion der Präteritopräsentien findet sich unter (18), eine Übersicht über die Flexion von *wellen* findet sich unter (24) in der ‚Grammatik in Listen, Tabellen und Übersichten'. Vgl. Paul, Mhd.Gr. §§M94-100.

 Zur Gruppe der ‚irregulären Verben': Modul 5 ‚Wörter und ihre Formen' Menüpunkt 4.1, 4.6.

4. Übungstext

1   wir Grave Egen von Friburg/ kůnden allen die diſen brief ſehint/ oder hŏrint
      leſen/ daſ wir haben erlŏbit Burchart dem Tvrner/ Heinrich wolleben/ Cv̊nrat
      Ederlin/ Meiſter Cv̊nrat Rotermellin/ vnd allen iren geſellen ze den Silberbergen
      ze Sukendal/ vnd ze deſ Herzogen berge/ vnd allen die die ſelben berge buwent/
5   vnd iren erben/ daſ ſi einen graben mit waſſer ze den ſelben bergen vůren
      v̊ber deſ Gottiſhuſ gůt von Sante peter/ vnd v̊ber ellv̊ dv̊ gůt da wir vogit
      v̊ber ſin/ vnd da wir gewaltig ſin/ nah ir willen/ vnd alſe vil ſo ſi bedůrfen/ vnd
      her v̊ber ze einem vrkůnde ſo geben wir in diſen brief mit vnſerm Jngeſigel
      beſigelt. vnd geſchach diſ ding/ vnd wart dirre brief gegeben do man zalte von
10   gottiſ gebůrte zwelf hundirt/ ahzig/ vnd vier/ jar/ an dem nehiſten ziſtage nah
      Sante walpurge tage.

Urkunde der Stadt Freiburg vom 2.5.1284

11 Markieren und benennen Sie die *partes* in dieser Urkunde. Lesen Sie dazu die
        Sachdarstellung auf den folgenden Seiten.

5. Lehenswesen und Belehnung – die Urkunde als Medium

Das Lehenswesen bildet die Grundlage der Gesellschaftsordnung des hohen Mittelalters. Inhaltlich umfasst es die rechtlichen Bestimmungen, die das Verhältnis zwischen Lehnsherr und Vasall (Lehensgeber – Lehensnehmer) kennzeichnen. Im engeren Sinn handelt es sich dabei um ein personales Verhältnis, welches dadurch begründet wird, dass ein Vasall einem Herrn ‚Mannschaft' (*homagium, hominium*) leistet. Hierzu gehören der Akt des *manum dare* – der Vasall legt seine gefalteten Hände in die des Herrn – und das Ablegen des Treueids. Der neu gewonnene Lehnsmann wird von seinem Lehnsherrn unter Verwendung eines Symbols (z. B. Zepter und Fahne) in ein Lehen investiert. Als Verstärkung des Treueversprechens und des engen persönlichen Verhältnisses kann noch der Lehenskuss erfolgen. Während im frühen Mittelalter Vasallität in erster Linie Ausdruck von persönlicher Gefolgschaft war und auch ohne dingliche Lehen bestand, rückte im Verlauf des Mittelalters das dingliche Lehen zunehmend in den Mittelpunkt und wurde schließlich zur Voraussetzung für die Begründung eines Lehensverhältnisses. Ursprünglich wurde eine Lehensverbindung nur durch den Tod einer der beiden Personen beendet, später konnte durch die Rückgabe des dinglichen Lehens der Vasall das Lehensverhältnis aufkündigen. Die zeitliche und personale Begrenzung wird später durch die Erblichkeit von Lehen abgelöst.

Seit dem Hochmittelalter wird der Vorgang der Belehnung zunehmend schriftlich in Urkunden festgehalten. Deutschsprachige Urkunden sind vermehrt erst ab 1260 überliefert (davor nur in lat. Sprache). Sie zeichnen sich durch ein hohes Maß an formelhafter Sprache und einem festen Aufbau aus, der auf die römische Antike zurückgeht. Nicht jede Urkunde enthält alle folgenden angeführten Teile (*partes*):

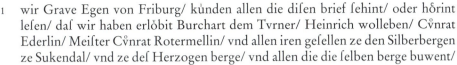

Eike von Repgow ‚Sachsenspiegel', Universitätsbibliothek Heidelberg, Cod. Pal. germ. 164, fol. 5ᵛ (Anfang 14. Jh.)

I.   *(Eingangs-)Protokoll:*
      Invocatio (Anrufung Gottes/Berufung auf Gott; *in gotes namen*)
      Intitulatio (Name, Titel des Ausstellers; Legitimationsformel)
      Devotionalformel (*von gotes genaden*)
      Inscriptio (Empfänger)
      Salutatio (Grußformel)

II.   *Urkundentext (Kontext)*
      Arenga (Überleitung zum eigentlichen Text)
      Publicatio/Promulgatio (Verkündigungsformel; *tun allen kunt zu wizzen*)
      Narratio (Bericht über alle Vorgänge und Tatsachen, die die Rechtssache betreffen)
      Petitio (Anliegen von Petenten bzw. Fürsprechern)
      Dispositio (verbindliche Festsetzung der juristischen Vereinbarung; Rechtsgeschäft)
      Sanctio (Pönformel; Androhung der Strafe bei Zuwiderhandlung)
      Corroboratio (Beschreibung der Beglaubigungsmittel)

III. *Schlussprotokoll (Eschatokoll)*
      Subscriptio (Unterschrift(en); evtl. als ‚Vollziehungsstrich')
      Recognitio (Bestätigung des Rechtsinhalts durch die Kanzlei; Rekognitionszeichen)
      Datierung (Ort und Zeit der Handlung)
      Apprecatio (Segenswunsch, Amen)

Beispiel einer Belehnungsurkunde (erhalten sind Konzept und Reinschrift):

Konzept	Reinschrift
Wir Alb etcᶻ ·kvnden vn̄ veriehen allen den die diſen brief ſehent oder hŏrent leſen / daz wir / dem edelen man Rvbin von kobern vnſerem vn̄ des Riches holden vn̄ getruwen lihen vn̄ haben gelihen vn̄ ſinen erben ze rechtem lehen von des Riches wegen daz dorf ze polche mit dem gerihte vf dem einvelde vn̄ ſwaz dar zv̊ hŏret wan wir das reht haben von des Riches wegen daz wir alle gv̊t verlihen mv̊gen die nieman vndertenik noch diensthaft ſint vn̄ dar vmbe wan das vorgenante dorf ane rehten herren her komen iſt. So haben wir dem vorgenantem Rvbin vn̄ ſinen erben daz vorgeſriben dorf gelihen ze rehtem lehen von dem rehte daz wir von des Riches wegen haben – Vnde ze einem wiſſenthaftem v̂rkv̂nde geben wir im vn̄ ſinen erben diſen brief beſigelt mit vnſerem kv̂nklichem Jnſigel.	Wir Albrecht de von godis genadin ein Romiſch kuninc iſt ·vnt ein merere dis Richis / kundin vnde virien allen die diſin brief ſehent oder horent leſen / Das wir dem edelin man / Robin von kouerin vnſen vnt des Richis holdin vnde getruen lien vnde han gelien vnd ſinin erbin zu rechteme lene von des richis wegen daz dorf zů poliche / vnt daz gerechte vf dem meineuelde / vnde ſuaz dar zů / horit wan wir daz recht han von des Richis wegin / daz wir alle gůt virlien mogin / die nieman / vnderdenich / noch diniſthaft ſint / vnde dar umme want daz dorf / ane rechtin herin her ků min iſt / So hain wir dem vor genantin Robin vnde ſinen erbin daz vor geſcribene dorf / gelien zů rechteme lene / von deme Rechte / daz von richis wegen han· einis iclichin rechtis vnuerzigin / de recht drane hait · vnde zů eime wizzinhaftin vrkunde gebin wir ime / vnt ſinin erbin / diſin brif beſigilt bit vnſeme kůninclichin Jngeſigile · Vnt der brief wart na godis geburte zuolf hundirt iair vnde nune vnt nunzich iair des anderin dagis na ſente Marien Magdalenen dage.---

Albrecht (König Albrecht I. von Habsburg, *1255, † 1308), *poliche* (Polch, Stadt im Landkreis Mayen-Koblenz), *kouerin* (Kobern, bei Koblenz a.d. Mosel gelegen), *meinvelde* (Maifeld, Landkreis Mayen-Koblenz), *Maria Magdalenentag* = 22 Juli.

Urkunde Albrechts I. vom 23.07.1299; aus: Friedrich Wilhelm (Hg.): Corpus der altdeutschen Originalurkunden bis zum Jahre 1300. Bd. 1. Lahr (Baden) 1932, XLIV.

Urkunde von König Albrecht I. vom 23. Juli 1299, LHA Ko Best. 54 K Nr. 266

Briefe (lat. *breve*) haben eine ganz ähnliche Struktur, die einzelnen *partes* haben z. T. aber andere Bezeichnungen: Briefe verfügen über Salutatio (Gruß und Anrede), Exordium (der Übergang zum eigentlichen Brief), Narratio (die sachgerechte Wiedergabe des Mitteilungsinhaltes des Briefes), Petitio (den eigentlichen Kern des Briefes: eine Bitte oder ein Befehl und damit die Illokution des brieflichen ‚Sprech'aktes), Conclusio (Zusammenfassung und Beschluss), gegebenenfalls eine Schlussformel (Gebet, Segen etc.) sowie Datum und Unterschrift.

Weiterführende Literatur: Vogtherr, Thomas: Urkundenlehre: Basiswissen. Hannover 2008. (Hahnsche historische Hilfswissenschaften 3); Spieß, Karl-Heinz: Das Lehnswesen in Deutschland im hohen und späten Mittelalter. 2., verb. u. erw. Aufl. unter Mitarb. v. Thomas Willich. Stuttgart 2009.

Kapitel 6 Glaube
a Gnade

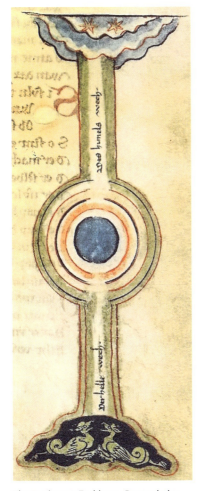

Thomasin von Zerklære ‚Der welsche Gast', Universitätsbibliothek Heidelberg, Cod. Pal. germ. 389, fol. 86ʳ (kurz nach Mitte des 13. Jh.s), Beschriftung unten: ‚Der helle wech'; oben: ‚Des himels wech'

dô dâhte ich mir vil ange,
wie man zer welte solte leben:
deheinen rât kond ich gegeben,
wie man driu dinc erwurbe,
der keines niht verdurbe.
diu zwei sint êre und varnde guot,
daz dicke ein ander schaden tuot:
daz dritte ist gottes hulde,
der zweier übergulde.

Walther von der Vogelweide, 8,9-17

Forsachistu diabolae? –
    ec forsacho diabolae.
end allum diobolgelde? –
    end ec forsacho allum diobolgeldae.
end allum dioboles uuercum? –
end ec forsacho allum dioboles uuercum
    and uuordum, Thunaer ende Uuoden
    ende Saxnote ende allum them unholdum,
    the hira genotas sint.
Gelobistu in got, alamehtigan fadaer? –
    ec gelobo in got, alamehtigan fadaer.
Gelobistu in Crist, godes suno? –
    ec gelobo in Crist, gotes suno.
Gelobistu in halogan gast? –
    ec gelobo in halogan gast.

‚Altsächsisches Taufgelöbnis'

Das Jüngste Gericht, Hoher Dom zu Mainz (Tympanon des Leichhofportals) um 1220, am Jüngsten Tag sitzt Jesus zu Gericht: Jesus in der Mitte, zu seiner Rechten Maria, zu seiner Linken Johannes der Täufer, ferner zwei heilige, nicht identifizierbare Bischöfe als Halbfiguren (Foto: Magrit Hankel Püntener)

1. Hartmann von Aue ‚Gregorius'

Der Prolog des ‚Gregorius' berichtet in einer beispielhaften Erzählung (Gleichnis) von einem Mann, dem es ähnlich erging wie Gregorius: In tiefster Seelennot zweifelt er nicht an der Gnade Gottes und wird errettet.

1	Den selben wec geriet ein man:
	zer rehten zît er entran
	ûz der mordære gewalt.
	er was komen in ir walt,
5	dâ hâten si in nider geslagen
	und im vrävellîche entragen
	aller sîner sinne kleit
	und hâten in an geleit
	vil marterlîche wunden.
10	ez was zuo den stunden
	sîner sêle armuot vil grôz.
	sus liezen si in blôz
	unde halp tôt ligen.
	do enhâte im got niht verzigen
15	sîner gewonlîchen erbarmekeit
	und sande im disiu zwei kleit,
	gedingen unde vorhte,
	diu got selbe worhte
	daz si im ein schirm wæren
20	und allen sündæren:
	vorhte daz er erstürbe,
	gedinge daz er iht verdürbe.
	vorhte liez in dâ niht ligen.
	doch wære er wider gesigen,
25	wan daz in der gedinge
	machete alsô ringe
	daz er doch weibende saz.
	dar zuo sô starcte in baz
	diu geistlîche triuwe
30	gemischet mit der riuwe.
	si tâten im vil guotes
	und ervurpten in des bluotes.
	si guzzen im in die wunden sîn
	beidiu öl unde wîn.
35	diu salbe ist linde und tuot doch wê,
	daz öl diu gnâde, der wîn diu ê,
	die der sündære haben muoz:
	sô wirt im siechtuomes buoz.
	alsus huop in bî sîner hant
40	diu gotes gnâde als si in vant
	ûf ir miltez ahselbein
	und truoc in durch beruochen hein.

Randglossen:

wan hier in exzipierender Bedeutung ‚wenn nicht' in Verbindung mit *daz*

weibende ‚schwankend'

durch beruochen ‚mit Sorge', *hein = heim*

dâ wurden im verbunden	Dort wurden ihm
sîne verchwunden	seine schweren Wunden verbunden,
45 daz er âne mâsen genas	so dass er ohne Narben genas
und sît ein wârer kemphe was,	und seitdem ein wahrer Kämpfer
er eine über al die kristenheit.	alleine vor der ganzen Christenheit war
noch enhân ich iu niht geseit,	Noch habe ich euch nicht gesagt,
welh die wunden sint gewesen	welches die Wunden waren,
50 der er sô kûme ist genesen,	derer er kaum genas,
wie er die wunden emphie	wie er die Wunden empfing
und wie er sich ir ergie	und wie er von ihnen geheilt wurde,
âne den êwigen tôt.	ohne den ewigen Tod zu erleiden.
des ist ze hœrenne nôt	Dies zu hören und sich zu merken,
55 und ze merkenne in allen	ist für alle nötig,
die dâ sint vervallen	die unter drückend schwere
under bercswæren schulden,	Schuld geraten sind:
ob er ze gotes hulden	Wenn er zu _____
dannoch wider gâhet,	dennoch zurück eilt,
60 daz in got gerne emphâhet.	dass ihn Gott gerne empfängt.
wan sîner gnâden ist sô vil	Denn _____ ,
daz er des niene wil	dass er niemals möchte
und ez gar verboten hât	und es sogar verboten hat,
daz man durch deheine missetât	dass man durch irgendeine Sünde
65 an im iht zwîvelhaft bestê.	an ihm zweifle.
ez enist dehein sünde mê,	Es ist keine Sünde zu groß,
man enwerde ir mit der riuwe	als dass man von ihr nicht durch Reue
ledic unde niuwe,	frei und neu
schœne unde reine,	schön und rein werden könne,
70 niuwan der zwîvel eine:	außer allein der Zweifel:
der ist ein mortgalle	Dieser ist die tödliche Galle
ze dem êwigen valle,	zu dem ewigen Fall,
den nieman mac gesüezen	den niemand versüßen
noch wider got gebüezen.	noch gegenüber Gott büßen kann.

Gregorius. Von Hartmann von Aue. Hrsg. v. Hermann Paul. 15., durchges. u. erw. Aufl. neu bearb. v. Burghart Wachinger. Tübingen 2004, vv. 97–170. (ATB 2)

1 Markieren Sie die im Text (vv. 1–42) vorkommenden Abstrakta.

2 Suchen und bestimmen Sie die Genitivkonstruktionen (vv. 1–42).

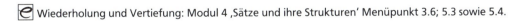 Wiederholung und Vertiefung: Modul 4 ‚Sätze und ihre Strukturen' Menüpunkt 3.6; 5.3 sowie 5.4.

3 Bestimmen Sie die Verbformen *entran* (v. 2), *verzigen* (v. 14), *wæren* (v. 19), *erstürbe* (v. 21), *verdürbe* (v. 22) und *saz* (v. 27) und bilden Sie jeweils den Infinitiv.

Wiederholung und Vertiefung: Modul 5 ‚Wörter und ihre Formen' Menüpunkt 6.6 (Konjunktiv Präteritum).

2. Wortschatz

Personifikation

In mhd. literarischen Texten werden Abstrakta wie *sælde* etc. häufig unter Hinzufügen der Bezeichnung *vrouwe* personifiziert. Dadurch werden diese Abstrakta zu Handlungsträgern.

> nu merk ich wol, dich wil vrou Selde minnen.
>
> Albrecht von Scharfenberg ‚Der Jüngere Titurel', 5832, 2

Jetzt erkenne ich genau, dich wird *vrou Selde* lieben.

Neben *sælde* werden auch häufig die Abstrakta *âventiure*, *minne* und *werlde* personifiziert und damit als ‚Personen' in die Handlung eingebunden.

> Tv̂t v̂f. wem. wer ſit ir.
> ich wil inz herce din zv̊ dir. [...]
> ia ſit irz frv̊ Aventîvre.
>
> Wolfram von Eschenbach ‚Parzival',
> Cod. 857, Bl. 124ᵇ,11-17; 433,1-7

> doch meîſtert frov minne.
> daz im eîn kranchez wîp.
> vercherte ſinne vnd lîp.
>
> Hartmann von Aue ‚Iwein', Hs.
> 97, fol. 63ᵛ, 1-3; vv. 3254-3256

> Vrv̊ minne wi tv̂t ir ſô.
> daz ir den trv̂rigen machet vrô.
> mit chvrce werendr frêde.
>
> Wolfram von Eschenbach ‚Parzival',
> Cod. 857, Bl. 85ᵃ,20-22; 291,1-3

Weniger explizit ist diese Personifikation, wenn Abstrakta als Handlungsträger ausschließlich anhand der Verben zu erkennen sind.

4 Markieren Sie in den folgenden Textstellen die Verben, die die Personifikation verdeutlichen.

❶ ſo ſol der minne ſweſter div trivwe ez enphahen.
Swenne div minne ſo groz wirt daz ſi dich irret an
dem hertzen in dem gebet.

,Baumgarten geistlicher Herzen', Cgm 6247, fol. 23ʳ, 5-7

❷ [...] ſo mak der man mit
dem varnden gute vnde mit
den
lehen wol tvn als in ſin
triwe lert

Stadtbuch der Stadt Augsburg,
Augsburg Reichsstadt Lit. 32, fol.
74ᵛᵃ,1-3

❸ Der werlde ſpil hat tvmpheit vil [...]
Sie machet den milten ſchamrot
Sie treibet den armen in den tot
Si ſtiftet mort ſie retet prant
Swer ir volget der ravme daz lant
Sie ſchiltet fluchet vnd ſwert
von ir iſt geher tot beſchert
Si levget trevget prichet treuwe
Ir ſchande iſt alle wege neuwe
Si ravbt ludert vnd ſtilt

Hugo von Trimberg ‚Der Renner', Ms. B 4, fol. 74ʳᵃ,10-34;
vv. 11313-11340

❹ Ir tugent ſi daz leret
Daz ſi im in rechter not
Ez ſi in leben oder in tot
Ir helfe mvz ie leiſten

,Passional A' (Marienlegenden),
Ms. germ. fol. 778, fol. 84ʳᵇ,12-15

5 Entscheiden Sie, an welchen Stellen im Text (Hartmann von Aue ‚Gregorius') die von Ihnen markierten Abstrakta personifiziert werden.

genâde und *hulde*

Ein zentrales Thema der mittelalterlichen theologischen Auseinandersetzung ist die Frage nach der göttlichen Gnade als Kern der christlichen Heilslehre. Während Gnade zunächst eher als (unverdientes) Geschenk Gottes verstanden wird (Prädestination; vgl. Römerbrief 3,23 ff.), setzt sich im Verlauf des Mittelalters die Auffassung durch, dass Gnade verdient werden kann:

> Von dîv ſvln wir vôlgen vnſerm herren Sancto Paulo Apostolo. der vns rêtet vnd
> ſprichet. Ich mân vnd ſchvnt îvch daz ir die gôtis gnâde niht vnnv̂tzlichen enpfâhet.
> Mine kint. allez daz zit vnſerſ lêbenes iſt v̂nſ lazen ze einen gnâden. vnd ze einer friſt.
> da vnſ gôt mite verſv̂chet. wîe wir in meinen vnd wîe wir ime dîenen. Wir ſvln in diſen
> kv̂rzen ziten. erwêrven dîe êwigen gnâde vnd vrêvde. Leîder ſo kêre wir iz allez ze
> ſvntlichen dingen vnd triben daz zit hin vnnv̂tzlichen. daz v̂nſ gôt hât gegêben ze einer
> warnv̂nge. vnd ergêt v̂nſ alſ da geſcriben iſt.
>
> ‚Millstätter Predigtsammlung', Berol. Ms. germ. qu. 484, fol. 17ʳ,6-14

Für die Übersetzung von lat. *gratia* im Rahmen der christlichen Missionierung stehen im Ahd. verschiedene Wörter zur Verfügung, die in den verschiedenen Regionen und Klöstern eingesetzt werden:

ahd. *huldī*
Gefolgschaftswort: ‚Gunst, Nachsicht, Freundschaft' etc.

lat. *gratia*
‚Nachsicht, Gnade, Liebe, Gunst, Freundschaft, Dankbarkeit, Dank'

ahd. *geba*
‚Gabe, Geschenk, Gnade'

ahd. *gināda*
‚Erbarmen, Barmherzigkeit, Güte, Schutz, Hilfe' auch: ‚Glückseligkeit, Ruhe, Frieden'

ahd. *anst*
‚Wohlwollen, Gnade, Dank, Gunst'

Bevor *hulde* im religiösen Bereich verwendet und auf Gott bezogen wurde (‚Gnade Gottes'), diente es zur Bezeichnung hierarchisch organisierter Abhängigkeitsverhältnisse und wird in Rechtskontexten verwendet (z. B. *bî sînen hulden swern*).

Im Verlauf des Ahd. setzt sich allmählich *ginâde* durch, doch konkurriert *genâde* bes. im Frühmittelhochdeutschen noch mit selterem *hulde*; gelegentlich stehen beide in Doppelformen, die auf eine semantische Differenzierung verweisen:

> Do wart ſi gevrôt. und garnte ſit ſine hulde
> alſo grozliche. daz er ir zallir erſte erſchein
> dv̂ er irſtûnt. Von div liebin livte gibet unſ
> min trehtin einin michilin trôſt. ſo wir ſine
> hulde und ſine gnade verwrchin.
>
> ‚Speculum Ecclesiae C', Cgm 39, fol. 81ᵛ,19-82ʳ,1

> Deutlicher ist die Differenzierung von *genâde* und *gëbe*:
>
> daz ſint die heiligen gêbi. der obriſtin
> gnade. die der heilige bote .s. Paulus
> allin gûtin livtin bevilhit ze behaltin.
>
> ‚Speculum Ecclesiae C', Cgm 39, fol. 11ᵛ,19-22

6 Suchen Sie passende Übersetzungen für *hulden* (v. 58) und *gnâden* (v. 61) in Hartmanns von Aue ‚Gregorius'.

genâde im weltlichen Bereich wird durch den Herrscher oder die *vrouwe* gewährt und meint ‚Herabneigung', ‚Zuneigung'; im Rechtsbereich ‚Milde', ‚Vergebung', ‚Verzicht auf (härtere) Bestrafung', vgl. auch ‚Gnade vor Recht ergehen lassen'.

3. Grammatik

Schwache Verben

Im Text (Hartmann von Aue ‚Gregorius', v. 16) findet sich die Verbform *sande* (Prät. zu *senden*). Dieses schwache Verb gehört zu einer Gruppe (ehem. *jan*-Verben, z.B. wgerm. **brannjan* → nhd. *brennen*), deren Besonderheit es ist, dass sie einen Vokalwechsel zwischen Präs. (umgelauteter Stammvokal) und Prät. (nicht umgelauteter Stammvokal) aufweisen können:

Inf. *hœren* – Prät. *hôrte* (neben *hœrete*)

Dieses Phänomen bezeichnet Jacob Grimm als ‚**Rückumlaut**'. Der Begriff ist allerdings irreführend, da bei diesen schwachen Verben der Umlaut im Präteritum im Gegensatz zum Präsens nie eintrat.

Vgl. Paul, Mhd.Gr. §M89.

Vertiefung: Modul 5 ‚Wörter und ihre Formen' Menüpunkt 5.1 bis 5.6 (schwache Verben mit Vokalwechsel).

e/ê → a/â
heften – hafte
merken – markte
nern – narte
schenken – schancte
schepfen – schapfte
schrecken – schracte
setzen – sazte
smecken – smacte
stecken – stacte
stellen – stalte
swellen – swalte
trenken – trancte
vellen – valte
zeln – zalte
kêren – kârte
lêren – lârte

ü → u (o)
gürten – gurte
künden – kunde
küssen – kuste
vüllen – vulte
vürhten – vorhte
wünschen – wunschte

üe → uo
grüezen – gruozte
hüeten – huote
rüemen – ruomte
rüeren – ruorte
üeben – uobte
vüegen – vuogte

æ → â
beswæren – beswârte
sæjen – sâte
wænen – wânte

œ → ô
hœren – hôrte
lœsen – lôste
trœsten – trôste

öu → ou
erzöugen – erzougte
löugenen – lougente
öugen – ougte

iu → û
diuten – dûte
liuhten – lûhte
siuften – sûfte

Dazu kommen sechs weitere Verben, die noch im Nhd. erhalten sind:

brennen – brante   kennen – kante   senden – sandte (neben sendete)
nennen – nante   rennen – rante   wenden – wandte (neben wendete)

Eine vollständige Liste findet sich unter (17) in der ‚Grammatik in Tabellen, Listen und Übersichten'.

7 Suchen Sie die Verben mit Rückumlaut aus dem Text (Hartmann von Aue ‚Gregorius') heraus und bilden Sie jeweils den Infinitiv.

worhte (Hartmann von Aue ‚Gregorius', v. 18) gehört zu einer Anzahl von schwach flektierten Verben, bei denen der Vokalwechsel zwischen Präsens und Präteritum begleitet wird von einem Konsonantenwechsel /k/,/g/ zu /χ/ ‹h›:

wirken/würken –	worhte –	geworht		denken –	dâhte –	gedâht
drücken –	druhte –	gedruht		bringen –	brâhte –	gebrâht
decken –	dahte –	gedaht		dünken –	dûhte –	gedûht

Die Ursache hierfür liegt in der ursprünglichen lautlichen Berührung von /k/ bzw. /g/, die vor nachfolgendem /t/ zu /x/ verschoben werden (sog. **Primärberührung**). Im Falle von /nk/ bzw. /ng/ tritt zusätzlich der Schwund des Nasals /n/ ein mit einer Dehnung des Vokals (Ersatzdehnung): germ. *branhtō → brāhtō → ahd./mhd. brāhta/brâhte → nhd. Kürzung: brachte.

Vgl. Paul, Mhd.Gr. §L66, §M64, §M68 und §M92.

Primärberührungseffekte zeigen auch die Präteritopräsentien *tugen* (→ *tohte*) und *mügen/ mugen* (→ *mohte*).

Partizip Präteritum ohne *ge-*

Im Text (Hartmann von Aue ‚Gregorius', v. 4) steht die Verbform *komen* (Part. Prät.). Partizipformen zu starken Verben ohne *ge-* sind im Mhd. besonders bei Verben, die ein punktuelles Geschehen/Handeln bezeichnen, möglich. Regelmäßig oder überwiegend ohne *ge-* gebildet werden *bringen*, *komen*, *vinden*, *wërden*, *gëben*, *koufen*, *lâzen*, *trëffen*. Andere Verben treten zumeist nur vereinzelt ohne *ge-* auf bzw. im Wechsel mit *ge-*.

Vgl. Paul, Mhd.Gr. §M73.

Futur

Bei den Formen *gebüezen* und *gesüezen* (Hartmann von Aue ‚Gregorius', v. 73 f.) handelt es sich um Infinitive. Infinitivformen mit einem *ge*-Präfix sind im Mhd. häufig. Im Gegensatz zu den unpräfigierten Formen können Verben mit *ge-* eine futurische Komponente haben.

Das Futur kann im Mhd. wie im Nhd. auch mithilfe umschriebener Formen ausgedrückt werden. Am häufigsten sind Kombinationen aus ‚Modalverb + Infinitiv' mit schwankender (zwischen eher modaler bzw. eher temporaler) Bedeutung, wie ‚*suln*, *wellen*, *müezen*, *mügen/ mugen* + Infinitiv'. Dabei findet sich die Kombination ‚*werden* + Part.Präs.' vergleichsweise selten. Kaum findet sich die Kombination ‚*werden* + Infinitiv' in temporaler Bedeutung, die erst vom 16. Jh. an überwiegt.

> iwer brůder ist ir swester svn.
> der mag iv da wol helfe tvn.
>
> Wolfram von Eschenbach ‚Parzival',
> Cod. 857, Bl. 283b,23 f.; 811,29 f.

> hilf mir wider minen vater.
> daz er wolle mir gestaten
> daz ich dir da mvze dienen.
>
> ‚Graf Rudolf', 4° Cod. Ms. philol. 184:VII, Bl. 3,7-8

> Ich mac wol vnderbrechen
> Mit rechter warheit den strít
>
> ‚Passional A' (Marienlegenden), Ms. germ. fol. 778, fol. 84rb,30 f.; 10,092 f.

> Ist aber daz sie kvmet nicht
> so sol der segel swartz sin
>
> Heinrich von Freiberg ‚Tristan und Isolde' (Fortsetzung), Ms. B. R. 226, fol. 137vb,44 f.; v. 6348 f.

swer sich von phaffen bilde
got machet wilde
unde ritterschaft begât,
der muoz mit maneger missetât
verwürken sêle unde lîp.

Hartmann von Aue ‚Gregorius', vv. 1517-1521

wanne daz hus gebrochen wirt
vnd wirt min vater nicht geſunt
ſo wil ich vch beide dar in werfen
vnd wil vch verburnen.

Hermann von Fritzlar ‚Der Heiligen Leben',
Cod. Pal. germ. 113, fol. 97ᵛ,5-8

Vgl. Paul, Mhd.Gr. §§S12-13.

Deklination der Feminina

Im Mhd. haben einige Feminina (ehemalige ô-Stämme) im Singular keine Kasusendung, im Plural nur im Dat. und Gen. ein -n (vgl. *gnâden*, Hartmann von Aue ‚Gregorius', v. 61).
Zum Nhd. hin wird das -n auch in den Nom. und Akk. Pl. übertragen, so dass das -n ausschließlich zur Pluralmarkierung dient (Numerusprofilierung).

Mhd.	Sg.	Pl.
Nom.	*gëbe*	*gëbe*
Akk.	*gëbe*	*gëbe*
Dat.	*gëbe*	*gëben*
Gen.	*gëbe*	*gëben*

Nhd.	Sg.	Pl.
Nom.	*Gabe*	*Gaben*
Akk.	*Gabe*	*Gaben*
Dat.	*Gabe*	*Gaben*
Gen.	*Gabe*	*Gaben*

Ehemalige feminine *n*-Stämme (schwache Flexion) haben in allen Kasus außer im Nom.Sg. -*n*. Im Sg. fällt das -*n* zum Nhd. hin in allen Kasus weg **(Kasusnivellierung)**, während es im Pl. erhalten bleibt, so dass das -*n* ausschließlich zur Pluralmarkierung dient **(Numerusprofilierung)**.

Mhd.	Sg.	Pl.
Nom.	*bluome*	*bluomen*
Akk.	*bluomen*	*bluomen*
Dat.	*bluomen*	*bluomen*
Gen.	*bluomen*	*bluomen*

Nhd.	Sg.	Pl.
Nom.	*Blume*	*Blumen*
Akk.	*Blume*	*Blumen*
Dat.	*Blume*	*Blumen*
Gen.	*Blume*	*Blumen*

Eine vollständige Übersicht über die Flexion der Feminina findet sich unter (8), (9) und (10) in der ‚Grammatik in Tabellen, Listen und Übersichten'.

Deklination der Neutra

In Hartmanns von Aue ‚Gregorius' findet sich der Nom.Pl. *kleit* (v. 16). Bei den meisten Neutra (ehemalige neutr. *a*-Stämme) werden Sg. und Pl. Nom./Akk. nicht unterschieden, d. h. sie haben keine Pluralmarkierung:

daz kleit	und	*diu kleit*	Im Spätmhd. bildet sich hier häufiger ein e-Plural aus:
daz kint	und	*diu kint*	*die kleide*, *die kinde*, *die worte* etc.
daz wort	und	*diu wort*	

Ein großer Teil dieser Neutra erhält im Frnhd. ein *-er* als Pluralmarker *(die Kleider, die Kinder, die Wörter* etc.). Im Mhd. ist der *er*-Plural noch auf eine kleine Gruppe von Neutra beschränkt, die alle zum Bereich des bäuerlichen Hofes gehören (‚Hühnerhofgruppe'). *-(e)r*-Plural tritt zusammen mit Umlaut des Stammvokals auf, sofern dieser umlautfähig ist (*lemmer* aber *kleider*). Regelmäßig bzw. sehr häufig mit *-er*-Plural belegt sind u. a. *blat, ei, huon, kalp, rint, wëlf* (‚Welpe'), *lamp, loch, grap, kleit*.

Im Mhd. gibt es vier Neutra, die – anders als im Nhd. – auch im Singular schwach flektiert werden: *ouge, ôre, hërze* und *wange*:

	Sg.	*Pl.*
Nom.	*ouge*	*ougen*
Akk.	*ouge*	*ougen*
Dat.	*ougen*	*ougen*
Gen.	*ougen*	*ougen*

> div chleinen waltvogelin.
> div deſ ôren frôde ſvlen ſin.
> Blômen graſ lôp vnde blôt.
> vnde ſwaz dem ôgen ſanfte tôt.
>
> Gottfried von Straßburg ‚Tristan und Isolde',
> Cgm 51, fol. 4ʳᵃ,17-20; vv. 548-552

Eine vollständige Übersicht über die Flexion der Neutra findet sich unter (6) und (7) in der ‚Grammatik in Tabellen, Listen und Übersichten'.

4. Übungstext

1 dô dâhte ich mir vil ange,
   wie man zer welte solte leben:
   deheinen rât kond ich gegeben,
   wie man driu dinc erwurbe,
5 der keines niht verdurbe.
   diu zwei sint êre und varnde guot,
   daz dicke ein ander schaden tuot:
   daz dritte ist gotes hulde,
   der zweier übergulde.

Walther von der Vogelweide, 8,9-17

8 Bestimmen Sie die Verbart der folgenden Verben und bilden Sie jeweils den Infinitiv: *dâhte* (v. 1), *solte* (v. 2), *kond(e)* (v. 3), *erwurbe* (eigentlich *erwürbe*, v. 4) und *tuot* (v. 7).

9 Bestimmen Sie die beiden mit *wie* eingeleiteten Nebensätze.

5. Personennamen und Namengebung

Im alltäglichen Leben spielt die Heiligenverehrung eine große Rolle. Der vorbildliche Lebenswandel der Heiligen und ihr Martyrium lassen sie zu Fürbittern und Wundertätern werden. Ihre Verehrung findet Ausdruck in vielen Feiertagen. Mittelalterliche Datierungen orientieren sich an wichtigen Tagen des Kirchenjahres, wie z. B. an kirchlichen Festen (z. B. Gründonnerstag) und an Heiligentagen (z. B. St. Johannis). Von diesen sind heute nur noch wenige allgemein bekannt, wie St. Nikolaus (6.12.), St. Silvester (31.12.), St. Johannis (24.6.) und St. Valentin (14.2.), im Volksmund noch St. Sophie (‚Kalte Sophie' 15.5.).
Die Intensivierung der Heiligenverehrung und damit verbunden die ‚Aufwertung' „[v]om lokal wirkenden Reliquienheiligen zum universal wirkenden Tagesheiligen" (Mitterauer 1997, S. 140) im 11./12. Jh. führt auch zu einer tiefgreifenden Veränderung bei der Vergabe von Personennamen. Die Bindung des Geburts- oder Tauftages an den Namen eines Heiligen/einer Heiligen „[...] gibt Nutzen für das Leben und, wenn man ihn entsprechend lebt, vor allem darüber hinaus." (ebd. S. 139). Auch von den traditionellen germanischen Namen werden nun diejenigen bevorzugt, die zugleich Heiligennamen sind, wie *Heinrich, Bernhard, Hedwig, Gertrud* etc. Die Veränderung der Namensgeschichte geht von sozial höheren Schichten der Städte aus und greift von da aus auf das Land über (vgl. Kunze 1998, S. 41 ff.).

Wichtige Namen, die sich auf Heilige beziehen, sind ...

... bei den Männern:
Johannes (hebr. ‚Gott ist gnädig'): Johannes der Täufer (24. Juni), Apostel Johannes (27. Dez.) und weitere Heilige
Heinrich (altd., aus *hag* ‚Einhegung' und *rîch* ‚reich, mächtig'): Kaiser Heinrich II. der Heilige (je nach Region 13., 14. oder 18. Juli, daneben viele weitere Herzöge, Könige, Kaiser)
Konrad (altd., aus *kuoni* ‚kühn' und *rât* ‚Ratgeber'): mehrere Heilige (u. a. 26. Nov., 20. April)
Nikolaus (griech. ‚Volkssieger'): Bischof von Myra (Lykien) (6. Dez.)
Peter (griech. ‚Fels'): Apostel (Simon Petrus, 29. Juni)
Georg (griech. ‚Bauer'): St. Georg (23. April)
Michael (hebr. ‚wer ist wie Gott?'): Erzengel (29. Sept.)

Männernamen		
Bamberg 1323/24	Bamberg 1481/97	Münster-land 1498
Heinrich	Johannes	Johannes
Konrad	Konrad	Heinrich
Hermann	Heinrich	Hermann
Otto	Friedrich	Bernhard
Friedrich	Nikolaus	Gerhard
Walther	Georg	Dietrich
Eberhard	Peter	Eberhard
Ulrich	Michael	Albert
Albert	Ulrich	Arnold
Berthold	Hermann	Lambert

germanische Rufnamen

fremde Rufnamen

... bei den Frauen:

Margareta (lat. ‚Perle'): Margareta von Antiochia (20. Juli)

Katharina (griech. ‚die Reine'): Katharina von Alexandria (25. Nov.)

Elisabeth (hebr. ‚mein Gott ist Vollkommenheit'): Mutter Johannes' des Täufers, Hl. Elisabeth von Thüringen (19. Nov)

Anna (hebr. ‚Huld, Gnade'): Mutter Marias (26. Juli)

Agnes (griech. ‚die Keusche, Reine'): Agnes von Rom (21. Jan.)

Barbara (griech./lat. ‚die Fremde'): Barbara von Nikomedien (4. Dez.)

Christina (lat. weibl. Form von Christian): Christina von Bolsena (24. Juli)

Frauennamen		
Bamberg 1323/24	Bamberg 1481/97	Münsterland 1498
Jutta	Margarete	Elisabeth
Kunigunde	Kunigunde	Gertrud
Adelheid	Elisabeth	Adelheid
Irmel	Anna	Margarete
Christine	Katharina	Christine
Hedwig	Barbara	Mechtild
Hilde	Gerhaus	Katharina
Katharina	Adelheid	Kunigunde
Gerhaus	Agnes	Fenne
Agnes	Christine	Hilde(gund)

Der Personenname *Maria* wird im Mittelalter in Deutschland aus Gründen der Ehrfurcht gegenüber der Mutter Gottes nur selten vergeben. Erst im 16. Jh. fand er – besonders auch unter den Protestanten – breitere Verwendung. Namenstage für Maria sind alle Marienfeste (u. a. 2. Februar Mariä Lichtmess (*purificatio*), 25. März Mariä Verkündigung (*annunciatio*), 15. August Mariä Himmelfahrt (*assumptio*), 8. September Mariä Geburt (*nativitas*).

Die häufige Verwendung der Heiligennamen führt ab dem 12. Jh. zu einem Rückgang der germanischen Rufnamen. Germanische Namen sind i. d. R. zweigliedrig (dithematisch), eingliedrige (monothematische) Namen sind selten bzw. das Ergebnis von Kontraktionen oder Auslassungen. Das Zweitglied diente ursprünglich der metaphorischen Beschreibung des Namensträgers, während das Erstglied nur eine Ergänzung darstellte. Als Bildbereiche wurden besonders Begriffe aus dem Bereich des Kampfes und der kriegerischen Tugenden, der Tierwelt, der Herrschaft und des Dienstes gewählt. Die ursprüngliche Semantik ist jedoch bereits ab dem 4. Jahrhundert nicht mehr transparent, so dass die Zusammensetzung der einzelnen Glieder mechanisch erfolgt. Folgende Zusammensetzungen sind möglich:

- Substantiv + Substantiv: *Volkwin* (ahd. *folc* ‚Volk, Volksstamm' + ahd. *wini* ‚Freund, Geliebter')
- Substantiv + Adjektiv: *Wolfhart* (ahd. *wolf* ‚Wolf' + ahd. *hart* ‚hart, streng')
- Adjektiv + Substantiv: *Hermann* (ahd. *hēr* ‚alt, ehrwürdig, von hohem Rang' + ahd. *man* ‚Mensch, Mann, Krieger')
- Adjektiv + Adjektiv: *Bërhthold* (ahd. *beraht* ‚hell, strahlend, glänzend' + ahd. *hold* ‚geneigt, zugetan, treu')

Mit dem Wachsen der Bevölkerung im 12. Jh. – besonders in den Städten – kommt es zu einer starken Verbreitung einzelner Namen. Dies erfordert speziell für die immer wichtiger werdende schriftliche Verwaltung eine weitere Individualisierung, z. B. für die Regelung des Erbrechts. Diese Individualisierung erfolgt zum einen durch eine Variation der Personennamen (z. B. Elise, Lisa, Else nicht nur als Koseformen für Elisabeth sondern als eingetragene Taufnamen), zum anderen durch die Bildung von Beinamen. Für die Bildung von Beinamen gibt es mehrere Möglichkeiten, besonders:
- Herkunft (Zugezogene bzw. Fremde): *Hugo von Crozzingen* (heute Bad Krozingen) (Urkunde der Stadt Freiburg vom 25.06.1298)
- Wohnort im engeren Sinne: *Wilhelme van hůndisgaſzen* (Urkunde der Stadt Köln vom 25.08.1263), *Iohannes an Hellegaſſen* (Urkunde der Stadt Freiburg vom 11.08.1320)
- Berufe: *Wernher der Schvlmaiſter* (Urkunde der Stadt Augsburg vom 23.08.1282)
- Körperliche, charakterliche oder habituelle Eigenheiten: *Cůnrat hubiſchman* (Urkunde der Stadt Freiburg vom 12.12.1292), *Heinrich wolleben* (Urkunde der Stadt Freiburg vom 02.05.1284)

Satzungsbuch der Stadt Nürnberg, Staatsarchiv Nürnberg, Rep. 52b, Rst. Nürnberg, Amts- und Standbücher Nr. 228, fol. 9^r,3-8 (ca. 1301/1302-1310)

Patronymika (Vaternamen: Name + Sohn, z. B. Dietrichsohn → Dietrichsen → Dietrichs) sind im Deutschen weniger gebräuchlich als etwa in skandinavischen Sprachen, Verwandtschaftverhältnisse werden hingegen häufiger spezifiziert: *Wilhalms ſvn von Schavnbwrch* (Urkunde der Stadt Landshut vom 01.04.1341), *Johanneſen ſinen ſvn* (Urkunde der Stadt Freiburg vom 12.12.1292).

Die Tendenz, Personennamen durch Beinamen weiter zu individualisieren, geht vom Adel aus, häufig um Erblinien und Machtansprüche zu legitimieren oder dynastische Ansprüche zu sichern. Nicht immer sicher zu beantworten ist die Frage, ab wann Beinamen den Status von Familiennamen erlangen. Dies lässt sich anhand von Urkunden nur dann bestätigen, wenn ein Beiname über mehrere Generationen weitergegeben wird, Geschwister den gleichen Beinamen tragen oder der tatsächliche Beruf von dem im Beinamen abweicht (z. B. *Beſolt der Bischolff* ist *Meiſter vz den Becken*, vgl. Satzungsbuch der Stadt Nürnberg Kap. 5 a).

Einen Sonderfall stellen movierte Bildungen dar (z. B. *Müllerin*), bei denen häufig unklar ist, ob dem Beinamen ein weiblicher Beruf zugrunde liegt (d. h. die Frau übt den Beruf der Müllerin aus) oder matrimoniale Motion vorliegt (d. h. die Frau ist mit einem Müller verheiratet).

Literatur: Angenendt, Arnold: Geschichte der Religiosität im Mittelalter. 4. Aufl. (korrig. Nachdr. der 3. Aufl. 2005). Darmstadt 2009; Kunze, Konrad: dtv-Atlas Namenkunde. Vor- und Nachnamen im deutschen Sprachgebiet. München 1998; Mitterauer, Michael: Die Kraft der Namen und der heiligen Tage. In: Rainer Beck (Hg.): Das Mittelalter. Ein Lesebuch zur deutschen Geschichte 800–1500. München 1997, S. 135–141.

Kapitel 6 Glaube
b Maria

ir werdet des inne.
daz maria keiſerinne.
uber al diſe werlt weſen můz.

Pfaffe Wernher ‚Driu liet von der
maget', Berol. Ms. germ. oct. 109,
fol. 41ʳ,20-22

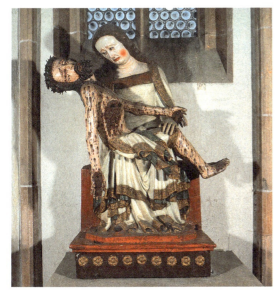

Maria als *mater dolorosa* (Schmerzensmutter), Fritzlaer
Pieta, Dom zu Fritzlar, um 1360/70 (Höhe 224 cm)
Foto: Peter Weller-Plate, Landesamt für Denkmalpflege
Hessen (LfDH)

Godes muder it is recht dat ich dich loue.
Heilige Maria ich louen dich.
Loueſame. mineſame. minne mich.
Hilp mir urowe dat ich bliue ewelich.
Milde muder. inde maget ſuuerlich.

‚Rheinisches Marienlob', Ms. I 81, fol. 1ʳ,8-12

Ave Maria maget ſuverlich.
lilien inde roſen cronent dich.

‚Rheinisches Marienlob', Ms. I 81, fol. 89ᵛ,19 f.

Secht do machte vns nuwe
Maria di getruwe
Daz ſi den wil bi geſtan
Die ſvnderlichen vliz han
In ir dienſte alle zit
Ob der menſche wol in ſvnden lit
Vnd doch di kvniginne
In etelichem ſinne
Da bi mit truwen eret
Ir tugent ſi daz leret
Daz ſi im in rechter not
Ez ſi in leben oder in tot
Ir helfe mvz ie leiſten

‚Passional A' (Marienlegenden),
Ms. germ. fol. 778, fol. 84ʳᵇ,3-15

Maria als *regina coeli* (Himmelskönigin),
Schiffermadonna, St. Maria in Lyskirchen,
um 1410/20 (Höhe 205 cm)

1. ‚St. Anselmi Fragen an Maria' – Prosalangfassung

Maria berichtet von der Kreuzigung ihres Sohnes:

1 Sant Anſheln ſprach.	
Nv ſage mir liebv̇ vrowe.	
wie taten ſv̇ im. v̇nſe vro-	
we ſprach. Da hȯre Anſhelme	
5 <u>ein gar klagelich mere. daȝ</u>	*beklagenswerte Geschichte, in keinem*
<u>doch enhein ewangeliſte</u>	*der Evangelien niedergeschrieben*
<u>ſhribet.</u> Do ſv̇ kamen an	
die ſtat dv̇ da heiȝet Calua-	
rie. do ȝvgen ſv̇ im alles ſin	
10 gewant abe. daȝ ein vaden	
an ſinem libe niht beleib. do	
erſtarb min herȝe. do ſv̇ im dc	
groȝe laſter bvten. vnd giench	
dar vnrſhrokenlich. vnd ane	*vnrſhrokenlich = unerschrockenlĩche ‚unerschrocken'*
15 ſhame. vnd ȝoch ein tvch abe	
minem hobte. vnd bant es ſel-	
be. vmbe ſinen lip. Nv waȝ	
der vleke alſe gar vnreine. der	
da heiȝet Caluarie. dar man	
20 min kint hatte gefv̇ret. vnd	
waȝ alſe verſhmeht daȝ man	
niht bȯſer ſtat konde vin-	
den. wan beſhant da hvnde	
vnd ſhalmen. vnd hanchte da die-	*ſhalmen ‚tierische Kadaver'*
25 be. vnd enthopte da morder. vnd	
waȝ der ſmak da alſo groȝ.	
daȝ in kvme ieman erliden	
mahte. vnd an dirre vnreinvn	
ſtat leiton ſv̇ daȝ crvce vf die erde.	
30 vnd leiton do min kint rv̇g-	
gelingvn dar vf. vnd nagelo-	
ton im die einvn hant an dc	
crvce. vnd waȝ der nagel alſe groz.	
daȝ er die wndvn alſo ſere er-	
35 fv̇lte. daȝ ein blvtes trophe.	
dar vȝ niht giench. vnd namen	
do ſeil. vnd bvnden im dv̇ an	
die andervn hant. vnd ȝvgen	
vnd tandon im den arn alſo	*tandon, Inf. denen; arn ‚Arm'*
40 vaſte. daȝ dv̇ glider vȝer ein an-	
der giengen. Der nagel waȝ och	
alſo groȝ daȝ er die wndvn	*wndvn ‚tiefe Wunden'*
alſo gar erfv̇lte. daȝ ein tro-	
phe blvtes dar vȝ niht gie.	

Badische Landesbibliothek Karlsruhe (BLB), Cod. Donaueschingen 116, fol. 163ʳ,11-164ʳ,18.

Bei ‚St. Anselmi Fragen an Maria' handelt es sich um eine als Dialog zwischen Anselm von Canterbury und Maria gefasste Darstellung der Passion Jesu (sog. Passionstraktat). Dem Scholastiker Anselm von Canterbury erscheint Maria und er nutzt die Gelegenheit, Maria nach dem genauen Ablauf und Details der Passion ihres Sohnes zu fragen.

Der Traktat ist in Vers- und Prosafassungen des 14. bis 16. Jhs. überliefert, die je nach Fassung deutliche inhaltliche Unterschiede zeigen; die Überlieferungsträger (Handschriften und Drucke) sind im gesamten deutschen Sprachraum zu finden und zeigen dem entsprechend dialektale Vielfalt.

Besondere dialektale und graphische Merkmale dieses Textes:
- *ch* steht für *(c)k* (z. B. *giench → gienc*)
- *ſh* steht für *s* (z. B. *Anſheln → Anseln*) oder *sch* (z. B. *ſhribet → schribet*)
- der Lautwert von *v* kann sowohl konsonantisch (z. B. *vleke*) als auch vokalisch (z. B. *blvtes*) sein
- Verwendung voller Nebensilbenvokale (z. B. *leiton, einvn*)
- Kürzelzeichen: *dc* steht für *daz*

1   Gliedern Sie die Antwort Marias nach inhaltlichen Gesichtspunkten, indem Sie für die einzelnen Punkte, die sie erwähnt, Überschriften formulieren (s. Beispiel links).

2   Bestimmen Sie die Verbformen *beleib* (Z. 11), *giench* (Z. 13), *zoch* (Z. 15), *hanchte* (Z. 24) und *gie* (Z. 44).

3   Entscheiden Sie, bei welchen mit *daz* eingeleiteten Nebensätzen es sich entweder um einen Relativsatz oder einen Konjunktionalsatz handelt.

Textbeispiel	Transformation: *ch → c/k*; *ſh → s* oder *sch*; *v →* konsonantisch; *v →* vokalisch; volle Nebensilben	mhd. Entsprechung
giench	ch → c	gienc

4   Suchen Sie jeweils Beispiele zu den genannten Merkmalen aus dem Text heraus und füllen Sie die Tabelle aus.

2. Grammatik

Lautwandel: Konsonantismus (2. Lautverschiebung)

Die sog. 2. oder (alt-)hochdeutsche Lautverschiebung trennt das Hochdeutsche von den übrigen westgermanischen Sprachen. Dieser Prozess vollzog sich vermutlich im 6.–7./8. Jh. Im Niederdeutschen zeigt sich keine Verschiebung (ebenso wie im Nordischen und Englischen), im md. und obd. Sprachgebiet erfolgt die Verschiebung sprachlandschaftlich unterschiedlich. Die Trennung des niederdeutschen und des hochdeutschen Sprachraumes erfolgt entlang der ‚Benrather Linie' (vgl. Kap. 1)

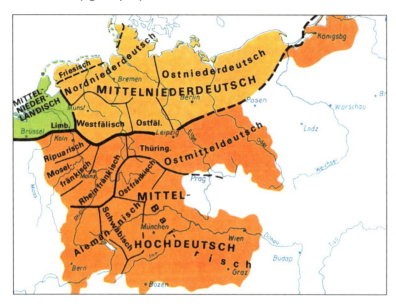

Aus: Werner König: dtv-Atlas Deutsche Sprache. Grafische Gestaltung: Hans-Joachim Paul © 1978 Deutscher Taschenbuch Verlag, München, S. 76 (kleinerer Kartenausschnitt in: 16., durchges. u. korr. Aufl. München 2007)

Wesentlich ist die Verschiebung der einfachen germ. stl. Tenues (Plosive) */p/, */t/ und */k/ und der Medien */d/, */b/ und */g/, wobei von letzteren im Mhd. nur die Verschiebung von *d* großräumig bewahrt bleibt:

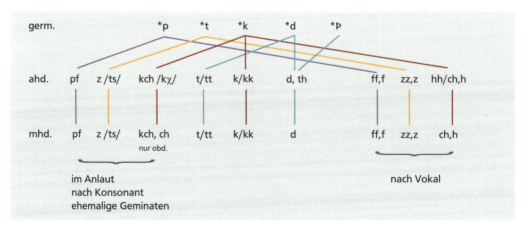

Für eine detaillierte Darstellung vgl. Paul, Mhd.Gr. §§L59-62.

Ⓔ Modul 2 ‚Laute und Lautwandel' Menüpunkt 4.1.

3. ‚St. Anselmi Fragen an Maria' – Versfassung

5 Weisen Sie nach, dass der folgende Text nördlich der ‚Benrather Linie' – also im niederdeutschen Raum – entstanden und damit in mittelniederdeutscher Sprache abgefasst ist,
indem Sie zu den aufgelisteten Wörtern das mhd. Äquivalent notieren.

		mnd.	mhd.
1	Maria dit han ik wol vorſtan	ik	_____
	Nv ſaghe wat wart dar mer gedan	wat	_____
	Hore nv jammerlike claghe	-like	_____
	It was bi dem middendaghe		
5	De ſunne de vorlos den ſchin		
	Do ſprak de leue ſone min		
	Mit luder ſtemne helý	luder	_____
	Helý lamabataný		
	Dat is min vader vnd myn god	vader	_____
10	Min leue uader vmme wat		
	Haſtu mi ſus ſere vorteghen		
	Des konden de jodden nicht vordreghen		
	Se ginghen alle vor one ſtan		
	Se ſpreken he ropt heliaſe an		
15	Nv lat ſein wat helias doghe		
	Wer he one vns icht nemen moghe		
	Mi dorſtet ſprak min ſone do		
	Des worden al de jodden vro		
	Et was one do vil wol geuallen		
20	Etich mengeden ſe do mit gallen	etich	_____
	Se reckeden ome to ſinem mvnde		
	He ſprak to der ſuluen ſtunde		
	Do he hadde den dranck vorſoch	hadde	_____
	Nv is alle dingh vullenbrocht		
25	Do neghede he ſin houet dale	dale	_____
	He ſprak vader ik beuale		
	Minen gheiſt an de hande din		
	Dar mede vor ſin ſele van hin		

Landesbibliothek Oldenburg, Cim I 74, fol. 16ᵛ,22-17ʳ,18

v. 7f.: *helý helý lamabataný* ,mein Gott, mein Gott, warum hast du mich verlassen?'
v. 13: *one = ime*
v. 15: *ſein*, Inf. *sëhen*; *doghe*, Inf. *tugen*
v. 16: *Wer* hier zu übersetzen mit ,ob'; *he* ,er' (öfter im Text)
v. 18: *alde = al diu*

> Besondere regionale (niederdeutsche) und graphische Merkmale dieses Textes:
> – *gh* steht für *g*,
> – *u* kann für *v* stehen (*uader* für *vader*, *beuale* für *bevale*),
> – *u* – eigentlich *v* – kann mhd. *b* sein: *leue* für *leve* (*liebe*) und *houet* für *hovet* (*houbet*),
> – langes *o* wird im Niederdeutschen nicht diphthongiert (mhd. *uo*), z.B. *ropt*, mhd. *ruofet*,
> – langes *e* wird im Niederdeutschen nicht diphthongiert (mhd. *ie*), z.B. *leue*, mhd. *liebe*

4. Wortschatz

Das letzte Abendmahl

Das letzte Abendmahl wird in den einzelnen Textzeugen von ‚St. Anselmi Fragen an Maria‘ unterschiedlich bezeichnet. Grund für unterschiedliche Bezeichnungen können landschaftliche Varianten sein, theologisch begründete Varianten und Varianten, die auf unterschiedlichen Texttraditionen gründen, die in Abhängigkeit zu den verschiedenen Fassungen stehen. Varianten können auch durch unterschiedlich komplexe formale Wiedergabe entstehen. Weitere, nicht so stark ausgeprägte und teilweise anders zu bewertende Varianten bestehen hinsichtlich der Bezeichnung von Maria, Judas und des Tages des Abendmahls.

6 Suchen Sie die unterschiedlichen Bezeichnungen für das letzte Abendmahl aus den Textausschnitten heraus und tragen diese wie im Beispiel in die Karte ein.

❶ omd.; thüring.

do ſprach vnſe vrouwe do myn lybes
kynt das abent brot hatte geſſen. myt
ſynen iungeren vf geſtanten was noch
dem eſſen do lyf iudas czu den iuden

Staatsbibliothek zu Berlin – Preußischer Kulturbesitz, Ms. germ. octav. 183, fol. 2ᵛ,7-13

❷ omd.; obersächs.

Do ſprach die Mutter gottes du ſalt
wiſſen Do mein lieber Son Iheſus Das
nachtmal mit ſienen jüngern am heiligen
grün dornſtage geſſen hatte vnd ſie von
dem tiſche vf waren geſtanden Do gieng
judas czu den furſten der juden

Universitäts- und Landesbibliothek Sachsen-Anhalt, Qu. Cod. 141, fol. 1ᵛ,17-2ʳ,8

❸ wobd.; alem.

Vnſe fröw ſprach Do min kint hat geſſen
das Iung maſz mit ſinen Iungren vor
ſiner marter Vnd do von dem tiſch
ſtůndent do gieng Iudas ſcariotis vſz zů
den Iuden

Burgerbibliothek Bern, Mss. h.h. X.50, Bl. 20a,24-20b,2

❹ wobd.; schwäb.

vnſer frawe ſprach. do min kint het
geſſen mit ſinen Iungern vor ſiner
marter. daz iungſt mal vnd ſi von dem
tiſch vff ſtůndn Do gieng Iudas ſcarioth
zů den fůrſten der Iuden

Germanisches Nationalmuseum Nürnberg Hs. 23212, fol. 56ʳ,22-56ᵛ,2

❺ wmd.; rhfrk.

Vnſe liebe frauwe die ſprach Da myn
kint hatte geſzen mit ſynen jungern daz
jungſte maſze daz da heiſzet daz abend
eſzen vnd da ſie von dem Diſſe vff
ſtunden Da ging judas ſcharioth. zu den
furſten der juden

Staatsbibliothek zu Berlin – Preußischer Kulturbesitz, Ms. germ. qu. 2025, fol. 48ᵛ,7-12

❻ nd.; ofäl.

Do antwerde em vnſe vrowe vnd ſprac
Do min leue ſone de auent ſpiſe gheten
hadde mit ſinen iungheren do ſtunt vp
iudas ſcarioth vnd ghinc to den meſteren. vnd to den vorſten der ioden

Herzog August Bibliothek Wolfenbüttel, Cod. Guelf. 1082 Helmst., fol. 72ʳ,12-16

❼ nbair./ofrk.; nürnb.

vnſer frawe ſprach Do mein kint mit
ſeinen iungern het geeſſen vor ſeiner
marter das iüngſt eſſen vnd do ſie von
dem tiſche auf ſtunden do ging Iudas
ſcharioth zu den fürſten der iuden

Bayerische Staatsbibliothek München, Cgm 484,
fol. 2ᵛ,3-8

❾ oobd.; mbair.

Do ſprach maria Do mein chind an dem
antloz tag daz leczt ezzen het mit ſeinen
iungern vnd von dem tiſch gie Do gie
iudas zu den iuden piſchofen

Bayerische Staatsbibliothek München, Cgm 4701,
fol. 248ᵛ,11-16

⓫ wobd.; alem.

v̇nſe vrowe ſprach. Do min kint hatte
gezen daz ivngeſte maz mit sinen
ivngern vor siner marter. vnd do ſv̇ von
dem tiche vf ſtvnden. Do giench ivdas
ſcarioth vz. zv den fv̇rſten der ivden.

Badische Landesbibliothek Karlsruhe,
Cod. Donaueschingen 116, fol. 138ᵛ,3-9

❽ nbair./ofrk.; nürnb.

Do antwurt maria vnd ſprach wiz
anſhelme do mein kind an dem Antlaſz
tag das letzſt eſſen mit ſeinen Iungern
thet vnd von dem tiſch gieng do gieng
Iudas zu der Iuden pyſchoff

Stadtbibliothek Nürnberg, Cent. VI, 86,
fol. 18ʳ,4-9

❿ oobd.; mbair.

Vnſer fraw ſprach. da mein libis chind
wol geeſſenn mit ſeinen Jungern vor
ſeiner marter daz leſt mal und da ſy von
tiſch aufſtunden da gieng Judas ſcarioth
zw den fwrſten der Juden

Österreichische Nationalbibliothek Wien,
Cod. 2969, fol. 154ᵛ,21-155ʳ,4

⓬ nd.; ofäl.

Ancelme hore dat ik di ſaghe
Dat ſchude an dem guden donerſdaghe
Dat he mit ſinen jungheren ſaat
Lepliken dat he mit on aat
He gaf on ſin vleiſch vnd ok ſin blöt
Dat he ſedder vor vns göt.

Landesbibliothek Oldenburg, Cim I 74,
fol. 2ʳ,81-86

Aus: Werner König: dtv-Atlas Deutsche Sprache. Grafische Gestaltung:
Hans-Joachim Paul © 1978 Deutscher Taschenbuch Verlag, München, S. 76
(kleinerer Kartenausschnitt in: 16., durchges. u. korr. Aufl. München 2007)

5. Übungstext

Godes muder it is recht dat ich dich loue.
Heilige Maria ich louen dich.
Louesame. minesame. minne mich.
Hilp mir urowe dat ich bliue ewelich.
Milde muder. inde maget suuerlich.

‚Rheinisches Marienlob', Ms. I 81, fol. 1ʳ,8-12

7 Das Ripuarische, in dem das ‚Rheinische Marienlob' abgefasst ist, zeigt sowohl im Rahmen der 2. Lautverschiebung verschobene als auch unverschobene Formen. Markieren Sie alle Wörter, die nicht verschobene Merkmale enthalten.

6. Latein-Deutsch

Im Rahmen der Christianisierung wird Latein auch in den nichtromanischen Ländern zur Verkehrs- und Dachsprache (*lingua franca*) in den neu gegründeten Klöstern, im Rahmen der Missionstätigkeit und in der sich herausbildenden (karolingischen) Administration. Die Schriftlichkeit ist von Beginn an und über das Mhd. hinaus bis in die frühe Neuzeit weit überwiegend lateinisch. Zunächst nur gelegentlich werden seit dem 8. Jh. kleinere Texte in der Volkssprache niedergeschrieben. Die ersten volkssprachlichen Sprachzeugnisse sind überwiegend pragmatischer Natur: Übersetzungshilfen in Form von Einzelwörtern am Rand oder im lateinischen Text, sog. Glossen, sowie Namen oder volkssprachliche Rechtsbegriffe (*leges*-Wörter). Der erste überlieferte Text mit größeren volkssprachlichen Anteilen ist ein lateinisches Synonymenverzeichnis mit volkssprachlich deutschen Übersetzungen, das nach dem ersten lateinischen Stichwort *abrogans* (ahd. *dheomodi* ‚demütig') benannt ist.

Auch mhd. Sprachmaterial ist vielfach in Form von Glossen und Interlinearversionen überliefert. Da dieses Material einen lat. Bezug hat, verfügt es über eine Vergleichsgröße, die zur Übersetzung und grammatischen Bestimmung herangezogen werden kann.

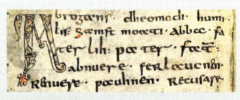

‚Abrogans', Stiftsbibliothek St. Gallen, Cod. Sang. 911, Bl. 4 (um 790)

Windberger Psalter, Bayerische Staatsbibliothek München, Cgm 17, fol. 172ʳ (um 1174)

Glossen sind meist volkssprachliche Einzelwörter bzw. kurze Texte, die als Übersetzungshilfen bzw. Kommentierungen dienen. Sie stehen am Rand (marginal) oder zwischen den Zeilen (interlinear) lateinischer Texte. Einige lat. Texte enthalten zwischen den Zeilen eine komplette deutsche Glossierung bzw. Übersetzung (sog. Interlineartexte). Viele mhd. Texte, darunter die meisten geistlichen Texte wie Predigten, kirchlich-theologische Traktate, Bibeltexte und Ordensregeln, haben lat. Grundlagen und stellen mehr oder weniger gute bzw. genaue Übersetzungen dar. Viele Texte mischen Latein und Deutsch:

CONTRA CALCVLVM. Brenne daz plôt unte die hvt deſ haſen. unte gibiz demo ſiechin in uino calido uel in aqua ad bibendum. ſo briſtet der ſtein unte chvmet vone imo. Deſ petreſſilineſ wrze ſcol tu vile diche niezzen. deſ helphanteſ pein. ſcol tu ſcaben. et debeſ in aqua bibere. ſo briſtet lapiſ.

Das Innsbrucker Arzeneibuch, Cod. 652, fol. 77ᵛ,13-16

Literatur: Bergmann, Rolf/Glaser, Elvira/Moulin-Fankhänel, Claudine (Hgg.): Mittelalterliche volkssprachliche Glossen. Internationale Fachkonferenz des Zentrums für Mittelalterstudien der Otto-Friedrich-Universität Bamberg, 2. bis 4. August 1999. Heidelberg 2001.

Viele lateinische Wörter werden im klösterlichen Wirkungskreis unübersetzt verwendet und haben sich im deutschen Wortschatz ebenfalls etabliert, z. B. als Lehnwörter oder hybride Bildungen aus deutschen und lateinischen Bestandteilen. Die Einteilung des Tages orientiert sich am klösterlichen Tagesablauf, der vom stetigen Wechsel zwischen Beten und Arbeiten (*ora et labora*) geprägt ist. Die Aufteilung der Stunden zwischen Sonnenauf- und Sonnenuntergang erfolgt in Anlehnung an die Stundengebete (kanonische *horen*). Die Jahreszeiten und damit die Tageslänge zwischen Sonnenauf- und Sonnenuntergang bestimmt diese Stundenaufteilung letztlich; so ist der Beginn des nächtlichen Stundengebets nur mithilfe genauer Kenntnis des Sonnenstandes und des nächtlichen Sternenhimmels zu bestimmen.

mhd. *prîme/ prîmzît* ,erste Stunde, Stunde nach der matutina'

prim (1. Gebet), Beginn der Stundenzählung

matutin(a)/ laudes laudes matutinae (bei Tagesanbruch) mhd. *mettîne, mettene/mettenzît* ,Frühmesse'

mhd. *tërzje, tërz/ tërzjezît* ,dritte Stunde'

mhd. *sëxte/ sëxtzît* ,sechste Stunde'

mhd. *nôn, none/ nônzît* ,neunte Stunde, Mittagszeit'

mhd. *vësper/ vësperzît* ,vorletzte kanonische Stunde'

vesper laudes ad vesperas

mhd. *complêt/ complêtzît* ,letzte kanonische Stunde, Nachtgebet'

terz ca. 9 Uhr · **sext** ca. 12 Uhr · **non** ca. 15 Uhr · ca. 18 Uhr · **kleine Horen** · ca. 6 Uhr · Sonnenaufgang · Sonnenuntergang ca. 19 Uhr · **complet** · nachts · **vigilae** mhd. *vigilje* ,Nachtwache'

Dieses System hat sich sowohl kulturell als auch sprachlich im säkularen Bereich durchgesetzt:

Von parzifal hỗren fv̊rbas alſ e
Der des tages reit ſo ſer
Bitz ze veſperzit oder mer

‚Rappoltsteiner Parzival', Cod. Donaueschingen 97,
fol. 203ᵛᵇ,43-45; vv. 17535-17537

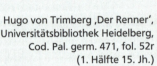

Hugo von Trimberg ‚Der Renner',
Universitätsbibliothek Heidelberg,
Cod. Pal. germ. 471, fol. 52r
(1. Hälfte 15. Jh.)

Am Webstuhl arbeitende Nonnen, Passionsteppich
der Dominikanerinnen des Klosters Hl. Grab
(Bordürenausschnitt), Diözesanmuseum Bamberg
(1490/1500)

Dŏ ſah der wnderliche man.
ain tier uŏr ſih gan
aineſ tageſ ze prime.
unz an den tritten tach
ze none. daz was ein groz wnder

‚Kaiserchronik', Cod. 276, fol. 3ʳᵃ,34-37;
vv. 549-553

doch wart der ſtrit alſo getan
Er werte dannoch al den tach
owe waz livte da gelach
ê. daz ein ende næm der ſtrit
rehte wol ze nonezit

‚Dietrichs Flucht', Cod. Ser. nova 2663,
fol.100ʳᵃ,32-36; vv. 9654-9658

Literatur: Angenendt, Arnold: Geschichte der Religiosität im Mittelalter. 4. Aufl. (korrig. Nachdr. der 3. Aufl. 2005). Darmstadt 2009; Gleba, Gudrun: Klöster und Orden im Mittelalter. 4., bibl. aktual. Aufl. Darmstadt 2011. (Geschichte kompakt: Mittelalter)

Kapitel 7 Eukrasie
a Krankheit und Heilung

Medizinische Texte und
Traktate, Universitätsbibliothek
Heidelberg, Cod. Pal. germ. 644,
fol. 101ᵛ (um 1460)

ein igelich menſch der iſt
geſchaffen. vz den viere
elementiſ. vz der erde. von
dem lufte. von dem wazer.
von den fivre. Die wirme.
vnd die hitze. hat der menſh
von dem fivre. von dem
wazzer die fivhte. von dem
lufte die chelten. von der
erde die trv̊chen. Div Roete
varwe chvmet einem
igelichen dinge von der
hitze. Div wize var chvmt.

von der chelten von der
trv̊chen wart ein igelich
dinch ſmal. oder dvnne. von
der fivhte wirt ein igelich
dinch diche. Swer nv wil
wizen von wiv ein igelich
ſihtv̊m chom. den der
menſch habe. der ſvl daz
merchen bi der varwe. die
daz harn hat. daz von dem
menſchen chvnt

‚Bartholomäus', Cgm 92,
fol. 1ʳᵃ,25-1ʳᵇ,15

Item in der czeit der pestilencz
sal ein mensche die speyse
meyde alsz kese milch fische
craut arbeysz vnd alle svze
ding vnd ander speyse dy do
brengt hittze ader ander bosze
feuchtikeit vnd alle scharfe
worcze alsz pfeffer vnd andir
vndauwige speysze.

Johannes Rudolphi ‚Pesttraktat',
Z. 186-193

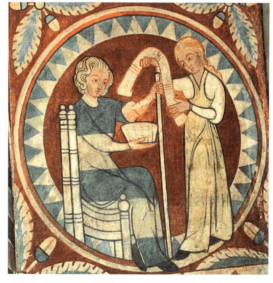

‚Aderlass', Monatsdarstellung im Nonnenchor, Kloster
Wienhausen bei Celle (Anfang 14. Jh.)

Priester Wernher ‚driu liet von
der maget', Bibliotheca
Jagiellońska Krakau, Berol. Ms.
germ. oct. 109, fol. 88ʳ (um 1220)

Item eyne nüwe nase zcu machen dy do gancz abgehaüen ist
vnd hetten sye gancz dy hunde gessin Dit ist eyn meyster
kunst. Kompt dir einer czu vnd yme ist die nase abe ge-
hoüwen vnd wilt yme eyn nüwe nasen machen, so laß
nymandes zü sehin [...]

Heinrich von Pfalzpaint ‚Nasenersatzplastik', S. 449

Gang uz, Nesso, mit niun nessinchilinon:
uz fonna marge in deo adra, vonna den adrun in daz fleisk,
fonna demu fleiske in daz fel, fonna demo velle in diz tulli.
Ter pater noster.

‚Pro Nessia', 9. Jh.

1. ‚Bartholomäus'

Der ‚Bartholomäus' (Ende 12. Jh.) gehört zur frühen deutschen Medizinliteratur. Körpersäfte, vor allem Urin, spielen im Bereich der Diagnose eine übergeordnete Rolle. Ab 1300 beherrscht der ‚Bartholomäus' die deutsche Medizinliteratur; dies wird u. a. an der umfangreichen Überlieferung deutlich, die über 200 Textzeugen umfasst. Verschiedene der Rezepte haben sich bis in die Hausbücher der Neuzeit hinein erhalten.

1   So der arzet get zů dem ſiechen
    cheret ſich der ſieche zů der wende.
    der ſtirbet deſ andern tageſ.
    welleſtv wol ſchire verſuchen
5   ob der ſiech ſterbe oder geneſe. ſo
    nim daz harn daz er geharnet ha-   *givz*, Inf. *giezen*
    be vor mitternaht. vnd givz daz
    auf ſan ein grüne nezel. vnd ſchowe
    die des andern tages. iſt ſi grů-
10 ne ſam, ê. So geniſet er **wol**. iſt
    ave ſi erdorret. vil **gewiſliche**.   *ave* ‚dagegen' in der Hs. fehlt das hier ergänzte Verb
    ſo ſtirbet er. […]
    Alle di wile der ſiech den grů-
    nen rinch vor den ovgen (ſiht). ſo
15 er iz zů tvet vnd ſo er daz ov-
    ge oben růret. mit dem vinger.
    So niſt er niht veige. Welleſtv   *veige* ‚zum Tode bestimmt'
    verſuchen ob der ſihche geneſen
    mvge. oder des legerſ ſterbe. So   *legerſ*, hier ‚Krankenlager'
20 nim eines wibeſ ſpvnne div
    ein degenchint zihe. vnd nim
    deſ ſichen harn. vnd miſche div
    zeſamn. iſt daz ſi fliezent vnder
    einander. So geniſet der ſieche wol.
25 ſchaidet ſich daz ſpvnne von dem
    harne. **zware** ſo geniſet er ni-
    ht. daz iſt verſuchet.

(Handschriftliche Randnotizen:) *aufſan*; *Vergleichs-wörter* ‚ſo wie'

‚Bartholomäus', Cgm 92, fol. 5^(ra),7-5^(rb),6

📧 Vertiefung: Modul 4 ‚Sätze und ihre Strukturen' Menüpunkt 6.1, 6.2.

1 Welche Aussage kann man mithilfe einer *grůne(n) nezel* (Z. 8) über die mögliche Genesung des Patienten machen?

2 Wie kann der Kranke selbst herausfinden, ob er stirbt oder nicht? (Z. 13–18)

3 Beschreiben Sie, wie man anhand von Harn und Muttermilch erkennen kann, ob ein Patient stirbt oder nicht.

Pfaffe Wernher ‚driu liet von der maget'

Pfaffe (auch: Priester) Wernhers ‚driu liet von der maget' (1172) gehört als erste größere Marien-dichtung zum mittelalterlichen Komplex der religiösen Dichtung. Als Quelle diente eines der jünge-ren Pseudoevangelien. Das Lied berichtet in drei großen Kapiteln über das Leben der Jungfrau Ma-ria: 1. Geschichte der Eltern und Geburt Marias, 2. Marias Jugend, Vermählung und unbefleckte Empfängnis, 3. Geburt Jesu, seine Kindheit und die Zeit bis zu seiner Rückkehr aus Ägypten.

1 Herodes begunde ſiechen. daz uf den betteziehen. ſwebet
blůt vnd warch. div ſuht dĭ wart alſo ſtarch. daz er gar fu-
len began. nie menniſk mêre note gewan. vnd unſælde alſo
uil. deheine wnne noh dehein ſpil maht er geſchŏen uf
5 der erde.vnd ſmachte vil unwerde. an allen ſinen liden. ſin
gewalt enmohte daz niht gefriden. er muſe leitlichen ligen
uor armen vnd richen. Mit den nageln zart er die hut. er
waſ uil armeklichen lůt. die wiſen arzate. chunden im niht
geraten. mit wrzen noh mit ſalben. er brah ſih allenthalben
10 uzzen unt innen. do entwichen im die ſinne. michel wart
ſin unzuht. do dewanch in ŏh div tobeſuht. daz er armer
vnd unrêine. ab einem hohen ſteine. ſih ſelben erualte. da
nam in der tieuel ze gwalte.

Priester Wernher ‚driu liet von der maget', Bibliotheca Jagiellońska Krakau, Berol. Ms. germ. oct. 109, fol. 88ᵛ (um 1220)

Pfaffe Wernher ‚driu liet von der maget', Berol. Ms. germ. oct. 109, fol. 88ᵛ,10- 89ᵛ,5

Z. 1: *betteziehen* ‚Bettdecke'
Z. 2: *warch* ‚Eiter'
Z. 4: *wnne* = wunne

Z. 4: *geſchŏen* = geschouwen
Z. 9: *wrzen* = wurzen
Z. 11: *dewanch*, Inf. *twingen*

4 Der Text ist – wie viele frmhd. Texte – nicht versifiziert. Konstruieren Sie die Versform wie im Beispiel.

Herodes begunde ſiechen,	
daz uf den betteziechen	

5 Beschreiben Sie die Krankheitssymptome, unter denen König Herodes leidet.
6 Wozu zwingt Herodes die *tobesuht*?

7 Bestimmen Sie die Verbformen *begunde* (Z. 1), *macht(e)* (Z. 4), *zart(e)* (Z. 7), *erualte* (Z. 12).
8 Finden Sie eine angemessene Übersetzung für die hier verwendete feste Wendung *mit … noh mit …* (Z. 9).
9 Inwiefern ist *unzuht* (Z. 11) als ‚falscher Freund' zu verstehen?

2. Reim und Reimschemata

Die ästhetische Kategorie ‚Reim' bezeichnet die partielle (lautliche) Gleichförmigkeit von Wörtern. Als ideale Form gilt der sog. reine Reim, bei dem Gleichförmigkeit des (letzten) betonten Vokals und dem konsonantischen rechten Wortrand zweier (oder mehrerer) Wörter besteht:

> Ez machet trûric mir den **lîp**,
> daz alsô mangiu heizet **wîp**
>
> Wolfram von Eschenbach ‚Parzival', 116,5 f.

Von diesem Ideal gibt es zahlreiche (aber tolerierte) Abweichungen:

– hinsichtlich der Reinheit des Reims:

> die konsonantischen Bestandteile sind gleich, während die Vokale ungleich sind (vokalisch unrein) – sog. konsonantischer Halbreim:
> Wurze des wal**des**
> und erze des gol**des**
>
> Herger, Lied 6, str. 3,1 f.

> die vokalischen Bestandteile sind gleich, während die Konsonanten ungleich sind (konsonantisch unrein) – sog. vokalischer Halbreim:
> Leit machet sorge, vil liebe w**ünne**
> eines hübschen ritters gewan ich k**ünde**
>
> Der von Kürenberg, Lied 2

– hinsichtlich des Umfangs des Reims:

> beide Wörter lauten exakt gleich, sog. identischer Reim:
> was ist lieb lieber dann der mynne**dieb**
> lieb das wurt in lieb durch lieb zu **dieb**
>
> Neidhart, Lied 20, str. 2,11 f.

> der Reim wird auf weitere Wörter der reimenden Verszeilen ausgedehnt, sog. reicher Reim:
> wan ich sagt irz **vür** die **wârheit**:
> wan ez was ouch mir **vür wâr** geseit.
>
> Hartmann von Aue ‚Iwein', v. 2979 f.

> auch der Konsonant vor dem letzten betonten Vokal ist gleich, sog. rührender Reim:
> zer rehten zît er entran
> ûz der mordaere ge**walt**.
> er was komen in ir **walt**,
> dâ hâten si in nider geslagen
>
> Hartmann von Aue ‚Gregorius', vv. 98-101

Reimschemata unterscheidet man danach, wie die verschiedenen Reime aufeinander folgen; die wichtigsten sind:

Paarreim	aa, bb, cc ...
Kreuzreim	abab, cdcd ...
umschließender Reim	abba, cddc ...
Schweifreim	aab, ccb ...

Während der Paarreim Kennzeichen der mhd. Epik ist, kommen die anderen Reimformen überwiegend in der Lyrik vor.

10 Bestimmen und benennen Sie unter Zuhilfenahme des Beispiels jeweils das Reimschema.

diu süenærinne Minne	a
diu hete ir beider sinne	a
von hazze alsô gereinet	b
mit liebe alsô vereinet,	b
daz ietweder dem andern was	c
durchlûter alse ein spiegelglas.	c

Gottfried von Straßburg ‚Tristan und Isolde', vv. 11725-11730

Sach ieman die vrouwen,	☐
die man mac schouwen	☐
in dem venster stân?	☐
diu vil wolgetâne	☐
diu tuot mich âne	☐
sorgen, die ich hân.	☐

Heinrich von Morungen, VIII, str. 1,1-6

Daz mich, frowe, an fröiden irret,	☐
daz ist iuwer lîp.	☐
an iu iemer ez mir wirret,	☐
ungenædic wîp!	☐
Wâ nement ir den muot?	☐
ir sît doch genâden rîche:	☐
tuot ir mir ungenædeklîche,	☐
sô sint ir niht guot.	☐

Walther von der Vogelweide, 52,7

Wenn die syntaktisch verbundenen Zeilen kein Reimpaar bilden und die gereimten Verse syntaktisch nicht zusammen gehören, liegt sog. Reimbrechung vor:

fremde under in diu was dô hin:
er kuste sî und sî kust in
lieplîchen unde suoze.
daz was der minnen buoze
ein sæleclîcher anevanc.

Gottfried von Straßburg ‚Tristan und Isolde', vv. 12041-12045

Zu Metrik und Strophik siehe Kap. 8b.

3. Wortschatz

suht und *kranc*

suht (Pfaffe Wernher ‚driu liet von der maget', Z. 2) ist entstanden aus germ. *suhti-* (→ mhd. *siech*, *siechen*) und bezeichnet jede Art von Krankheit, insbesondere aber schwerwiegende oder unheilbare Krankheiten. Zur Verstärkung wird *suht* häufig mit Adjektiven wie *grôz*, *swær*, *manecvalt/manecvaltec*, *starc* oder *scharf* verbunden. *kranc* bedeutet mhd. ‚schwach, gering, hinfällig, ermattet, kraftlos' und ersetzt *siech* erst seit dem 14. Jh. Komposita mit *suht* sind:

> *miselsuht* – Lepra
> *tobesuht* – Tobsucht (Wahnsinn)
> *vallensuht* – Fallsucht (Epilepsie)
> *swintsuht* – Schwindsucht (Tuberkulose)
> *gihtige suht* – Gicht (Rheuma)
> *suhtluome* – Pest
> *wazzersuht* – Wassersucht (meist Bauchwassersucht, Aszites)

siech ist nhd. noch erhalten in *Siechtum*, *dahinsiechen* und als Ableitung in *Seuche*. Die ursprüngliche Bedeutung von *kranc* findet sich noch in *jmd. kränken* (‚herabsetzen, erniedrigen'). *Krankheit* (< *krank*) ersetzt in der frühen Neuzeit *suht*, das aber in veränderter Bedeutung als ‚krankhafte Abhängigkeit' erhalten bleibt.

Zu den häufigsten Krankheiten des Mittelalters zählt neben Pocken, Fieber und Dysenterien besonders die endemisch wirkende Lepra. Sie wird im Rahmen öffentlicher Schauuntersuchungen (*examen leprosum*) diagnostiziert und führt zum Aussatz der Kranken, d.h. zu ihrem Ausschluss aus dem öffentlichen Leben. Eine Zufluchtsmöglichkeit wurde den Betroffenen in den sog. Leprosorien gegeben. Mitte des 13. Jhs. gibt es rund 20 000 Leprosorien in Europa, allerdings waren die Aufnahmekapazitäten dieser Häuser eher gering und ihre Zahl in Deutschland ist verhältnismäßig klein. In der mhd. Literatur gibt es viele Darstellungen der Lepra, in denen sowohl gesundheitliche als auch soziale Folgen der Krankheit thematisiert werden.

11 Skizzieren Sie unter Bezugnahme auf den ersten Textauszug, unter welchen medizinischen Symptomen der an Lepra erkrankte Dietrich leidet.
12 Beschreiben Sie, welche Reaktionen die Erkrankung bei den Mitmenschen hervorruft.

❶ Der körperliche Verfall des an der Lepra erkrankten Dietrich wird ausführlich beschrieben:

> sîn lîp der wol gehandelte
> wart vil schiere dort geslagen
> mit dem vil armen siechtagen
> den man dâ heizet miselsuht.
> diu viel ûf in mit der genuht
> daz er mitalle ûzsetzic wart.
> im wurden hâr und bart
> dünn unde seltsæne.
> sîn ougen, als ich wæne,
> begunden sich dô gilwen.
> als ob si æzen milwen,
> sî vielen ûz die brâwen drobe.
> sîn varwe, die dâ vor ze lobe

> liutsæleclich was unde guot,
> diu wart noch rœter danne ein bluot
> und gap vil egebæren schîn.
> diu lûtersüeze stimme sîn
> wart ûnmâzen heiser.[…]
> an füezen und an henden
> wâren im die ballen
> sô genzlich în gevallen

> Konrad von Würzburg ‚Engelhard',
> vv. 5144-5166

❷ Heinrich erkrankt in der Blüte seines Lebens an Lepra:

> dô man die swæren gotes zuht
> ersach an sînem lîbe,
> manne unde wîbe
> wart er dô widerzæme.
> nû sehet, wie genæme
> er ê der werlt wære,
> und wart nû als unmære,
> daz in niemen gerne sach.

Hartmann von Aue ‚Der Arme Heinrich‘, vv. 4927-4934

❸ Der an der Lepra erkrankte römische Kaiser Domitian weigert sich – gegen den Willen des Senats – die Stadt zu verlassen. Daraufhin verschwören sich die Senatoren gegen den Kaiser:

> ſi ſwǒren alle gemainlichen.
> daz ſi in ze tode ſlůgen.
> oder alſo lebendic in di erde begruben.
> Alſo der kunic Domicianuſ uernam.
> daz in Romære wolten reſlahen.
> do mǔſ er entrinnen.
> er hiez im ain roſ gewinnen.
> er kerte engegen der burc.
> alſo er kom in almitten.
> daz liet ſaget unſ ane zwiuel.
> daz ros ſlůg in in di Tiuer.
> in geſah nie niemen mere.
> di tieuel wizent ſin ſele.

‚Kaiserchronik‘, Cod. 276, fol. 24rb,36-24va,01; vv. 5662-5674

4. Grammatik

Ekthlipsis

Besondere Probleme bei der Übersetzung bilden Formen im Präteritum, bei denen ein -e ausfällt und zwei Dentale verschmolzen werden (sog. Ekthlipsis), wie z.B. *tihte* statt *tihtete*. In diesen Fällen kann nur mithilfe des weiteren Kontextes das richtige Tempus ermittelt werden.

> als ez dâ tihte Heinrîch,
> derz ûzer welschen bûchen las
> da ez von latîne getihtet was
> al nâch der wârheide.
>
> Heinrich von Veldeke ‚Eneasroman‘, vv. 17-20

So wie Heinrich es dichtete,
der es in französischen Bücher gelesen hatte,
in denen es Latein gedichtet war,
genau nach der Wahrheit.

🖲 Vertiefung: Modul 5 ‚Wörter und ihre Formen‘ Menüpunkt 5.6, 5.7 (Konsonantismus schwacher Verben).

Adverbien

Adverbien können aus Adjektiven gebildet werden. Adjektivadverbien unterscheiden sich von Adjektiven zumeist durch -e: Adj. *lanc* und Adv. *lange* (< ahd. *lango*); doch kann dieses -e besonders im Spätmittelhochdeutschen auch schwinden. Bei den adjektivischen ehemaligen *ja*-Stämmen, die im Ahd. auf -*i* ausgehen, fallen Adjektiv und Adverb formal zusammen: Adj. *kleine* (< ahd. *kleini*) und Adv. *kleine* (< ahd. *kleino*).

Adjektive mit umlautfähigem Vokal haben dagegen zumeist Umlaut, Adverbien nicht:

Adjektive	**Adverbien**
schœne (ahd. *scœni*)	*schône* (ahd. *scōno*)
spæte	*spâte*
veste	*vaste*
enge	*ange*
herte	*harte*

Adjektivadverbien auf *-lîche* (*gewislîche*, ‚Bartholomäus', Z. 11) können als Muster für weitere Adverbbildungen dienen (Adv. *ganzlîche* zu Adj. *ganz*). Das Adverb zu *guot* ist *wol* (‚Bartholomäus', Z. 10). Adverbien können auch aus erstarrten Kasus von Adjektiven oder Substantiven entstehen (wie nhd. *bereits, stracks*):

aus Genitiv:	*nalles* ‚keinesfalls'
	gâhes ‚schnell'
	michels ‚um vieles'
	gelîches ‚ebenso'
	eines ‚einmal, einst'
	slёhtes ‚schlechthin'
	stætes ‚stets, bereit'
	dankes ‚freiwillig'
aus Dativ:	*mâzen* ‚mit Maß'
	triuwen ‚fürwahr'
	nehten ‚gestern Abend'
	wîlen ‚vormals'
aus Akkusativ:	*heim*
	anderhalp ‚anderwärts'
	enwёc ‚fort'
	zehant ‚sogleich'
	bezîte ‚beizeiten'

Bei *zwâre* (= *ze wâre*, ‚Bartholomäus', Z. 26) handelt es sich um eine ursprüngliche Verbindung von Präposition und Substantiv, die zum Adverb geworden ist. Weitere häufig belegte Verbindungen dieser Art sind:

> *belangen* (= *bî langen*) ‚endlich'
> *bî unlangen* ‚nicht lange'
> *enёben* ‚daneben'
> *entwёrch* ‚quer'
> *überal* ‚durchaus'
> *überlût* ‚laut vernehmlich, öffentlich'

Eine umfangreiche Liste von Adverbien findet sich im Grundwortschatz. Vgl. auch Paul, Mhd.Gr. §§M32-35.

Gradation der Adjektive und Adverbien

Die Gradation der Adjektive erfolgt in der Regel wie im Nhd. durch das Anfügen von *-er* (*hitzig-er*) im Komparativ und *-(e)st* (*am hitzig-(e)sten*) im Superlativ.
Einige Adjektive, insbesondere mit *a* im Positiv, haben im Komparativ und Superlativ zusätzlich einen Umlaut (*stark, sterker, am sterk(e)sten*).

Vier Adjektive benutzen im Mhd. unterschiedliche Formen zur Gradation (Suppletion):

Positiv	Komparativ	Superlativ	Komparativ zu den Adverbien:
guot	*bezzer*	*best(e)*	*baz*
übel	*wirser*	*wirs(es)t(e)*	*wirs*
lützel	*minner/minre*	*min(ne)st(e)*	*min*
michel	*mêr(e)*	*meist(e)*	*mê(r)*

Vgl. Paul, Mhd.Gr. §§M30-31.

Wortbildung: präfigierte Verben

Verben werden im Deutschen – so auch im Mhd. – überwiegend durch Präfixe abgeleitet, d. h. durch das Anfügen einer Vorsilbe wird die Bedeutung des Basisverbs modifiziert. Die untrennbaren Präfixe *be-*, *er-* und *ver-* werden dabei am häufigsten zur Bildung neuer Verben benutzt. Präpositionen, die auch als trennbare Präfixe genutzt werden können (z. B. *nider-*), werden im Mhd. häufig noch getrennt vom Verb geschrieben und können nicht immer eindeutig als Präfixe gewertet werden. In einigen Fällen kann ein Präfix verschiedene Bedeutungen tragen, insbesondere durch metaphorisierte Formen. So kann z. B. *underligen* sowohl ,sich unter etwas befinden' als auch ,unterliegen' bedeuten. Das Verb *ligen* (Pfaffe Wernher ,driu liet von der maget', Z. 6) dient als Basis für sehr viele Präfigierungen:

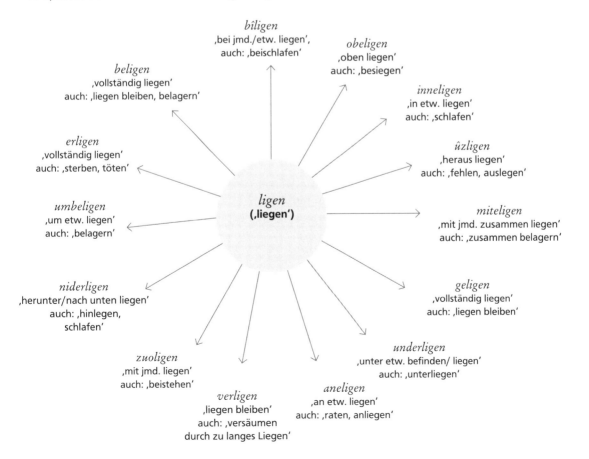

13 Überlegen Sie, inwiefern in den folgenden Textstellen bereits eine übertragene (metaphorische) Bedeutung der präfigierten Formen von *ligen* vorliegt.

❶ Alſo tet der biſhof Cvnrat
Von Regenſburc ein heilic man
er was. vnd **lac** den werden **an**
Daz ſie wolden weſen fro
vnd erlizen ſich nicht verdrizen do.

,Die Kreuzfahrt Landgraf Ludwigs des Frommen',
Cod. 2737, fol. 42ʳ,22-26; vv. 2478-2482

❷ Er ſprach vil lieber herre
Die heiden ſint her v̂ber mer
Komen. mit einem grozen her
Vnd hant **belegen** Paris

Ulrich von Türheim ,Rennewart', Ms. germ.
fol. 1063, fol. 149ᵛᶜ,15-18; vv. 34438-34441

❸ Ich laze ir nicht vf minen eit
dv enſageſt mir die warheit
von welhen ſachen ez ſie
daz dv miner ſweſter **bie**
ligeſt vnd ſie lazſest maget
ſie iſt der iare wol betaget
vol waſchen vnd ſchone gnvc

Heinrich von Freiberg ,Tristan und Isolde' (Fortsetzung), Ms. B. R. 226, fol. 123ᵛᵃ, 7-13; vv. 3865-3871

❹ Wie lange ſvln wir vlegen.   ſprach Wolfhart der degen.
ſit vnſer troſt der beſte.   iſt von iv tot **belegen**.
vnd wir ſin leider mere.   mvgen niht gehaben.
lat in vnſ tragen hinnen.   da wir den rechen begraben.

,Nibelungenlied', Cod. Donaueschingen 63, fol. 84ʳ,25-28; str. 2265,1-4

❻ Mit den die im **lagen tzu**
in vollem hvrte dructe er nv
Vf der heiden ritterſhaft
die er ſtarc mit voller craft
Biz an ir banre durchreit
dar gegen ouch der bruder ſtreit

,Die Kreuzfahrt Landgraf Ludwigs des Frommen',
Cod. 2737, fol. 35ʳ,21-26; vv. 2057-2062

❺ Von Wirzeburc der herre Gotfrit
im **lagen** die Oſterfranken **mit**.

,Die Kreuzfahrt Landgraf Ludwigs des Frommen',
Cod. 2737, fol. 20ᵛ,3 f.; v. 1169 f.

❼ mit vrlŏbe ſie dan ſchieden. vnd chuſten an di
wiêgen. da ir herre **inne lach**. daz was in
der liebeſte tach. den ſie gelebet haten.

Pfaffe Wernher ,Driu liet von der maget', Berol.
Ms. germ. oct. 109, fol. 83ʳ,6-8; vv. 4677-4681

❾ Alhie den reinen godes man.
Vil aber grozer ſvchede an.
Des er ginc zu ſchiffe wider.
Ligen an ſin bette **nider**.

,Leben der hl. Elisabeth', Hs. 2269,
fol. 97ᵛ,1-4; vv. 4623-4626

❽ Rehte fliegende ſtach er in.
enbor vz dem ſatel hin.
daz er vf dem ſande **gelac**.

Hartmann von Aue ,Iwein', Hs. 97,
fol. 103ʳ,25-103ᵛ,1; vv. 5335-5337

❿ Ih iago mine fiande
unde gefaho fie. unde ne
iruuindo ê fie **irlegen** fint.
ih zebricho fie. noh geften
ne magen fi. fi uallent under mine fuoze.

Notker Labeo, Psalmenauslegung ‚Wiener
Notker', Cod. 2681, fol. 28ᵛᵃ,1-6; vv. 6063-6066

⓫ di burch fi **umbe lagen**.
di criften in grozen noten waren.

‚Kaiserchronik', Cod. 276, fol. 71ʳᵃ,32-34;
v. 16650 f.

⓬ Dem riet er alfus vnd fprach
wilt dv den iuden angefigen
vnd niht mit lafter **vnderligen**
So tv als ich dich nv befcheide

Hugo von Trimberg ‚Der Renner', Ms. B 4,
fol. 77ᵛᵃ,31-34; vv. 11870-11873

⓭ die minnete er sô sêre
daz er aller êre
durch si einen verphlac,
unz daz er sich sô gar **verlac**
daz niemen dehein ahte
ûf in gehaben mahte.

Hartmann von Aue ‚Erec', vv. 2968-2973

⓮ Svn du folt haben
vnd minnen gv̊t. alfo daz ez dir niht
lig ob. Benimt ez dir tvgend vnd frien
mv̊t. fo ftet din hertz in cranken lob.

‚Winsbecke und Winsbeckin', Ms. germ.
fol. 474, fol. 63ʳᵃ,27-30

⓯ Swaz ir dann an den felben guten
dannoch **vz lit** daz fůlen ir min erben
vnd min vor genanten bůrgen vz rihten.

Urkunde der Stadt Augsburg vom 25.05.1339

5. Eukrasie – vom Gleichmaß der Säfte

Für die mittelalterliche Medizin mit ihren drei praktischen Verzweigungen Diätetik, Pharmazeutik und Chirurgie, aber auch im Weiteren für die Esskultur spielt die Säftelehre (Humoralpathologie) eine zentrale Rolle. Der Säftelehre liegt die Idee zugrunde, dass der Mensch gesund ist, solange sich seine Körpersäfte im Gleichgewicht befinden. Diese Vorstellung geht auf Hippokrates von Kos (*460/459, † ca. 360 v. Chr.) zurück, der ausgehend von den vier Elementen (Erde, Luft, Wasser, Feuer) eine – im zeitgenössischen Verständnis – rationale Theorie der Medizin entwickelte. Die medizinischen Schriften des Hippokrates sind im sog. ‚hippokratischen Corpus‘ versammelt, allerdings ist unklar, wie viele der über 60 Schriften tatsächlich von Hippokrates selbst stammen. Nach Galenus (Claudius Galenus aus Pergamon, ca. *129, † 201/216 n. Chr.), der die Arbeiten von Hippokrates weiterentwickelte, stellt das Gleichgewicht der vier Säfte (die Eukrasie bzw. *daz rehte temperamentum*) das Maß für eine gesunde Ernährung und das Ziel eines Heilungsprozesses dar. Das Gleichgewicht kann neben verschiedenen anderen Therapien auch durch Fasten erreicht werden, das zugleich die Verfassung von Körper, Geist und Seele beeinflusst.

Der Humorallehre liegt die Vorstellung zugrunde, dass alle Dinge aus den vier Elementen zusammengesetzt sind. Diesen werden die vier Qualitäten kalt, trocken, warm/heiß und feucht zugeordnet sowie die im Körper vertretenen Kardinalflüssigkeiten schwarze Galle (*melancholia*), Schleim (*phlegma*), gelbe Galle (*cholera*) und Blut (*sanguis*). Krankheit wird verstanden als falsches Säfteverhältnis bzw. Störung des Gleichgewichts des Säfteverhältnisses (Dyskrasie), das der Arzt wieder in ein Gleichmaß zu bringen versucht. Nahrungsmittel und Heilmittel (so auch die Pflanzen) werden nach den vier Qualitäten charakterisiert: Sie sind entweder warm/heiß, kalt, trocken oder feucht. Jede dieser vier Qualitäten erscheint in vier Graden: ‚merklich‘, ‚unmerklich‘, ‚heftig‘, ‚sehr heftig‘. Diese Grade werden in unterschiedlichen Verhältnissen zueinander berechnet, wobei auch das Mengenverhältnis der einzelnen Bestandteile berücksichtigt werden muss sowie der Zeitpunkt des Ausbruchs einer Krankheit.

Isidorus ‚Prooemia in V. et N. T., de vita et obitu sanctorum‘, Stiftsbibliothek St. Gallen, Cod. Sang. 240, fol. 137 (ca. 840)

Pfeffer ist warm jm vierden grad,
trucken jm dritten, fůcht im anderen
vnd kalt im ersten.

Albert Birchtel ‚Traktat von den sechzehn Latwergen‘, fol. 105ᵛ

Item wenn man om lest so sal
man sehen noch dem blute ob is swarcz
ader dicke sey weszerig ader gehel
sey. Ist is swarcz so sal er loszen
alsz lange bisz ys roth wert. Ist ist aber
weszerig so losze er alsz lange bisz
ys schone blutfarb wert.

Johannes Rudolphi ‚Pesttraktat‘, Z. 52-58

Die Ausweitung der Vierer-Aufteilung im Mittelalter bringt die vier Elemente in ein umfangreiches Beziehungsgeflecht:

Element	Luft	Feuer	Wasser	Erde
Qualität	warm/feucht	warm/trocken	kalt/feucht	kalt/trocken
Körperflüssigkeit	Blut	gelbe Galle	Schleim	schwarze Galle
Konsistenz	flüssig	gasförmig	zäh	dicht
Tageszeit/ Stunden	Morgen	Mittag	Abend	Nachmittag
Temperament	Sanguiniker	Choleriker	Phlegmatiker	Melancholiker
Jahreszeit	Frühling	Sommer	Winter	Herbst
Farbe	rot	gelb	weiß	schwarz
Organ	Herz	Leber	Gehirn	Milz
Himmelsrichtung	Süden	Osten	Westen	Norden
Lebensalter	Kindheit	Jugend	Greisenalter	Mannesalter
Geschmack	süß	bitter	salzig	scharf/sauer
Fieberart	kontinuierliches Fieber	Tertiana-Fieber	Quotidiana-Fieber	Quartana-Fieber
Gestirn	Jupiter	Mars	Mond	Saturn
Sternzeichen	Widder, Stier, Zwillinge	Krebs, Löwe, Jungfrau	Steinbock, Wassermann, Fische	Waage, Skorpion, Schütze
Apostel	Markus	Paulus	Petrus	Johannes

Heidelberger Schicksalsbuch, Universitätsbibliothek Heidelberg, Cod. Pal. germ. 832, fol. 104^r (Sanguiniker), fol. 104^v (Choleriker), fol. 105^r (Phlegmatiker), 105^v (Melancholiker) (nach 1491)

Die Benediktinerin und spätere Äbtissin Hildegard von Bingen setzte sich in ihren ausschließlich lat. verfassten Werken u. a. mit Medizin, Heilkunde und Kräuterkunde auseinander und zeigt dabei einen Ansatz, den man als ganzheitlich bezeichnen kann. Hildegards Werke sind deutlich an die antike Tradition angelehnt, sie deutet Krankheit aber als Folge des Sündenfalls. In ihrer medizinisch-heilkundlichen Schrift ‚Causae et Curae' subsumiert Hildegard die vier Körperflüssigkeiten als ‚Schleim' und äußert sich über den Zusammenhang von Schleim und Krankheit.

Der Grund dafür, daß manche Menschen an allerlei Krankheiten leiden, liegt am Phlegma, das sie im Übermaß in sich haben. Wäre nämlich der Mensch im Paradiese geblieben, so würde er die Phlegmen, von denen viele Übel herkommen, nicht in seinem Körper haben, sondern sein Fleisch würde ganz gesund sein und frei von Schleim. Weil er aber dem Schlechten sich zugewandt und das Gute im Stich gelassen hat, wurde er der Erde ähnlich, die gute und nützliche Kräuter neben schlechten und unnützen hervorbringt und gute und schlechte Feuchtigkeit und Saft in sich trägt. Denn nach dem Genusse des Apfels wurde das Blut der Söhne Adams in das Gift des Samens verwandelt, aus dem die Nachkommen der Menschen entstehen. Daher ist auch ihr Fleisch geschwürig und durchlöchert. Diese Geschwüre und Löcher erzeugen in den Menschen sozusagen Sturm und einen feuchten Rauch, woraus dann die Phlegmen entstehen und zusammengerinnen, die den menschlichen Körpern mancherlei Krankheiten bringen.

Der Äbtissin Hildegard von Bingen Ursachen und Behandlung der Krankheiten (causae et curae), S. 62 f.

Die medizinische und pharmazeutische Literatur ist bis ins 14. Jh. hinein weitestgehend lateinisch. Über das arabische Toledo in Spanien gelangt das Wissen arabischer und antiker medizinischer Schriften nach Europa. Besonders in Italien (Salerno) und Frankreich (Montpellier und Paris) bildet sich eine neue ‚Schul'medizin heraus.

Literatur: Jankrift, Kay Peter: Krankheit und Heilkunde im Mittelalter. Darmstadt 2003. (Geschichte kompakt); Nutton, Vivian: Humoralism. In: Bynum, William F./Porter, Roy (Hgg.): Companion Encyclopedia of the History of Medicine. London 1993, S. 281–291; Schöner, Erich: Das Viererschema in der antiken Humoralpathologie. Mit einem Vorwort u. einer Tafel v. Robert Herrlinger. Wiesbaden 1964. (Sudhoffs Archiv für Geschichte der Medizin und der Naturwissenschaften 4).

Kapitel 7 Eukrasie
b Gesundheit und Ernährung

Konrad von Megenberg ‚Das Buch der Natur', Universitätsbibliothek Heidelberg, Cod. Pal. germ. 300, fol. 309ʳ (um 1442-48?)

Und die des nachts by dem waltbruder blieben stalten ir roß so allerbaldest sie mochten und gaben yn mit großem vollen graß zu eßen. Der bruder gab yne brot und win, wann er anders nit me hatt, das sie wol zu gutem danck namen, dann sie hatten den tag allen gefast und waren mud von ryten und arbeiten.

Prosa-Lancelot (Teil 2), S. 590, Z. 10–15

Item wiß auch, das zarte warme speyß den menschenn lenger in gesuntheyt behelt dann grob kalt speyß. als rintfleisch, sweynenn fleisch vnd hirß die sein den schad, wann man mag sie nit liederlich verdewenn. also ist einem starckenn menschenn, der einen gutten magenn hatt vnd ser arbeit vnd zart speyß ist, junge huner, zigenn vnd kalpfleysch dick geessenn ist in vngesund, wann es verdirbt vnd fault in dem magenn.

‚Kochbuch Meister Eberhards', Absatz 99, Z. 1-10

Liquiricia iſt gŏt uur die hůſten. unte wr den bruſt ſweren.

Kräuterbuch (Prüller Fassung), Clm 536, fol. 87ʳ,3 f.

Daz galagan. iſt warmer nature. iz doivvet unte loſit machet den munt uil ſuize ſtinkent unte bringet den mân. unte daz uuib ze mihchelen minnen.

Kräuterbuch (Prüller Fassung), Clm 536, fol. 86ᵛ,12-14

Konrad von Megenberg ‚Das Buch der Natur', Universitätsbibliothek Heidelberg, Cod. Pal. germ. 300, fol. 243ᵛ (um 1442-48?)

Hortus Sanitatis Deutsch des Johann Wonnecke von Cube. Erschienen bei Peter Schöffer am 28. März 1485 in Mainz, Kap. 113, 434, 304, 103 und 347

1. ‚Millstätter Predigtsammlung'

Die ‚Millstätter Predigtsammlung' (Mitte 13. Jh.) ist ein Predigtzyklus, der Predigten für ein Kirchenjahr enthält (beginnend mit dem Fest des Johannes Evangelista). Die wohl im Kloster entstandenen Predigten enthalten lat. Begriffe und Zitate, was auf eine Rezeption vornehmlich in klerikalen Kreisen hinweist. Die enthaltenen ethisch-moralischen Appelle betreffen Buße, Wachen, Beten und Fasten.

Der hier abgedruckte Ausschnitt entstammt der Predigt für den ersten Sonntag (*dominica prima in quadragesima*) der 40-tägigen Fastenzeit bis Ostern und befasst sich mit der Tradition des Fastens in der Heilsgeschichte.

1	Dominica in quadragesima Hortamur vos ne in vacuum gratiam dei recipiatis. etc.
	Mine kint. wir ſin alzan getreten in ein heiligez zit. daz vnſer herre got
	ſelbe gewihet. vnd geſegenet hat mit ſinem heiligen bilde. vnd ſvln vil
5	wol wizzen. daz er vns nihteſ hat geboten ze tvne. erne habe iz allez
	ſelbe erfvllet mit ſinem heiligen bilde. alſ er ſelbe ſprach. Exemplum
	dedi vobis etc. Ich han iv daz bilde gegeben. daz ir alſam tvt. Div
	heiligev vaſte dirre vierzek tage iſt vnſ vor gepildet langeſ e.
	an den heiligen livten. die gotis hvlde dir mite garnoten. Moýſes der
10	heilige wiſſage der ein heimlich vrivnt was vnſers trehtines. do er die
	tavlen zebrach der e. die im got hete gegeben do mvſe er vf einen
	berk ſtigen. vnd mvſe vaſten XL. tage. vz vn vz. Vn garnet da mite daz
	er die taveln wider gewan. Vnd deme livte daz er leite die gotis hulde
	erwarf. Wir leſen ovch von einem wiſſagen der hiez helýas. Der
15	vaſtet ovch die XL tage. vnd verdiente da mite vmbe got. daz er von
	livten genomen wart. vnd ze himel gevvret wart. vnd hat in noch
	behalten libliche in ſiner getovgene. Daniel ovch ein heiliger wiſſage
	verdiente mit der ſelben vaſten. daz er deme kvnige ſine tiefe trovme
	erſcheinte. vnd wart ſicher von den lewen do er wart geworfen in die
20	lewen grvben. Mit der heiligen vaſten hat manik heiliger man. Vnd
	manik ſvntare daz himelriche beſetzen […]
	Swer rehte vaſten wil. der tv elliv vnrehtiv dink von ime. Ein iegelich
	Christen menniſchen der rehte vaſten wil. der ſol ſich aller dinge mazen
	an ezzen. an trinken. an ſlafe. an der rede. an deme lahter. an den
25	lvgenen. an vnkvſlichen dingen. vnd an allem daz ze ſvnten gezvhet.

Z. 1: Dominica in quadragesima – Predigt am 1. Sonntag der Fastenzeit, eigentlich *dominica prima in quadragesima*

Z. 3: alzan = alsam

Z. 4: bilde, Übersetzung zu lat. *exemplum*

Z. 9: dir mite = da mite

Z. 9: garnoten = gearneten, Inf. *arnen*

Z. 12: garnet, s.o.

Z. 14: erwarf = erwarb

Z. 21: beſetzen (Part.Prät.), Inf. *beſëzzen*

Z. 25: gezvhet = geziuhet

,Millstätter Predigtsammlung', Biblioteka Jagiellońska Krakau, Berol. Ms. germ. qu. 484
(und Badische Landesbibliothek Karlsruhe (BLB), Cod. Donaueschingen 290), fol. 16ᵛ,10-18ʳ,15

1 Fügen Sie zum besseren Textverstehen eine am Nhd. orientierte Interpunktion ein.
2 Unterstreichen Sie die drei Personennamen im Text – was erfahren Sie über diese Personen?
3 Geben Sie die Definition von ,Fasten' (Z. 22–25) mit eigenen Worten wieder.

Modul 4 ‚Sätze und ihre Strukturen' Menüpunkt 3.1.

2. Wortschatz

vasten

Störungen des harmonischen Verhältnisses der vier Säfte im Körper (vgl. Kap. 7a) können durch ausleitende Verfahren, d. h. das Ableiten der überschüssigen Säfte erreicht werden; zu diesen ausleitenden Therapien zählt auch das Fasten. Das Fasten dient damit auch medizinischen Zwecken, die sich nach antiker und auch mittelalterlicher Vorstellung nicht nur auf die Gesundheit des Körpers, sondern auf die Verfassung der gesamten Einheit aus Körper, Geist und Seele beziehen. Die Übernahme dieses Grundgedankens in ein Regelwerk für das klösterliche Leben erfolgte durch Benedikt von Nursia (*Regula Benedicti*, wohl Anf. 6. Jh.), dessen Klosterregel von Papst Gregor dem Großen (540–604) für die gesamte römische Kirche verbindlich gemacht wurde. Das Fasten bzw. die Fastenzeit ist fester Bestandteil des Kirchenjahres (*Quadragesima*) und ebenso, wie eine Orientierung über Heiligentage erfolgt, ist die Fastenzeit eine feste Zeiteinheit, nach der u. a. die Datierung in Urkunden und auch die Definition rechtsverbindlicher Zeitumfänge erfolgt. Daneben besteht und profiliert sich das Fasten als medizinisch-diätätischer Terminus vor allem in Arzneibüchern. Entsprechend findet sich eine Verwendung des Begriffs in unterschiedlichen Textsorten, die man zum Teil an ihrer spezifischen Lexik und Syntax erkennen kann.

4   Die folgenden Textausschnitte stammen aus unterschiedlichen Textsorten. Ordnen Sie die Ausschnitte diesen Textsorten zu:

Rechtstext (Urkunde der Stadt Landshut, Würzburger Polizeisätze)
medizinischer Fachtext (Bartholomäus)
religiöser Text (Millstätter Predigt)

❶ Nv ſuln wir arme livte v̊f ſten. vnd ſuln vnſerſ gebeteſ flizich ſin. daz in dirre heiligen vaſten vnſer tugende gemert werden. vnd unſer ſvnde geminnert.

❷ Daz iſt geſchehen da von Chriſtez gepv̊rtt ergangen waren Drevtzehen. hvndert iar dar nach in dem vier vnd Dreizzichiſten Iar dez freitagez in der Erſten **vaſtwochen**.

❸ Ez ſol auch kein jude noch nieman von ſinen wegen. an dem vritage noch an andern gebannen **vâſtagen** viſche kauffen.

❹ Vwil dv g̊te ſtimme gewinnen. ſo nim ſenef. vnde mvle den in einem morſere. vnd fowe in vil chleine. vnd temper in mit honechſeime. vnd mach drvz vil chleiniv zeltel. vnd iz div **vaſtvnde**. vnd wil dv. ſo tv̊ da zv̊ cymei. vnd kannelin. vnd piretrvm. div̊ vindeſtv veile in den chram.

5 Geben Sie eine angemessene Übersetzung für den Begriff *vasten* in den folgenden Beispielen. Welches Spektrum an Bedeutungen wird erkennbar?

❶ Lînier begienc ein karkheit:
daz enwolt er niht lengen,
die lewen hiez er twengen,
er lie si **vasten** drî tage.
nâch der âventiure sage
sô ist ez komen an die naht,
daz der junge ritter morgen vaht.

Ulrich von Zatzikhofen ,Lanzelet', vv. 1890-1896

❷ [...] ain gedärm ân ander grôz gedärm
gêt von dem magen ze tal, daz haizt daz
vastend gedirm, dar umb, daz ez alle
zeit wan ist von den gerben des ezzens,
wan ez nimpt allein die klâren fäuhten
von dem magen, aber die gerben gênt
irn weg zuo der mistporten.

Konrad von Megenberg ,Das Buch der Natur',
Kap. 39, Z. 12–17

❸ Den fashannen refft er mit fleys,
Sy beraitt jnn mit jrer hend weyß.
Der hunger was jr bayder koch,
Wan sy **vastetten** baide noch.
Sy hetten dannocht ain gancz prott,
Sy vergassen aller jrer nott,
Sy truncken wasser für wein

Wigamur, vv. 1068-1074

❹ Do waſ ŏch vf geleit daz prot.
deſ waſ dem ivngen gaſte not.
wand in groz hvnger niht vermeît.
al **vaſtende** er deſ morgenſ reît.
von dem viſchære.

Wolfram von Eschenbach ,Parzival', Cod. 857,
Bl. 50b,4-8; 165,15-19

(Heil-)Kräuter

Neben der Verwendung im Bereich der Heilkunde werden Bestandteile von Bäumen und Sträuchern und vor allem Kräuter zur Herstellung von Aufgüssen und Auszügen und zum Würzen von Speisen verwendet. Neben der Wildsammlung wurden schon früh bestimmte Pflanzen in klösterlichen Gärten kultiviert. Eine sehr konkrete Darstellung von der Anlage eines Klostergartens (*herbularius*) findet sich auf dem St. Galler Klosterplan (entstanden zwischen 819 und 826 im Kloster Reichenau), wo Beete für 16 Heilpflanzen angelegt sind. Der spätere Abt des Klosters Reichenau, Walahfried Strabo (808/809–849), verfasste ein medizinisches Lehrgedicht in lat. Sprache und legte einen Klostergarten (*hortulus*) mit 24 Beeten an, der auch Pflanzen aus dem Gemüsegarten des Klosters enthielt (z. B. Flaschenkürbis und Honigmelone). Von der Grundanlage her war der *hortulus* jedoch immer für medizinische Zwecke ausgerichtet, wenn auch viele der Pflanzen zum Würzen von Speisen eingesetzt wurden.

6 Welche Anwendungsgebiete der Pflanzen werden in den folgenden Textstellen beschrieben?
7 Geben Sie für die fettgedruckten Wörter die hier passende Bedeutung an.
8 An welchen Stellen lassen sich Verweise auf die Säftelehre finden? (vgl. Kap. 7a)

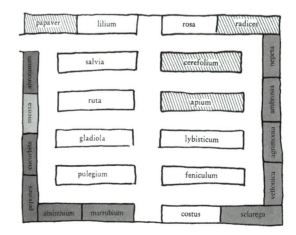

Abbildung nach dem St. Galler Klosterplan und dem Herbularius Walahfried Strabos (in: Stoffler, Hans-Dieter: Der Hortulus des Walahfried Strabo. Sigmaringen 1978, S. 15.)

❶ Von dem cynamom.
Cinamomum iſt ain paum in der moren land. […] Platearius ſpricht, daz cinamomum von ſeinem edeln ſmack daz hirn ſterchet vnd von ſeiner hitzz den magen chreftiget, der chranch iſt von chelten. […] Wenn man cynamomum puluert vnd ez an ſalſen ſtat gibt mit ezzen, ſo macht ez luſtig. […] Ez hat die macht, daz ez **anderr** wolſmechender ding gewalt wider drucht. […]

Konrad von Megenberg ‚Das Buch der Natur',
IV.B.7

❸ Von dem yngwer.
Zinciber haizzet yngwer. Daz chraut wechſt in dem land Indya. […] Es iſt zwaierlay ingwer. Ainer iſt wild vnd iſt der er vnder den wurtzen, vnd der iſt ſcherpher auf der zungen **wan** der haimiſch. Der **ander** iſt haimiſch vnd der iſt di ſy in der art, vnd der iſt waicher vnd weizzer **wan** der wilt vnd iſt auch pezzer. Er iſt gůt für div chelten der průſt, wann dev chůmpt, vnd iſt dem chalten magen gar gut vnd entſliuzt den můſſack und verzert die ůbrigen fåuchten in dem leib. […]

Konrad von Megenberg ‚Das Buch der Natur',
V.86

❺ Von dem pfefferkravt.
Diptannus haizzet pfeffer chraut, **ſam** ain vil zunglår ſpriht, vnd iſt gar gemain. Daz chraut iſt gůt fur der ſlangen pizz vnd fur aller vergiftigen tyer pizz vnd fur die vergift, die ain menſch getrunchen hat […].

Konrad von Megenberg ‚Das Buch der Natur',
V.34

❷ Von dem ſaluay.
Saluia haizzet ſaluay. Daz chraut iſt hais vnd truchen, ſam Platearius ſpricht. Des chrautz pleter ſint gůt zů ertzney. Der ſaluay iſt zwaierlay: wilt vnd haimiſch. Des wilden wurztl legt man in ertzney vnd des haimiſchen pleter. Der haimiſch ſaluay verzert vnd chreftigt, vnd **ſô** man wein da mit ſeudet, **der** iſt gůt wider daz paralis vnd wider daz vallent layd, daz epilencia haizzt. […]

Konrad von Megenberg ‚Das Buch der Natur',
V.76

❹ Von dem peterſil.
Petroſilinum haizt peterſil. Daz chraut iſt an chraft haiz vnd truchen, ſam Platearius ſpricht, vnd iſt zwayerlay: wild vnd haimiſch. Daz haimiſch **zimt** mer zu ertznei vnd hat die chraft, daz es daz harmwazzer dåwt vnd iſt gůt für den harm ſtein, paidew chravt vnd wurtzel. Vnd wer daz chraut in anderem ezzen izzet, dem ſtercht es das ezzen chochen in dem magen vnd benimpt die wint in dem leib. […]

Konrad von Megenberg ‚Das Buch der Natur',
V.60

❻ Von dem ſaffran.
Crocus haizt ſaffran. […] der ſaffran hat ein chraft ze chreftigen vnd ze ſterken, vnd darvmb iſt er gůt **wider** des magen chranchait […] vnd **wider** die augen rôte, die von plůt chômt oder von colera. […] Aber man ſchol in den låwten niht geben, die hais und truchen ſint […], **wan** die macht er vnluſtig vnd pringt in wůllen […]. Wenn man ſaffrân in wein trinch, **ſô** macht er trunchen, vnd macht die låwt vil lachent, **alſô daz** ſi nicht wizzen, dar vmb, daz er daz hercz ſtercht vnd frôleich macht. […]

Konrad von Megenberg ‚Das Buch der Natur',
V.25

pleter s. *blat*	*wůllen* s. *willen*
ertzney s. *arzenîe*	*zimt*, Inf. *zëmen*
ſeuden, Inf. *sieden*	*dåwt*, Inf. *döuwen*
chômt/chůmpt, Inf. *komen*	*harmwazzer* ‚Urin'
entſliuzt, Inf. *entsliezen*	*paidew*, s. *beide*
můſſack, s. *muossac*	
fåuchten s. *viuhte*	Platearius (1161): Arzt in der Schule
låwtwn s. *liute*	von Salerno, Verfasser eines bekannten
	Handbuchs über Krankheiten

3. Grammatik

Exzipierende Nebensätze

Nebensätze mit Konjunktiv und Negation (*ne-* bzw. *en-*) geben eine Bedingung an, unter der eine im Hauptsatz getroffene Aussage eingeschränkt wird bzw. eingeschränkt werden kann (sog. exzipierende Bedeutung). Im Nhd. entspricht dies einem Anschluss mit ‚es sein denn, dass' oder ‚wenn nicht':

> [...] vnd ſvln vil wol
> wizzen. daz er vns
> nihteſ hat geboten ze
> tvne. **erne habe iz** allez
> ſelbe erfvllet mit ſinem
> heiligen bilde.
>
> ‚Millstätter Predigt', Z. 4-6

[...] und müssen genau erkennen, dass er uns nichts weiter zu tun befohlen hat, **wenn** er es **nicht** selbst vollbracht hat durch sein heiliges Vorbild.

[...] und müssen genau erkennen, dass er uns nichts weiter zu tun befohlen hat, **es sei denn, dass** er es selbst vollbracht hat durch sein heiliges Vorbild.

Wenn der übergeordnete Satz negiert ist, kann die Negation im abhängigen Satz fehlen. Im späteren Mhd. übernimmt das Adverb *danne* bei fehlender Negation allmählich die Funktion, die exzipierende Bedeutung auszudrücken.

9 Übersetzen Sie die folgenden Beispiele unter Verwendung beider Anschlussmöglichkeiten.

> ich engelobe si niemer alle,
> swie ez den lôsen missevalle,
> si enwerden alle guot.
>
> Walther von der Vogelweide, 45,14-16

> Ich wil ovch mit mir fvͤren.   hundert miner man.
> der ich iv ze dienſte.   wol mit triwen gan.
> wir ſin vngeſcheiden.   ez entvͦ der tot.
>
> ‚Nibelungenlied', Cod. Donaueschingen 63, fol. 50ͬ,8-10; str. 1284,1-3

> die ſvlen daz bewaren
> daz niemen dehein Rint ſlahe.
> ſi enhaben ez e danne vorbe-
> ſehen.
>
> Satzungsbuch der Stadt Nürnberg, fol. 9ᵛᵇ,7-10ͬᵃ,2

> Waz were mannes wnne.   des frevte ſich ir lip.
> ez entæten ſchone meide.   vnd herlichiv wip.
>
> ‚Nibelungenlied', Cod. Donaueschingen 63, fol. 11ͬ,16 f.; str. 274,1 f.

> ich singe niht, ez welle tagen
>
> Walther von der Vogelweide, 58,29

Vgl. Paul, Mhd. Gr. §S159.

🄴 Modul 4 ‚Sätze und ihre Strukturen' Menüpunkt 7.3.

Indefinitpronomen *nihtes*

niht (vgl. Z. 5 *nihteſ*) entsteht im Ahd. aus der Verbindung *ni + io + wiht* ‚etwas'. Im Mhd. wird *niowiht* über *niwet* zur Negationspartikel *niht*. *niht* kann mhd. auch substantivisch flektiert werden; aus dem Gen.Sg. entsteht das Indefinitpronomen *niht(e)s* ‚nichts'.

Vgl. Paul, Mhd.Gr. §M59.

Genuswechsel

In der ‚Millstätter Predigt' findet sich die Präpositionalphrase *in ein heiligez zit* (Z. 3). Durch die Form des Adjektivs *heiligez* (Akk.Sg. neutr.) wird deutlich, dass *zit* hier nicht – wie im Nhd. – feminin ist: *zît* kann im Mhd. auch Neutrum sein.
So wie *zît* haben im Mhd. sehr viele Substantive ein anderes Genus als im Nhd. oder zeigen Genusvariation (sog. schwankendes Genus); dies zum Teil sogar innerhalb eines Textes. Zum Nhd. hin werden viele dieser Variationen zu Gunsten eines Genus ausgeglichen. Auch im Nhd. gibt es eine größere Zahl von Substantiven, die Genusvariation aufweisen, z. T. mit semantischer Unterscheidung (‚der See' und ‚die See'), z. T. regional bedingt (‚der Radio' und ‚das Radio'), z. T. ohne erkennbare Motivation (‚der Gelee' und ‚das Gelee').

> da geſchach ſo chreftigez mort
>
> ‚Dietrichs Flucht', Ms. germ. fol. 1062, fol. 98rb,36; v. 9318

> ſo div natir trinchen wil. ſo ſpiet ſi daz eitir ê uon ir.
>
> ‚Millstätter Reimphysiologus', Cod. GV 6/19, fol. 92r,25-92v,1; v. 85

> der hvmbel der ſol ſtechen.
> ŏch iſt reht daz der miſt.
> Stinche ſwa der iſt.
> der hvrnvz der ſol diezzen.
>
> Hartmann von Aue ‚Iwein', Hs. 97, fol. 4r,24-5r,1; vv. 206-209

> want er aine habete den gewalt.
>
> ‚Kaiserchronik', Cod. 276, fol. 3ra,11 f.; v. 522

> Ioſeph waz daz ſchonſt menſch. daz bi den
> ziten lebt. vnd got waz mit im.
>
> ‚Buch der Könige', Cod. Donaueschingen 739, fol. 1va,25-27

> den got mit ſiner gewelte. hin ze der helle ſol ſenden.
>
> ‚Kaiserchronik', Cod. 276, fol. 3rb,21 f.; vv. 587 f.

10 Markieren Sie jeweils die Genusabweichung in den Beispielen und geben Sie Kasus, Numerus und Genus an.

Eine Übersicht über die Substantive mit Genusvariation findet sich unter (12) in der ‚Grammatik in Listen, Tabellen und Übersichten'. Vgl. Paul, Mhd.Gr. §M11, §M16, §M18, §M19.

4. Übungstext

,Das buoch von guoter spîse' (1350) ist das älteste Kochbuch in deutscher Sprache. Es ist Teil des umfangreichen Hausbuchs des Patriziers Michael de Leone. Das zweibändige Hausbuch enthält überwiegend Lyrik und wird daher auch Würzburger Liederhandschrift genannt. Die im zweiten Band enthaltene Rezeptsammlung umfasst 100 Rezepte der gehobenen Küche.

11 Übertragen Sie den Text der Handschrift Wort für Wort (Transliteration).

12 Unterstreichen Sie die einzelnen Zutaten des Rezeptes in ihrer Transliteration.

13 Zu welchem Zweck werden die Ihnen bereits bekannten Kräuter hier eingesetzt?

14 Beschreiben Sie lexikalische und syntaktische Merkmale, die verdeutlichen, dass es sich bei dem Text um ein Kochrezept handelt.

,Das buoch von guoter spîse', in: Zweiter Band des ,Hausbuchs' des Michael de Leone (Würzburger Liederhandschrift), Universitätsbibliothek München, Cim. 4, fol. 156ʳ-165ᵛ (Mitte 14. Jh.), hier: fol. 157ᵛ,22-158ʳ,8

5. Schriften und Inschriften

Im ausgehenden 8. Jh. und in den ersten Jahrzehnten des 9. Jhs. setzt sich im Karolingischen Reich eine Schrift durch, die allmählich die früheren lokalen Schriften verdrängt – die **karolingische Minuskel**. Als Entstehungsorte werden u. a. die Schreibschule von St. Martin in Tour und die Palastschule zu Aachen (mit den Schreibern Godescalc und Dagulf) genannt. Neben der Römischen Halbunziale fließen mehrere Elemente anderer fränkischer Minuskelschriften, so auch die Aachener Hofminuskel, mit ein. „Die neue Schrift zeichnet sich durch Regelmäßigkeit und Klarheit des Schriftbildes, harmonische Druckverteilung, Verwendung des Vierlinien-Systems, geringen Gebrauch von Ligaturen und Kürzungen sowie eine ziemlich regelmäßig durchgeführte Worttrennung […] aus" (Jensen 1969, 525).

‚Hildebrandslied', Universitätsbibliothek/
LMB Kassel, 2° Ms. theol. 54,
fol. 76ᵛ (um 840)

Seit dem 11. Jh. – ausgehend von Frankreich – verändert sich die Schrift allmählich: Die runden Elemente werden zunehmend ‚gebrochen', d. h. die Schrift wird dem gotischen Stil entsprechend schlanker und zugleich durch Zusätze von Zierelementen, feinen Haarstrichen und Verbindungen einzelner Buchstaben ornamentaler (**gotische Minuskel**). Im 13. Jh. entwickelt sich der Duktus hin zu einer spitzeren Schrift. Die einzelnen Buchstaben werden jetzt eng aneinander gerückt, zum Teil miteinander verbunden, die Langstriche laufen in Spitzen aus.

Hartmann von Aue ‚Iwein',
Universitätsbibliothek Gießen, Hs. Nr. 97
fol. 129ʳ, (2. Viertel 13. Jh.)

Um 1300 erfährt die kalligraphische Buchschrift einen Höhepunkt in Form der **Textualis,** insbesondere in der Form der **Textura (Textualis Formata)**. Diese Schrift ist gekennzeichnet durch die obere und untere Brechung der Schäfte (doppelte Brechung), Ober- und Unterlängen werden verkürzt, nur wenige Buchstaben werden mit Unterlänge versehen (so stehen etwa das Schaft-s und das *f* auf der Linie).

Wolfram von Eschenbach ‚Parzival',
Universitätsbibliothek Heidelberg,
Cod. Pal. germ. 364, fol. 1ʳ (1. Viertel
14. Jh.)

Seit der 2. Hälfte des 12 Jhs. vertieft sich der Dualismus zwischen (kalligraphischer) Buchschrift und (alltäglicher) Gebrauchsschrift. Im 13. Jh. bilden sich verschiedene Abstufungen von Kursivschriften heraus, deren unterste Ebene die alltäglichen Gebrauchsschriften für Notizen, Konzepte aber auch für Briefe und Urkunden darstellen, die oft unter dem zeitgenössischen Begriff **Notula** zusammengefasst werden. Die Kursivschriften können durchaus auch in den Rang einer Buchschrift gelangen.

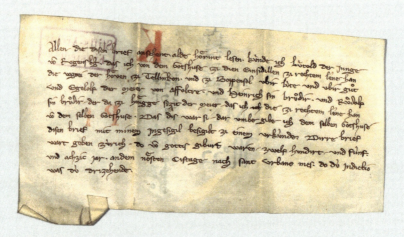

Urkunde vom 29. Mai 1285 (Lütold der Jüngere von Regensberg),
Klosterarchiv Einsiedeln, Signatur K.P.1

Seit dem 14. Jh. bilden sich neue Formen so genannter Hybridschriften heraus, die heute unter dem Begriff **Bastarda** geführt werden. Es handelt sich dabei um Buchschriften mit mehr oder weniger kursiven Elementen, wobei die Grenze zu den Kursivschriften fließend ist. In Deutschland tritt dieser Schrifttyp in verschiedenen, zum Teil sehr unterschiedlichen, lokalen Varianten auf.

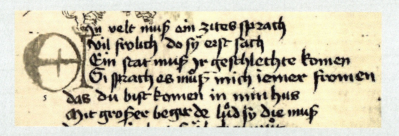

Ulrich Boner ,Der Edelstein', Bayerische Staatsbibliothek München, Cgm 576, fol. 13ᵛ (2. Hälfte 15. Jh.)

Mit dem Aufkommen des Buchdrucks um die Mitte des 15. Jhs. verändert sich die Schrift erneut. Von nun an wird der Dualismus von Druck und Handschrift bestimmend. Nach anfänglichen Simulationen von Handschriften im 15. Jh., bildet sich im frühen 16. Jh. im deutschen Sprachgebiet eine eigene Druckschrift aus. Aus der sogenannten Schwabacher (oder Wettiner) **Bastarda** entsteht die **Fraktur**, die – mehrfach reformiert – bis zu ihrem Verbot durch die Nationalsozialisten 1941 mit der im 15. Jh. in Italien entstandenen Antiqua konkurriert.

Weiterführende Literatur:
Schneider, Karin: Paläographie und Handschriftenkunde für Germanisten: eine Einführung. 2., überarbeitete Aufl. Tübingen 2009; Bischoff, Berhard: Paläographie des römischen Altertums und des abendländischen Mittelalters. 4., durchges. u. erw. Auflage. Mit einer Auswahlbibliographie 1986-2008 von Walter Koch. Berlin 2009. (Grundlagen der Germanistik 24); Jensen, Hans: Die Schrift in Vergangenheit und Gegenwart. Reprint der 3. Aufl. Berlin 1987, S. 526–540.

Neben Texten auf Pergament und (seit dem 14. Jh.) auf Papier gibt es Inschriften auf anderen Materialien wie Stein (gemeißelt), Metall (gegossen, graviert), Holz (geschnitten), Stoff (gewebt, geknüpft) oder Glas (gemalt). Solche vergleichsweise kurzen Texte befinden sich zumeist an kirchlichen und profanen Gebäuden, auf kirchlichen Ausstattungsstücken wie Altären, Taufbecken oder Kelchen, auf Grabplatten und -steinen, an Glocken, Fenstern, auf Wappen, Waffen, Münzen und Schmuckgegenständen. Deutschsprachige Inschriften sind vor 1400 nur vereinzelt belegt. Bis in die frühe Neuzeit hinein überwiegen Inschriften in lateinischer Sprache; erst vom 16. Jh. an nimmt die Zahl der deutschen Inschriften zu, ohne die lateinischen ganz zu verdrängen. Inschriften sind überwiegend gut datierbar und besonders im Fall der Immobilien auch gut lokalisierbar.

Glockeninschrift von 1399 (Glocke Bernshausen, kath. Kirche St. Peter und Paul):

Inschrift A

anno • domini • milesimo tricentesimo nonagesimo • nono • in die • vincla• petri • hilf • got • ave • maria

Im Jahr des Herrn 1399 am Tag Petri Kettenfeier. Hilf, Gott. Sei gegrüßt, Maria

Inschrift B

bertoldvs • gropengeter • von • dvderstat • der • dvsse • clocken • goit • edeler • gvdenheinrikes • her • ia(n) • stern •

Bertold Gropengeter aus Duderstadt goß diese Glocke. Edeler Gudenheinrikes. Herr Jan Stern.

Die Inschriften des Landkreises Göttingen. Gesammelt und bearbeitet von Sabine Wehking, Wiesbaden 2006 (Deutsche Inschriften 66). www.inschriften.net, urn:nbn:de:0238-di066g012k0002401

Inschrift auf einem Maßgefäß (Sömmer), vor 1327 (Boppard, Städtisches Museum, aus St. Severus):

• V(M)ME • EIN • RECHTE • BESHEDIEIT • SO • VORDI(N) • DVSSE • SV(M)MERI(N) • BEREIT • V(M)ME • / RECHTE • SACHGE • SO • DADI(N) • MIRSE • MACHI(N) •

Um des rechten Bescheidwissens willen, wurden diese Sömmer hergestellt; um eines gerechten Urteils im Streitfall willen, haben wir sie machen lassen.

Generaldirektion Kulturelles Erbe, Rheinland-Pfalz, Foto: Thomas G. Tempel

Die Inschriften des Rhein-Hunsrück-Kreises I (Boppard, Oberwesel, St. Goar). Gesammelt und bearbeitet von Eberhard. J. Nikitsch, Wiesbaden 2004 (Deutsche Inschriften 60). www.inschriften. net, urn:nbn:de:0238-di060mz08k0002305

Kapitel 8 Ehe und Minne
a Ehekontrakt

vür wâr ich daz sprechen mac:
swelh wîp ir man nihr liep hât
daz ist ein grôziu missetât

Der Pleier ‚Tandereis und Flordibel‘,
vv. 17487-17489

daz sprichet, sô ist mir geseit,
‚minne ist süeziu arbeit.‘

Der Pleier ‚Meleranz‘, v. 693 f.

‚Sachsenspiegel‘, Herzog August Bibliothek Wolfenbüttel,
Cod. Guelf. 3.1. Aug. 2°, fol. 11ʳᵃ (3. Viertel 14. Jh.)

Ob einem manne ſey zunemen ein eelich weyb oder nit

[…] Wellichs du tuſt das wirt dich reůen
Wann nymſtu ein weyb ſo biſtu allezeyt in
ſorgē vnd angſten In ſtetem kriege mit dem
weybe mit der ſchwiger mit iren freůntten
mit auffhebung des heirat guts In
verdechtlichkeit mit anndern mennern vnd
in vngewiſheit der kinder. Bleibeſt du aber
on weybe ſo wirt dich bekůmern vnd
peinigē allein on weyblich lieb vnd troſte
zulebē der kinder berawbt zu ſein
vnttergangk deines geſchlechts vnd eines
fremdē vngewiſen erbens zu wartten

Albrecht von Eyb: Ehebüchlein. Anton Koberger, Nürnberg 1472, Bl. 1ª,1-17

Thomasin von Zerklaere ‚Der welsche Gast‘, Universitätsbibliothek
Heidelberg, Cod. Pal. germ. 389, fol. 50ʳ (kurz nach Mitte des 13. Jh.)

Konrad von Fleck ‚Flore und
Blancheflur‘, Universitätsbibliothek
Heidelberg, Cod. Pal, germ. 362,
fol. 6ʳ (um 1442-1444)

1. Bruder Berthold ‚Rechtssumme'

Die ‚Summa Johannis' (1390) Bruder Bertholds (von Regensburg) ist eine deutschsprachige Bearbeitung der ‚Summa confessorum' des Johannes von Freiburg. Bruder Berthold tilgte in seiner Bearbeitung die Teile, die die Rechtsverhältnisse der Kleriker betrafen und machte das Werk damit zu einem ‚Sittenbuch' für ein Laienpublikum. Die Überlieferung in 80 Hss. und 12 Drucken macht deutlich, dass die ‚Rechtssumme' als Rechtsbuch verstanden wurde, da es häufig im Verbund mit anderen Rechtstexten überliefert ist (z. B. ‚Schwabenspiegel').

I   **Wie man die e anhebt.**
1   Eleichs leben anvanck wirt getan
     in maneger weiz. Etwan mit
     clainnoden, als mit einem vingerlein,
     vnd mit andern dingen daz ain menſch
5   dem andern geit, oder die eltern geben daz
     uf ain zẘ chunftigew e. [...]
     Auch wirt das getan mit aiden. [...]
     Auch mach man die zůchunft-
     tig e mit worten.

II   **Wie man ain rechte e ſol machen**
1   Eleich leben und die e iſt ein ſacrament
     und ain heylig ding. Vnd dar umb läut
     die ain e wellent machen, die ſullen mit
     fleiſz sehen, daz ſi machen recht vnd
5   redleich, vnd daz geſchicht in ſö-
     licher weiz.
     Zu dem erſten mal nach den gepoten der
     heyligen chirchen vnd nach g̊uter gewon-
     hait. Alſo daz der man oder ſein elteren
10   vnd frewnt pittent der
     junckfrawen oder frawen eltern vnd
     frewnt, daz ſy im die gäben zu ainem eli-
     chen weip. [...]

III **Mit welichen worten die e werd gemacht daz ſi gancz ſey**
1   Die wort da mit man ain e gemachet vnd
     geveſtent wirt ſullen ainen ſin haben
     der gegebenbürtigen zeit. Alſo
     ich nym dich zu ainem elichen
5   weib, daz iſt als vil geſprochen, zu diſer
     ſtund nym ich dich vnd will fur paz alzeyt
     haben dich zu ainem weip. Oder ſpricht,
     ich wil dich fur paz haben zu ainem
     weip. Oder ſpråch, ich will daz du ſeyſt
10   mein eleich weib. [...]
     Vnd die fraw oder die
     junckfraw ſprach hin wider
     der ſelben wort geleich, vnd
     maint auch die e z̊u machen mit ſolichen

15 worten vnd der geleich, da mit der menſch
wil, daz die e zeſtvnd ſey vnd chraft
hab, wirt die e volbracht vnd iſt
gerecht. Also daz die fraw oder die junckfraw zeſtvnd haiſſet des mannes weip vnd
20 er ir elicher man.

IV **Wie alt die låut ſullen ſeyn, die ein e machen mügen.**

1 Ain man der ain e machen wil,
der ſol haben vierzehen
jar oder dar vber vnd die
junckfraw zwelif jar
5 oder dar vber. Vnd vnder den jaren machen die laut nit ain e, daz eine rechte
gancze e haizz, vnd ob ſi wol
die rechten wort dar zw ſprechen vnd
den willen hieten die e zemachen.
10 Sunder man ſol ez halten fur ain ge-
lupnuz der zuchunftigen e.

Die „Rechtssumme" Bruder Bertholds. Hrsg. v. Georg Steer. Synoptische Edition der Fassung B, A und C, Bd. 2 (D-G). E7, E13, E15 und E16 (nach Fassung B). Tübingen 1987.

> Der Text weist einige graphische und dialektale (bair.) Varianten auf:
> – anlautend *p* statt *b*, *ai* statt *ei* und *ch* oder *ck* statt *k* (vgl. Kap. 5 a),
> – die Diphthongierung ist bereits größtenteils durchgeführt (z. B. *vingerlein* statt *vingerlîn*),
> – das *a* ist in der Handschrift durch übergeschriebenes *e* oder durch zwei Punkte graphisch als Umlaut *(å* bzw. *ä)* markiert (z. B. *gäben*),
> – graphische Varianz: *y* für *i*; *w* und *v* für *u*,
> – Superskript: *ẘ* für *ů*.

In den vorliegenden Abschnitten aus der ‚Rechtssumme' werden verschiedene Bedingungen genannt, die erfüllt sein müssen, damit eine Eheschließung rechtsgültig vollzogen werden kann. Markieren Sie alle Begriffe, die den rechtsverbindlichen Charakter der Ausführungen verdeutlichen und beantworten Sie folgende Fragen:

1 Mit welchen Worten und unter Einbezug welcher Gegenstände wird die Eheschließung rechtsgültig?
2 Erläutern Sie, ‚*Wie man ain rechte e ſol machen'*.
3 Wie alt müssen die Ehepartner sein und welche Bedingungen müssen erfüllt sein, damit die Ehe geschlossen werden kann?

2. Wortschatz

hôch(ge)zît

In der höfischen Literatur finden sich viele z. T. sehr ausführliche Beschreibungen von Hochzeits-festen, so z. B. in Hartmanns von Aue ,Erec'. Dort beinhaltet die Beschreibung des höfischen Festes nicht nur den Akt der Eheschließung zwischen Erec und Enite, sondern auch eine ausführ-liche Beschreibung der geladenen Gäste und deren Bewirtung und Unterhaltung durch Spiel-leute während der anschließenden, mehrwöchigen Festlichkeiten:

> nû was komen der tac,
> daz Êrec fil de roi Lac
> solde nemen vrouwen Ênîten.
> wes möhten si langer bîten?
> wan sî wârens beidiu vrô.
> zesamene gap si dô
> eines bischoves hant
> von Cantwarje ûz Engellant.
> dô huop sich dâ ein **hôchzît**
>
> daz man ir vollen lop gît. [...]
> als diu **brûtlouft** nam ende,
> nû schiet mit rîcher hende
> vil vrœlichen dan
> manec wol sprechender spilman.
> die sprachen alle
> mit gelîchem schalle
> wol den **hôchzîten**.
>
> Hartmann von Aue ,Erec', vv. 2118-2202

Dem entsprechend bezeichnet mhd. *hôchzît* (auch: *hôchgezît*) den gesamten Zeitraum bzw. die Zeit des Festes und kann sowohl ein kirchliches als auch ein weltliches Fest beschreiben. Die Festlegung auf die Bedeutung *Fest der Eheschließung* (nhd. *Hochzeit*) erfolgt später, ist aber auch schon für das Mhd. nachgewiesen. Die Eheschließung selbst wird mhd. i. d. R. mit *brûtlouft* bezeichnet. Die detailreichen Beschreibungen höfischer Feste in der Dichtung können auch als literarischer Reflex der aufwändig inszenierten Mainzer Hoftage Kaiser Friedrich Barbarossas (1184 und 1188) und damit als Zeichen der Repräsentation von Herrschaft und Macht verstan-den werden.

4 Skizzieren Sie die dargestellten Festlichkeiten möglichst genau und entscheiden Sie, in welchen Fällen *hôchzît* ein weltliches bzw. ein kirchliches Fest beschreibt.

❶ Ez het der kvnech artuſ
ze karidol in ſin hvſ
zeînen pfingeſten geleît.
nach rîcher gewonheît.
eîne alſo ſchône **hôchzit**.
daz er da vor noch ſit.
deheîne schôner nîe gewan.

Hartmann von Aue ,Iwein', Hs. 97,
fol. 1ᵛ,5-11; vv. 31-37

❷ al vf die namelichen zit
da die **hohzit** vffe lit
die glocken man nit lvdit
da miede iſt vnſbedudit
daz der ware herre kriſt
gevangen. dot. begraben iſt

,Hessische Reimpredigten', Cod. 99 in scrin.,
fol. 160ᵃ,39-44

❸ Aber uf di **hochzit** von oſtern ſo waſ
ein gewonheit daz der richtere einen von den gevan-
ginen loſlize. welchen daz volc habin wolde.

Matthias Beheim ,Evangelienbuch', Ms. 34, fol. 230ᵛ,3-5

❹ Er iſt ſprechint ſi. der ſtarche herre. herre allir tugindi. ein geweltiger herre ane ſineme
wige. ein kunic allir tivre. Nv frǒt iuch hivte
der grozzin **hoczit**. der ufferte deſ heiligin
criſtiſ.

,Speculum Ecclesiae C', Cgm 39, fol. 64ᵛ,1-5

❺ Liebin wir bigan hivte daz froliche vnde daz
groze **hohcit**. der urſtende vnſirſ herin Iheſv Chriſti.
den tak uon deme der heilige wiſſage Dauid ſprach.

,Zürcher Predigten', Cod. C 58, fol. 182ʳᵇ,2-4

❻ Dô ſprach von Tronege Hagene.   ſtet zv des sales want.
lat niht die brende vallen.   vf iwer helmbant.
vnd tret ſi mit den fvzen.   tiefer in daz blǔt.
ez iſt ein vbel **hochgecit**.   die vnſ div kvneginne tǔt.

,Nibelungenlied', Cod. Donaueschingen 63, fol. 78ʳ,33-78ᵛ,2; str. 2119,1-4

❼ WIR begen hivte eine vil michili **hoczit**. daz
min trehtin ze himele vǔor uor allin ſinin ivn-
girn. und uor mangim wîbe und manne.

,Speculum Ecclesiae C', Cgm 39, fol. 65ʳ,4-7

❽ Dar nâch stuont ez unlangiu zît,
unz drî götinn ein **hôchzît**
gelobten ze samen in Troyâ;
welich diu schoenst wær dâ
in der stat ze der hôchzît,
des wart under in ein strît.

Jans Enikel ,Weltchronik',
vv. 13787-13792

❾ Dis **hôchgezît** dâvon ich iu sage,
diu huop sich an dem pfingsttage.
die von der tafelrunde
die hâten sich von grunde
gekleit nâch ir lantsite.
man hâte in gefüeret mite
daz aller beste gewant
daz man iendert in der werlte vant.

Der Stricker ,Daniel von dem blühendenTal',
vv. 6513-6520

❿ swer ûf minne ie muot gewan
und er dar mohte gevarn,
der enwolte lîp noch guot sparn.
von allen landen wîte
kam volc ze der **hôchgezîte**,
daz man dâ von ze redenne hât
die wîle und disiu welt stât.

Ulrich von Zatzikhofen ,Lanzelet', vv. 8954-8960

🄴 Wiederholung: Modul 3 ,Übersetzen' Menüpunkt 2.3.

3. Grammatik

Inkongruenz

In der ‚Rechtssumme' gibt es die Formulierungen *[...] vnd mit andern **dingen daz** ain menſch dem andern geit [...]* (I,4) und ***Eleich leben und die e iſt** ein ſacrament [...]* (II,1), in denen jeweils Inkongruenzen vorliegen. Als grammatische Inkongruenz bezeichnet man Fälle, in denen nicht die grammatische formale Information wieder aufgenommen wird, sondern eine inhaltliche (*constructio ad sensum*).

Mehrere Substantive mit verschiedenen Genera können durch ein neutr. Pronomen zusammengefasst (kollektiviert) werden:

> Etwan mit clainnoden, als mit einem vingerlein, vnd mit andern dingen **daz** ain menſch dem andern geit

Bruder Berthold (von Freiburg)
‚Rechtssume', I, 2 ff.

Der Pl. des Subjekts kann durch ein Prädikat im Sg. kollektiviert werden:

> Eleich leben und die e **iſt** ein ſacrament und ain heylig ding

Bruder Berthold (von Freiburg)
‚Rechtssume', II, 1 f.

Numerusinkongruenz (zwischen Subjekt und Prädikat): Im folgenden Satz wird nicht das Numerus des Subjekts (Sg.) aufgenommen, sondern eine konzeptionelle Vielheit wird durch das Prädikat im Plural ausgedrückt:

> daz al der Tafelrvnde ſcar.
> ſinſ dienstes **nemn** war.

Wolfram von Eschenbach ‚Parzival', Cod. 857, Bl. 184b,39 f.; 650,3 f.

> Do **rebeizte** der Tafelrvnde ſcar.
> mit maneger frǒwen wol gevar.

Wolfram von Eschenbach ‚Parzival', Cod. 857, Bl. 270b,35 f.; 765,15 f.

schar steht beide Male im Nom.Sg. jeweils in Kombination mit einem Genitiv. Im ersten Beispiel entsteht durch Plural im Prädikat Inkongruenz (Ausdruck der konzeptionellen Vielheit des Subjektes), während im zweiten Beispiel durch Singular im Prädikat Kongruenz entsteht (korrekte Form).

Genusinkongruenz (zwischen einem Substantiv und einem folgenden Pronomen): nicht das Genus des Substantivs wird aufgenommen, sondern es wird auf den (abweichenden) Sexus (das natürliche Geschlecht) referenziert:

> do **daz wip** gaz. daz obiz daz **ir**
> uerboten waſ. do
> gap **ſi** ez ir manne. uerleitet wart er
> uon danne.

‚Millstätter Reimphysiologus', Cod. GV 6/19, fol. 90r,17 f.

> ſwelhem **wibe** volget chivſche mite.
> **der** lobs chemphe wil ich ſin.

Wolfram von Eschenbach ‚Parzival', Cod. 857, Bl. 36b,7 f.; 115,2 f.

> **Ein tier** heizzet Dorcon ſteingeiz.
> uon dem zelt phiſiologuſ. **div**
> minnet hohe berge.

‚Millstätter Reimphysiologus', Cod. GV 6/19, fol. 93v,17 f.

Vgl. Paul, Mhd.Gr. §§S136-139.

Uneingeleitete abhängige Nebensätze

Neben den konjunktionalen Nebensätzen (vgl. Kap. 5 a) gibt es auch uneingeleitete abhängige Nebensätze, dazu zählen u. a. Nebensätze mit Spitzenstellung des finiten Verbs, indirekte Rede und exzipierende Nebensätze (vgl. Kap. 7 b).
Bei uneingeleiteten Nebensätzen mit Spitzenstellung des finiten Verbs können abhängiger und untergeordneter Satz in konditionalem oder in konzessivem Verhältnis stehen. Der folgende uneingeleitete Nebensatz drückt ein konditionales Verhältnis aus:

cheret ſich der ſieche zů der wende.	Wenn der Kranke sich zur Wand dreht,
der ſtirbet deſ andern tageſ.	wird er am nächsten Tag sterben.

‚Bartholomäus‘, Cgm 92, fol. 5ʳᵃ,8f.

Vgl. Paul, Mhd.Gr. §§S157-159.

Übung: Modul 4 ‚Sätze und ihre Strukturen‘ Menüpunkt 6.1.

4. Übungstext

Nachdem Tristan und Isolde ihre heimliche Liebe lange verbergen konnten, werden die Verdachtsmomente gegen sie immer stärker, so dass Tristan sich gezwungen sieht, den Hof und das Land Markes zu verlassen. Obwohl Isolde rechtsgültig mit König Marke verheiratet ist, geben sie und Tristan sich vor der endgültigen Trennung ein Versprechen:

1 ſi trat ein lutzel hinder ſich.	15 nv ſich daz mich dehein ander wip.
ſuftende ſprach ſi wider in.	imer von dir geſcheide.
herre vnſer herze vnd vnſer ſin.	wirn ſin immer beide.
div ſint dar zǒ ze ange.	der liebe vnd der triwe.
5 ze anchliche vnd ze lange.	ſtæte vnd niwe.
an einander verflizen.	20 diu lange und alse lange vrist
daz ſe imer ſulen gewizzen.	sô reine an uns gewesen ist.
waz vnder in vergezen ſi.	nim hin diz vingerlin.
ir ſit mir verre oder bi.	daz laz ein vrchunde ſin.
10 ſo ne ſol doch in dem herzen min.	der triwen vnd der minne.
niht lebendeſ noch niht liebeſ ſin.	25 op dv deheine ſinne.
wan triſtrat min lip vnd min leben.	imer da zǒ gewinneſt.
herre ich han dir lange ergeben.	daz dv ane mich iht minneſt.
beidiv leben vnd lip.	

Gottfried von Straßburg ‚Tristan und Isolde‘, Cgm 51, fol. 95ᵛᵃ,9-33; vv. 18290-18316

5 Markieren Sie Begriffe, die auch in rechtlichen Kontexten Verwendung finden.
6 Geben Sie die Steigerungsformen zu *lutzel* (v. 1) an.

5. Ehe und Recht

Unverheiratete Frauen stehen unter der *munt* (Vormundschaft) des Vaters und werden von diesem im Rahmen der Eheschließung in die *munt* des Ehemannes übergeben. Die ‚Hochzeit' im neuzeitlichen Sinn beschließt eine Reihe rechtlicher Vorgänge und eröffnet den Zustand der ‚Ehe', die als soziale Institution und damit als Ordnungsform von Gemeinschaft bzw. Gesellschaft zu verstehen ist. Neben der rechtmäßigen Form der Ehe, die sich über die Muntgabe – also die Übereignung der Frau von einer Familie in die andere – definiert, besteht als muntfreie Ehe die sog. Friedelehe (‚freie Ehe').

Muntehe: Die Grundlage der Muntehe bildet der Vertragsschluss zwischen zwei Familien, wobei die Familie – später der Bräutigam selber – die Vertragsverhandlungen führt, der Frau jedoch keine aktive Rolle zukommt. Bei der der Vermählung vorausgehenden Verlobung wird der Ehevertrag geschlossen. Gegenstand dieses Vertrages ist die rechtliche Übergabe der Frau, woraus schließlich für den Bräutigam die Verpflichtung resultiert, die Frau ‚heimzuführen' und damit die eheliche Gemeinschaft zu begründen. Daneben übergibt der Mann eine Brautgabe (auch: Brautschatz) an die Familie der Frau bzw. den Muntwalt (Vater, Brüder, sonstige nächste männliche Verwandte); diese steht der Frau als Witwenversorgung zur Verfügung, solange das Erbrecht die Frau im Fall der Verwitwung nicht berücksichtigt. Die Brautübergabe erfolgt hierzu als Gegenleistung. Dieser Akt besiegelt zudem die Friedenswahrung beider Familien. Nach dem Vertragsabschluss und dem Vollzug erfolgt die Begründung der Ehegemeinschaft, die durch Trauung (Übergabe der (Jung-)Frau), Heimführung und ‚Beschreiten des Ehebettes' erfolgt. Ihren rechtlichen Status als Ehefrau (‚Hausherrin') erhält die Braut nach der Braut- bzw. Hochzeitsnacht durch die Übergabe der Morgengabe durch den Mann, die ebenfalls der Versorgung der Witwe dient.
Die Muntehe ist die geläufigste Form im gesamten Mittelalter.

Friedelehe: Die Friedelehe wird auf Basis der Willensübereinkunft von Mann und Frau geschlossen, d. h. dass die Frau sich nicht in die Gewalt (*munt*) des Mannes begibt. Dem entsprechend entfallen die diese Übergabe beinhaltenden Elemente wie Trauung und Brautgabe. Die eheliche Gemeinschaft wird durch Heimführung und ‚Bettbeschreitung' begründet und es erfolgt wie bei der Muntehe auch die Morgengabe. In der Friedelehe befindet sich die Frau in einer wesentlich stärkeren Rechtsposition als in der Muntehe: In dieser Form der Ehe hat auch die Frau das Scheidungsrecht.
Eine Friedelehe kann durch die Gabe des Muntschatzes zur Muntehe werden.

Der gesellschaftliche, soziale und rechtliche Status von Mann und Frau ändert sich sowohl durch Heirat als auch durch Verwitwung. Dem entsprechend werden in der Bezeichnung der voreheliche Status, die Phase der Verlobung, die Ehe und der Witwenstand unterschieden. Bezogen auf die Frau werden folgende Bezeichnungen verwendet (vgl. Kap. 2):

> Vorehelicher Status: *juncvrouwe*, *maget*
> Phase der Verlobung (bis zum Vollzug der Ehe): *brût*
> Ehelicher Status: *hûsvrouwe*, *wirtin*, *kone*; *kebes*, *vriedel*
> Witwenstand: *witewe*

Insgesamt herrscht eine Dreiteilung in vorehelich, ehelich und nachehelich vor:

hi mitte leret her
vns rechte luter kufcheit. die
iuncvrowen meytliche kufcheit
vnd di witewen witeweliche kufcheit. vnd di elichen. eliche kufch-
heit. hi mitte vertribe wir di
houbitfvnde. di da heizet vn-
kufcheit.

Hermann von Fritzlar ‚Der Heiligen Leben‘,
Cod. Pal. germ. 113, fol. 178ʳ,17-24

Swen ein wert bruteguom
Mit finir brut zů houe reit
So waf def da gewonheit
Daz alle iungen lute
Witewin. megide brute
Den fulche fpil gezamin
Dan zů famine quamin

‚Athis und Prophilias‘, Berol.
Ms. germ. qu. 846, fol. 5ʳᵇ,6 -12; 5,52

Der nichteheliche Zustand der jungen unverheirateten Frau ist gebunden an die Virginität und kennzeichnet den Rechtsstatus *magettuom* (ahd. *tuom* ‚Würde, Stand‘ ist ein Rechtsterminus). Besonders der Übergang von *maget* zu *wîp* wird in der Literatur thematisiert:

ir frivntlich vmbevahin
vnd ir vil zartlichen fitte
die in beiden wonten mitte
div gelieben lerte
div kvnft dc fich verkerte
frǒn Amelien magetům
fi frǒte fich vnd wc ir rům
dc nahin an ir arme lac
der befte ritter der den tac
bi der zit belvhte

Rudolf von Ems ‚Wilhelm von Orlens‘,
Cgm 63, fol. 105ᵛᵇ,24-32; vv. 14006-14015

Her triftan ginc zv bette wider
er leite fich bi die maget nider
vnd dacte fich liplich zv ir
Sin herze vnd al fins herzen gir
fin wille fin fin vnd al fin mvt
waz im gein der megde gvt
an fie gar nahen fmvcte her fich
vnd begonde gar vruntlich
gein der megde gebaren
Ir magetvmes varen
gar minnenclich er wolde
als er zv rechte folde

Heinrich von Freiberg ‚Tristan und Isolde‘ (Fortsetzung), Ms. B. R. 226, fol. 106ᵛᵇ, 16-27; vv. 741-752

Heirat zwischen einem bereits drei Mal verwitweten Mann (links von ihm die drei verstorbenen Frauen mit Schleier) und einer jungen Frau mit offen getragenem Haar, Eike von Repgow ‚Sachsenspiegel‘, Herzog August Bibliothek Wolfenbüttel, Cod. Guelf. 3.1. Aug. 2°, fol. 32ʳᵃ (3. Viertel 14. Jh.)

Witwen befinden sich im rechtlichen Status *witewentuom*, an den auch bestimmte Aufgaben gebunden sein können:

Iſt daz div frowe
niht mannes næmen wil. vnde
ein witewe ſin wil div mak wol
irre chinde getriwer phlæger ſin.

Stadtbuch der Stadt Augsburg, fol. 74vb,2-5

vnd alſo trůg he in uf deme rŭcke
zv̊ einer wietewin hus.
vnd die pflag ſin.

‚Jenaer Martyrologium', Ms. Bos. q. 3, fol. 5^r,15 f.

Die Rolle Marias als ‚Jungfrau' und ‚Mutter' wird das gesamte Mittelalter hindurch vor diesem Hintergrund thematisiert:

Dv nemeſ man ind blîves doch maget.
alſe vnſe gelŏve vns werliche ſaget.
dv hîldes reinliche dat wizliche leven.
dat hat diner cronen einen ſterren gegeven.
Dv ŵrdes widue dv̊ Joſeph ſtarf.
de widuedŭm den anderen ſterren erwarf.
Ich mach ŏch ſpregen dat dv widue weres.
dv̊ du dines lîves ſûnes enberes.
dŭ he dinen ŏgen den lichame beman.
den he van dineme live man.
dŭ blîues tu widue ind vngetroiſt.
dv en woldes engeines mannes troiſt.

‚Rheinisches Marienlob', Ms. I 81, fol. 85^v,21- 86^r,7

Der jeweilige Status der Frau wird durch die Bekleidung und dabei insbesondere durch die Kopfbedeckung offensichtlich: Unverheiratete junge Frauen tragen das Haar oft offen und setzen das Schapel auf, einen kranzförmigen Kopfschmuck, der ursprünglich aus Laub und Blumen gefertigt und bei Frühlingstänzen getragen wurde. Auch tragen junge Frauen ein Perlennetz, seltener ein Gebände.
Verheiratete Frauen hingegen verdecken ihr Haar auf unterschiedliche Weise (vgl. die Redensart ‚unter die Haube kommen'): Kopftuch (*rîse*) oder Schleier sind einfachere Formen, das Gebände als Kombination aus Kinnband, einem Stirnband und häufig noch einem darüber gelegten Schleier oder Schapel ist aufwändiger. Das Haar kann dabei ganz verdeckt werden, lockig herabfallen oder zu Zöpfen geflochten sein. Verwitwete Frauen tragen Schleier.

Ehefrau mit Gebände, Eike von Repgow ‚Sachsenspiegel', Herzog August Bibliothek Wolfenbüttel, Cod. Guelf. 3.1. Aug. 2°, fol. 15ra (3. Viertel 14. Jh.)

Witwe mit Schleier, Eike von Repgow ‚Sachsenspiegel', Herzog August Bibliothek Wolfenbüttel, Cod. Guelf. 3.1. Aug. 2°, fol. 15ra (3. Viertel 14. Jh.)

Kapitel 8 Ehe und Minne
b Minnekonsens

Wernher von Teufen (Codex
Manesse), Universitätsbibliothek
Heidelberg, Cod. Pal. germ. 848,
fol. 69ʳ (1. Hälfte 14. Jh.)

Nidere minne heizet, diu sô swachet,
daz der muot nâch kranker liebe ringet.
diu minne tuot unlobelîche wê.
hôhe minne reizet unde machet,
daz der muot nâch hôher wirde ûf swinget

Walther von der Vogelweide, 47,5-9

Minne, ich hân dich funden
bitter albetalle.
Minne, dû bist noch galle,
Minne, nû wirt sûze,
daz ich dich loben mûze.
Minne, senfte mir etewaz,
deich dir gedienen moge baz.
Minne, sal ich iht lange leben,
sô mûst dû mir trôst geben
mit etelîchem sinne.

Minne-Monolog der Lavinia, Heinrich von
Veldeke ,Eneasroman', vv. 10246-10255

Saget mir ieman, waz ist minne?
weiz ich des ein teil, sô west ich es gerne mê.
der sich baz denne ich versinne,
der berihte mich, durch waz sie tuot sô wê.
Minne ist minne, tuot si wol;
tuot sie wê, sô heizet sie niht rehte minne.
sus enweiz ich, wie sie denne heizen sol.

Walther von der Vogelweide, 69,1-7

AHC • GVNDIS • DV • MIR • ARMIN •
EINV • NAHT • ZV • LIGINI • AN •
DINIMI • ARMI • ALSO • IHC • DIK •
CHI • GIDAHT • HAN • DAR • VMBI •
WOLTI • IHC • DIR • EGINLIHCCHI •
SIN • VNDIR • T • DAN •

Münchner Minnekästchen, Bayerisches Nationalmuseum München (R 8071), Datierung: Kästchen
und äußere Rahmeninschrift 2. Hälfte 13. Jh.,
Innentext (Schlossseite) spätmhd.

Gottfried von Straß-
burg ,Tristan und
Isolde': Tristan und
Isolde lieben sich
heimlich im Baum-
garten und werden
von König Marke
beobachtet, Bayeri-
sche Staatsbibliothek
München, Cgm 51,
fol. 90ᵛ (2. Viertel
13. Jh.)

1. Heinrich von Veldeke ‚Eneasroman‘

Das Hauptwerk Heinrichs von Veldeke (geb. vor 1150, gest. um 1190), der ‚Eneasroman‘, auch ‚Eneit‘, entstand in zwei Phasen vor 1174 und nach 1183, da das Manuskript zwischenzeitlich entwendet wurde. Heinrich, der die ‚Aeneis‘ Vergils vermutlich kannte, nutzte eine frz. Quelle (‚Roman d´Eneas‘) als Vorlage, von der er kaum abweicht. Der ‚Eneasroman‘ ist der erste höfische Roman in deutscher Sprache. Sowohl hinsichtlich der ausführlichen Beschreibungen u. a. von Personen, Waffen, Zweikämpfen, Liebes- und Beratungsszenen als auch hinsichtlich der Verwendung reiner Reime und metrisch regelmäßiger Verse hatte er Vorbildcharakter.

Lavinia und Eneas entbrennen in Liebe füreinander, jedoch sind ihnen ihre heftigen Gefühle zunächst noch fremd.

Über Lavinia:

1   dâ si was ûf deme hûs:
    dô schôz si frouwe Vênûs
    mit einer scharphen strâle.
    daz wart ir al ze quâle
5   sint uber ein lange stunden.
    si gewan eine wunden
    an ir herze enbinnen,
    sô daz si mûste minnen,
    si wolde oder enwolde,
10 dâ si ir mûter holde
    al mitalle mit verlôs,
    want si bran und si frôs
    in vil korzen stunden;
    sine wiste niht der wunden,
15 dâ ir daz ubel vone quam.
    vile schiere sie vernam
    irre mûter geheiz:
    sie wart unmâzen heiz
    unde dar nâch schiere sal.
20 wande si unsanfte qual,
    si switzete unde bebete,
    unsanfte sie lebete,
    sie wart bleich unde rôt.
    vile michel was ir nôt
25 unde ir lîbes ungemach.
    vv. 10035–10059

Über Eneas:

1   Dô man die tische abe genam
    und er ze sînem bette quam
    unde her dar ane lach,
    neheines slâfes her ne phlach,
5   hern mohte noch enkonde.
    do her denken begonde
    mit allen sinnen sînen
    umb die schônen Lavînen,
    wie rehte minnechlîch sie was,
10 und umb den brief den her las
    und waz im dar an was enboten:
    do begunder heizen unde rôten.
    von minnen erhizete im sîn blût
    und verwandelte im sîn mût.
15 dô wânde der helt vile mâre,
    daz ez ein ander wêwe wâre,
    suht oder fieber oder ride:
    hern bekande niht der minnen side.
    des was her ein unfrô man,
20 unze daz her sich versan,
    daz ez diu starke minne was.
    do erzornde sich Êneas,
    daz im war daz ungemach;
    in zorne er zime selben sprach
25 >waz is diz oder waz sal ez sîn?
    wer hât daz herze mîn
    und mîne manheit mir benomen?
    war is mîn wîsheit komen?
    waz bedarf ich dirre minnen?
30 sal ich des nû beginnen,
    des ich nie mêr began?
    nû was ich doch hie vore ein man,
    der herze hete unde sin.<

    vv. 11019–11051

Heinrich von Veldeke: Eneasroman. Mittelhochdeutsch/Neuhochdeutsch. Nach dem Text von Ludwig Ettmüller ins Neuhochdeutsche übersetzt, mit einem Stellenkommentar und einem Nachwort von Dieter Kartschoke. Stuttgart 2007.

1 Welche Symptome verursacht die *minne* bei Lavinia und Eneas?
2 Welche Konsequenzen befürchtet Eneas aufgrund seines (körperlichen) Zustandes?

Textauszug über Lavinia:
3 Bestimmen Sie die Nebensätze (v. 1, v. 8, v. 9, v. 12, v. 20).
4 Bestimmen Sie die Verbformen *schôz* (v. 2), *wart* (v. 4), *enwolde* (v. 9), *bran* (v. 12), *vernam* (v. 16), *switzete* (v. 21) und *was* (v. 24) und bilden Sie jeweils den Infinitiv.

Textauszug über Eneas:
5 Übersetzen Sie die doppelten Negationen.
6 Bestimmen Sie die Nebensätze (v. 6, v. 10, v. 16, v. 23).
7 Bestimmen Sie die Verbformen *begonde* (v. 6), *wânde* (v. 15), *versan* (v. 20) und *hete* (v. 34) und bilden Sie jeweils den Infinitiv.

2. Wortschatz

minne und *liebe*

minne wird im Text als ernsthafte Krankheit beschrieben, die antiken Vorstellungen folgend vom Pfeil der Venus und der durch ihn verursachten Wunde initiiert wird. Im ‚Eneasroman' werden Symptome von Krankheiten auf die *minne* und die mit ihr verbundenen emotionalen Zustände übertragen (metaphorisches Konzept):

> siv giwan eine wnden
> an ir herze innen,
> so daz siv mûse minnen,
>
> ‚Eneasroman', Lavinia, vv. 6-8

Die Vorstellung von Liebe als Krankheit steht in antiker Tradition und geht auf Ovid zurück. Reste des Konzeptes ‚Liebe ist Krankheit' haben sich bis heute erhalten: *liebeskrank, blind vor Liebe, liebestoll* etc. Die Grundbedeutung von *minne* ist ‚Gedenken'. Bereits im Ahd. erfährt *minne* eine Bedeutungserweiterung und kann für Liebe in karitativem Sinn zwischen Gott und Mensch oder Individuum und leidendem Mitmenschen stehen. *minne* kann auch verwandtschaftliche oder freundschaftliche Beziehungen bezeichnen und kontextabhängig auch eine erotische bzw. sexuelle Beziehung zwischen zwei Partnern kennzeichnen. In der mhd. Epik bezeichnet *minne* sowohl die eheliche Liebe als auch die sexuelle Lust. Eine *minne*-Verbindung setzt das gegenseitige Einverständnis voraus, woraus sich auch die Verwendung des Begriffs in Rechtskontexten erklärt; die Formel *minne und/oder recht* hat sich bis in die Neuzeit bewahrt. Inwiefern die mhd. Begriffe *liebe* und *minne* semantisch differenziert oder synonym verwendet werden können, lässt sich nur im jeweiligen Kontext klären.

8 Wie können *minne* und *liebe* in den folgenden Textausschnitten jeweils übersetzt werden?
9 Welche personalen Konstellationen liegen den beschriebenen Beziehungen zugrunde?

❶ Minne got de dich geminnet hat.
minne du **minne** dat is mi rat.
du **minne** hat ſich ſeluen an dich gedragen.
du in ſalt ire dine **minne** nit uerſagen.

‚Die Lilie', Hs. 68, fol. 57ᵛ,2-6

❸ Berichtet wird vom Kampf zwischen dem römischen Feldherren Julius Caesar und den Schwaben:

Daz bůch tut unſ kunt.
er uaht mit im drieſtunt.
mit offenem ſtrite.
ſi flůgen wnden wite.
ſi macheten manigen blutigen rant.
di Swaben werten wol ir lant.
unz ſi Jvliuſ mit **minnen.**
rebat ze aim teidinge.
ir lant ſi da gaben.
in ſine genade.

‚Kaiſerchronik', Cod. 276,
fol. 2ʳᵃ,12-18; vv. 277-286

❺ Über die unrechtmäßige Aneignung fremden
Besitzes:

vnde ſwem er gůt
ze vnrehte verloren hat
dem ſol er daz wider geben
nach rehte. oder nach **minnen.**

‚Schwabenſpiegel', Cod. Donaueſchingen 738,
fol. 45ʳᵇ,21-45ᵛᵃ,4

❼ Laudine und Iwein versöhnen sich nach ihrer langen Trennung:

do wonte vnder in zwêin.
Liebe bi lêide.
Si frêvten ſich bêide.
daz ſi zeſamne waren chomen.

Hartmann von Aue ‚Iwein', Hs. 97,
fol. 146ʳ,12-15; vv. 7484-7487

❷ Ez ſprichet ſant Johanneſ
ewangeliſta got iſt div **minne**

‚Baumgarten geiſtlicher Herzen',
Cgm 6247, fol. 22ʳ,21-22ᵛ,1

❹ Im Schwabenspiegel wird beschrieben,
über welche Eigenschaften ein Richter verfügen sollte:

Ein rihter
ſol gerehtekeit alſo han.
daz er durch **liebe** noch
durch miete. noch durch
haz nv̇t en tv̇n. wan daz
reht ſi.

‚Schwabenſpiegel', Cod. Donaueſchingen
738, fol. 43ᵛᵇ,10-15

❻ Thematisiert wird das Verhältnis zwischen
Maria und Jesus:

Eines dages daz geſchach.
Daz dez kindez **minne** brach.
der mvter in irs herzen ſchrin.
So daz die here kvnegin.
von iamers hicze wart inzvnt.
So daz irs herzen bvrnen grvnt.
vf wallen mvſte vnd vber floz.

‚Rheinfränkiſche Marienhimmelfahrt',
Cod. 876, Bl. 192,6-13

❽ Beschreibung der *minne* zwischen dem
Ritter Athis und seiner Frau Prophilias:

Er minnite ſine urouwin
In ſime herzin binnin
Mit getruwelichin **minnin**
Da widir minnite ſie in

‚Athis und Prophilias', Berol. Ms. germ.
qu. 846, fol. 1ʳᵃ,34-37

❾ Beschrieben wird der Grund für die Passion Christi:

ovch waz div allirmeiſti ſache daz got gemarterot wart daz er wolti irzeigen
die groze **liebe** die er ze deme meniſche hate. vnd daz er den tivuel damite
wolte ſchendin daz er den meniſchin vůrte vbir die engile die in virratin hetin.

‚Lucidarius', 2° Cod. Ms. theol. 101n Cim., fol. 4ʳ,9-12

❿ Ich han gehort vil lange   von Chriemhilt ſagen
daz ſi ir hercen leide   wolde niht vertragen
nv trinchen wir die **minne**   vnd gelten ſkvniges win
der iunge vogt der Hvnen   der mv̊z der erſte ſin

‚Nibelungelied', Cod. Donaueſchingen 63, fol. 71ᵛ,31-72ʳ,1; str. 1960,1-4

In der lyrischen Gattung Minnesang – der einzigen mal. Gattung, die sich ausschließlich über die Begrifflichkeit (*minne*) konzeptualisiert – wird das gesamte Spektrum von Zweierbeziehungen thematisiert. Walther von der Vogelweide bricht mit neuen Inhalten und Sehweisen die etablierten Formen auf. Er thematisiert unterschiedliche Arten von *minne*-Beziehungen und betrachtet sie aus je anderen Blickwinkeln, so dass sich eine verbindliche Form nicht finden lässt.

10 Die Verwendung bestimmter sprachlicher Bilder und Wendungen macht deutlich, dass es sich um einen Text der Gattung Minnesang handelt. Versuchen Sie diese an den zwei folgenden Strophen zu verifizieren.

11 Übersetzen Sie den negativ exzipierenden Satz in II,5 f. um bestimmen zu können, welche Rolle *diu liebe vrowe mîn* (II,6) in dieser Liebesbeziehung hat.

I Ir vil minneklîchen ougenblicke
rüerent mich alhie, swanne ich si sihe,
in mîn herze. owê, sold ich si dicke
sehen, der ich mich vür eigen gihe!
Eigenlîchen dien ich ir,
daz sol sî vil wol gelouben mir.

II Ich trage in mînem herzen eine swære
von ir, die ich lâzen niht enmac,
bî der ich vil gerne tougen wære
beide naht und ouch den liehten tac.
Des enmac nû niht gesîn
es enwelle diu liebe vrowe mîn

Walther von der Vogelweide, 112,17 und 112,23

3. Metrik und Strophik

Mhd. Literatur ist nahezu ausschließlich metrisch gebundene, gereimte Versdichtung. Die Verse zeigen eine mehr oder weniger gleichmäßige Abfolge von betonter und unbetonter Silbe (Hebung und Senkung). Beim Vortrag oder beim lauten Lesen werden diese Texte rhythmisch gesprochen (skandiert). Genaues Beachten des Rhythmus erleichtert oft auch das Textverstehen. Um einen regelmäßigen Rhythmus zu ermöglichen, wird auslautendes e beim Skandieren häufig weggelassen (Elision). In den Textausgaben steht unter dem e dann meist ein Punkt (ẹ):

tetẹ er = tet er   kundẹ ir = kund ir

Auch ein anlautender Vokal kann weggelassen werden (Aphärese): *nû ẹnist = nû nist*

Ein Vers lässt sich in Auftakt, Versinneres und Versschluss gliedern. Im Auftakt finden sich oft unbetonte Silben:

einsilbiger Auftakt

    /   /   /   /
Si / hât ein küssen, daz ist rôt

zweisilbiger Auftakt

    /   /   /   /
Lange / swîgen des hât ich gedâht

ohne Auftakt

/   /   /   /
Saget mir ieman, waz ist minne?

12 Markieren Sie die betonten Silben mit einem Aufstrich und berücksichtigen Sie dabei besonders Elision und Aphärese.

          /   /   /
si heten beide ein herze:

ir swære was sîn smerze,

sîn smerze was ir swære;

si wâren beide einbære

an liebe unde an leide

und hâlen sich doch beide

Gottfried von Straßburg
‚Tristan und Isolde', vv. 11731-11736

          /   /   /   /
Si wunderwol gemachet wîp,

daz mir noch werde ir habedanc!

ich setze ir minneclîchen lîp

vil werde in mînen hôhen sanc.

Walther von der Vogelweide, 53,25-28

        /   /   /   /   /   /
Sam der liehte mâne   vor den sternen stât,

des scîn sô lûterlîche   ab den wolken gât,

dem stuont si nu gelîche   vor maneger frouwen guot.

des wart dâ wol gehœhet   den zieren helden der muot.

‚Nibelungenlied', str. 283,1-4

Während die höfischen Epen in Reimpaarversen angeordnet sind, zeigen die Lyrik und die Heldenepik durchgängig einen strophischen Aufbau.

Die Heldenepik zeigt kompliziertere feste Strophenformen: Die Nibelungenlied-Strophe besteht jeweils aus vier Langzeilen, zusammengesetzt aus je zwei Kurzzeilen (An- und Abvers). An- und Abvers sind durch eine Sprechpause getrennt. Das Reimschema ist *aa bb*:

Ine kan iu niht bescheiden,   waz sider dâ geschach

wan ritter unde vrouwen   weinen man dâ sach,

dar zuo die edeln knehte   ir lieben friunde tôt.

hie hât daz mære ein ende: daz ist der Nibelunge nôt.

‚Nibelungenlied', str. 2379,1-4

Strophischer Aufbau findet sich in der nachhöfischen Zeit z. B. in der sog. aventiurehaften Dietrichepik – hier wird der aus dreizehn Verszeilen bestehende sog. Bernerton verwendet (s. ‚Goldemar', Kap. 3 b).

In der germanischen Stabreimdichtung (die weit überwiegend nicht strophisch ist) tritt in den Langzeilen eine bestimmte Form der Alliteration auf, bei der durch gleichen Anlaut bedeutungstragende Wörter betont sind. Diese sog. Stäbe finden sich verteilt auf An- und Abvers.

garutun sê iro guðhamun,   gurtun sih iro suert ana,

helidos, ubar hringo,   do sie to dero hiltiu ritun.

‚Hildebrandslied', v. 5 f.

Im Nibelungenlied findet sich gelegentlich noch Stabreim:

> Hildebrant mit zorne   zuo Kriemhilde spranc,
> er sluoc der küneginne   einen **sw**æren **sw**ertes **sw**anc.
>
> ‚Nibelungenlied‘, str. 2376,1 f.

In der Lyrik, in der es keine festen Strophenformen gibt, definiert sich jede Strophe durch:
– die Anzahl der Verse,
– die Anzahl der Hebungen pro Vers,
– das Reimschema,
– die Kadenzen.

Die wichtigste Strophenform der Lyrik ist die Kanzone (Stollenstrophe). Die einfache Kanzone besteht aus zwei gleich gebauten Abschnitten (Stollen) und einem Abgesang, dessen Reimgestaltung frei ist und entsprechend variiert:

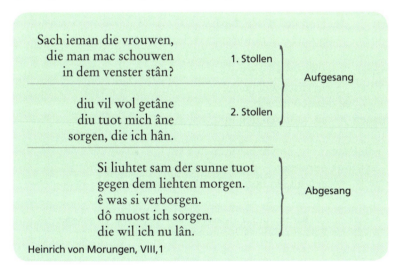

Heinrich von Morungen, VIII,1

Literatur: Minimalmetrik: zur Arbeit mit mittelhochdeutschen Texten. Zusammengestellt von Helmut Tervooren. Göppingen 1979. (Göppinger Arbeiten zur Germanistik 285); Beyschlag, Siegfried: Die Metrik der Mittelhochdeutschen Blütezeit in Grundzügen. 5., durchges. Aufl. Nürnberg 1963; Sieburg, Heinz: Literatur des Mittelalters. Berlin 2010, 101-117; Bögl, Herbert: Abriss der mittelhochdeutschen Metrik: mit einem Übungsteil. Hildesheim u. a. 2006; Heusler, Andreas: Deutsche Versgeschichte: Mit Einschluss des altenglischen und altnordischen Stabreimverses. 3 Bde. Berlin 1925-29.

4. Übungstext

König Gunther von Worms hört von Brünhild, um die er zu werben beschließt.

I   Iteniuwe mære   sich huoben über Rîn.
man sagte, daz dâ wære   manec scœne magedîn.
der gedâht' im eine erwerben   Gunther der künec guot:
dâ von begunde dem recken   vil sêre hôhen der muot.

II   Ez was ein küneginne   gesezzen über sê,
ir gelîcher enheine   man wesse niender mê.
diu was unmâzen scoene,   vil michel was ir kraft.
sie scôz mit snellen degenen   umbe minne den scaft.

III   Den stein den warf si verre,   dar nâch si wîten spranc.
swer ir minne gerte,   der muose âne wanc
driu spil an gewinnen   der frouwen wol geborn.
gebrast im an dem einen,   er hete daz houbet sîn verlorn.

IV   Des het diu juncfrouwe   unmâzen vil getân.
daz gehôrte bî dem Rîne   ein ritter wol getân,
der wande sîne sinne   an daz scœne wîp.
dar umbe muosen helden   sît verliesen den lîp.

V   Dô sprach der vogt von Rîne: „ich wil nider an den sê
hin ze Prünhilde,   swie ez mir ergê.
ich wil durch ir minne   wâgen mînen lîp:
den wil ich verliesen,   sine werde mîn wîp."

Das Nibelungenlied. Nach der Ausgabe v. Karl Bartsch hrsg. v. Helmut de Boor. 22., rev. u. v. Roswitha Wisniewski ergänzte Auflage. Wiesbaden 1988, strr. 325-329. (Deutsche Klassiker des Mittelalters)

13 Welche Motivation und Risikobereitschaft liegen Gunthers Brautwerbung zugrunde (strr. I und V)?

14 Welche Prüfungen müssen bestanden werden, um Brünhilds *minne* erlangen zu können (strr. II-IV)?

15 Bestimmen Sie die Verbformen *gedâht(e)* (I,3), *wesse* (II,2), *scôz* (II,4), *muose* (III,2) und *wande* (IV,3) und geben sie die jeweilige Verbart an.

16 Was bedeutet die Wendung *verliesen den lîp* (IV,4)?

17 Überlegen Sie sich eine angemessene Übersetzung für den nicht eingeleiteten Nebensatz in III,4.

18 Um welche Nebensatzkonstruktion handelt es sich in V,4?

👒 Modul 4 ‚Sätze und ihre Strukturen' Menüpunkt 7.3 (Hilfe zu Aufgabe 18).

5. Die Handschrift als Überlieferungsträger

Als maßgeblicher Überlieferungsträger von mittelalterlicher Literatur ist die Handschrift – d. h. das von Hand geschriebene und gefertigte Buch (Codex, auch: Kodex, Pl. Codices) – das schriftliche Medium des Mittelalters. Heute liegen die Handschriften fast ausschließlich in Bibliotheken (nur wenige befinden sich Privatbesitz); dabei handelt es sich um Staatliche Bibliotheken, Klosterbibliotheken, Universitäts- und Landesbibliotheken und andere Bibliotheken in öffentlicher Trägerschaft. Die Entstehung der meisten Bibliotheken (mit Ausnahme der Klosterbibliotheken) hat ihren Ursprung im Barockzeitalter und basiert auf Büchersammlungstätigkeit meist Adliger, die über Generationen hinweg betrieben wurde. Stetige Erweiterung erfolgte durch Zukauf weiterer Sammlungen oder ganzer Bibliotheken. Im Fall der Klöster geht die Gründung der Bibliothek mit der Gründung des Klosters selber einher und ist nicht selten in frühmittelalterlicher Zeit zu verorten. Wichtige Bibliotheken (in Auswahl):

- Bayerische Staatsbibliothek München (BSB München)
- Staatsbibliothek zu Berlin – Preußischer Kulturbesitz (SBB PK)
- Stiftsbibliothek St. Gallen
- Österreichische Nationalbibliothek (ÖNB)
- Herzog August Bibliothek Wolfenbüttel (HAB)
- Universitätsbibliothek Heidelberg
- Universitäts- und Forschungsbibliothek Erfurt/Gotha (UFB Erfurt/Gotha)

Handschriften haben an ihren Aufbewahrungsorten Signaturen erhalten und werden, zusammen mit der Nennung der Bibliothek, nach diesen zitiert. Der Aufbau der Signaturen unterscheidet sich von Bibliothek zu Bibliothek, einige Elemente kehren jedoch immer wieder:

- Hinweis darauf, dass es sich um eine Handschrift handelt: c bzw. Cod. steht für Codex, Ms. für Manuscriptum,
- Hinweis auf die Sprache: germ. bzw. g steht für germanicus,
- Hinweis auf den Aufbewahrungsort: z. B. pal = palatina (Heidelberg), m = monacensis (München), Guelf. = guelferbytanus (Wolfenbüttel),
- Hinweis auf die Sammlung im Rahmen einer Bibliothek (z. B. Helmst. = Sammlung Helmstedt),
- Hinweis auf die Größe der Handschrift (z. B. Fol. weist auf das Folioformat hin),
- eine laufende Nummer.

19 Lösen Sie die folgenden Signaturen auf und finden Sie heraus, um welche Handschrift es sich jeweils handelt bzw. welche Texte in den unten aufgeführten Handschriften überliefert werden. Nutzen Sie hierzu die Suchmöglichkeiten auf www.handschriftencensus.de oder auf den Seiten der betreffenden Bibliotheken.

cpg 848 auch: Cod.Pal.germ. 848	Cgm 51	Ms.Germ.Fol. 282	Cod. Guelf. 1082 Helmst.

In einigen Signaturen finden sich Hinweise auf die Größe der Handschrift. Da die Maße von der Größe der verwendeten Pergamenthäute abhing, variieren die Maße je nach Kategorie etwas; folgende Größen finden sich sehr häufig:

– Großfolioformat: Blatthöhe 50–55 cm, Breite 35–40 cm
– Folioformat: ca. 50 x 35 cm
– Quartformat: ca. 25 x 17 cm
– Oktavformat: ca. 8 x 5–6 cm

In manchen Signaturen ist der Hinweis auf das Format dargestellt als 2° (Folio), 4° (Quart) oder 8° (Oktav), z. B. trägt das in der Kasseler Universitätsbibliothek liegende Parzivalfragment die Signatur 2° Ms. poet. et roman. 30. Sehr alte, kostbare Handschriften tragen oft den Zusatz Cim. (Cimelia, Zimelie; ferner gebräuchlich: Rara), wie das in der Münchner Universitätsbibliothek liegende Parzivalfragment mit der Signatur 8° Cod. ms. 154 (Cim 80b), Fragm. I. 129.

In den Handschriften findet sich eine zumeist nachträgliche Zählung der Seiten; diese erfolgt entweder Blattweise (Foliierung), d. h. nur die Vorderseite eines Blattes erhält eine Ziffer in der rechten oberen Ecke, oder Seitenweise (Vorder- und Rückseite werden gezählt = Paginierung). Bei der Zählung nach Blättern, der Foliozählung (Foliierung), ist es erforderlich, die Vorder- und Rückseite auseinanderzuhalten – dies geschieht durch den Zusatz *recto* (r) oder *verso* (v). Ist das Layout in Spalten angelegt, werden diese mit Kleinbuchstaben durchgezählt (i. d. R. max. drei Spalten, also a, b und c). So beginnt das ‚Preislied' Walthers von der Vogelweide in der Großen Heidelberger Liederhandschrift auf fol. 133rb.

Bis zur Errichtung der ersten Papiermühle in Deutschland durch Ulman Stromer in Nürnberg im Jahr 1390 erfolgt die schriftliche Überlieferung fast ausschließlich auf Pergament (die Basis bildet die Rohhaut bevorzugt von Schafen aber auch Rindern), was letztlich mit verantwortlich ist für die lange Haltbarkeit der Handschriften. Für das Schreiben des Textes wurde schwarze oder braune Tinte verwendet, die mit kräftigen Vogelfedern (meist Gänsefedern) aufgetragen wurde. Die Federkiele mussten ständig mit einem scharfen Messer (*scalprum librarium*) wieder zugespitzt werden.

Walther von der Vogelweide, Große Heidelberger Liederhandschrift (Codex Manesse), Universitätsbibliothek Heidelberg, Cod. Pal. germ. 848, fol. 133rb (1. Hälfte 14. Jh.)

Für die weitere, auch farbliche Ausstattung der Seiten wurden spezielle Tinten in handwerklich aufwändigen Verfahren hergestellt. Ausgezeichnet wurde im Text z. B. der Versanfang mit einfacher, meist roter Farbe (Rubrizierung). Aufwändiger ist die künstlerische Gestaltung von Initialen, die auch mehrfarbig sind, größere Textsequenzen markieren und Gliederungsfunktion haben.

Grundsätzlich sind Informationen zum Text und zur Handschrift auseinander zu halten: Der (heutige) Aufbewahrungsort und der Entstehungsort der Handschrift sowie der Entstehungsort des Textes sind häufig unterschiedlich und können nicht aufeinander bezogen werden; ebenso verhält es sich mit der Datierung: Die Datierung des Textes und die Datierung der Handschrift, die den Text enthält, sind fast immer unterschiedlich. Der Eneasroman Heinrichs von Veldeke ist beispielsweise um 1180 entstanden, die älteste erhaltene Handschrift allerdings, die diesen Text überliefert, wird auf ca. 1225 datiert.

Nibelungenlied Hs. C, Badische Landesbibliothek Karlsruhe, Cod. Donaueschingen 63, fol. 1ʳ (2. Viertel 13. Jh.) (Ausschnitt)

Literatur: Brinker-von der Heyde, Claudia: Die literarische Welt des Mittelalters. Darmstadt 2007. Jakobi-Mirwald, Christine: Das mittelalterliche Buch: Funktion und Ausstattung. Stuttgart 2004; Schneider, Karin: Paläographie und Handschriftenkunde für Germanisten. Eine Einführung. Tübingen 1999; www.handschriftencensus.de; www.manuscripta-mediaevalia.de.

Kapitel 9 Wissen und Wissensvermittlung

WIR. SVLIN
des bvches beginnen mit
got. vnd ez fol fich enden mit
got. vnd wir fvln ez bewærn mit der alten
ê. vnd mit der newen ê. daz tvn wir
da mit vnd dar vmb. daz ez die valfc-
fchen lævt vnd die vngetriwen lævt
niht verkeren megen. wan des bvches ift erdaht. dvrch rehten fride.
vnd dvrch rehtes gerihte. ze gvt
dem armen. fam dem richen.

Buch der Könige, Cod. Donaueschingen 739,
fol. 1ʳᵃ,1-11

‚Psalterium Gallicanum mit Cantica',
Cod. Sang. 20, fol. 1, Stiftsbibliothek
St. Gallen, um 820-830

Reinmar von Zweter, Große
Heidelberger Liederhandschrift
(Codex Manesse), Universitätsbibliothek Heidelberg, Cod. Pal.
germ. 848, fol. 323ʳ (1. Hälfte 14. Jh.)

Diziu wort diu ich für hant gelait in der
latine. diu haben wir hiut gelefen an dem.
heiligen. ewangelium. vnd
fprach fi unfer herre aines tages ze finen
iungern. vnd fprechenten tùfcen alfo.

Schwarzwälder Predigten, Cod. 460, fol. 4ᵛ,26-5ʳ,3

Swaz ich niht wol getihtet han
Tvt daz ein wifer man hin dan
Des fol man im fagen dank
wann ez fprach her Freidank
vf erden ift niht fo gar volkomen
Daz ez dem wandel fei benomen

Hugo von Trimberg ‚Der Renner', Ms. B 4,
fol. 156ᵛᵃ,24-29; vv. 24606-24611

Nv wil ih iv herron.
heina war reda vor tuon.
uon dem angenge.
uon alem manchunne.
uon dem wiftuom alfe manicualt
ter an dien buchin ftet gezalt
uzer genefi unde uzer libro regum

‚Ezzos Gesang', Ms. 1, fol. 74ᵛ,1-3

1. Thomasin von Zerklære ‚Der welsche Gast'

Im folgenden Auszug aus dem siebten Buch des ‚Welschen Gastes' werden die sieben freien Künste beschrieben:

1   wir haben chvnſt vil geſchriben.
    Der ſint avz erwelt ſiben.
    Liſt haizz wir di chvnſt.
    vnd haizzens frei wan niemen ŵnſt
5   Der ſich drân verlat haben mêre
    Man vindet da ŵnnechleich lere. [...]
    Dev erſte haizzet grammatica.
    dev andere Dialetica.
    Dev dritte Rethorica iſt genant.
10 So ſint di vier dar nah zehant.
    Ariſmetica. vnd Geometrie.
    Mvſica. vnd Aſtronomie.
    GRammatica lert ſprechen wol reht.
    Dialetica beſchaidet daz ſlêht.
15 vom chrvmben. di warhait.
    vom falſch. Rethorica chlait
    vnſer rede mit varwe ſchoene.
    Ariſmetica dev geit ze lôene.
    Daz man von ir chvnſt celen ſol.
20 Geometrie lert mezzen wol.
    Mvſica mit weiſe ſchôene
    Geit vnſ weiſtvm an di dôene
    Aſtronomie lert ane wanch.
    Der ſterne natvre vnd ir ganch.

Bilder und Text: Thomasin von Zerklære ‚Der welsche Gast', Universitätsbibliothek Heidelberg, Cod. Pal. germ. 389, fol. 138ᵛ,3-139ʳ,30, vv. 8999-8932

Der Kleriker Thomasin von Zerklære (*~1186 in Friaul) verfasste seine deutsche Verhaltenslehre in Reimpaarversen (1215/16). ‚Der Welsche Gast' richtet sich an *vrume rîter*, *guote vrouwen* und *wise pfaffen* (v. 1459 f.) und folgt in seiner Gesamtkonzeption dem didaktischen Prinzip, einem volkssprachlichen Laienpublikum Wissen der lateinischen Schriftkultur zu vermitteln.
Der Text ist mit 24 zum größten Teil aufwändig illustrierten Handschriften und Fragmenten umfangreich überliefert.

1 Listen Sie die sieben freien Künste auf und beschreiben Sie ihre jeweiligen Aufgabenbereiche.
2 Die Heidelberger Handschrift (cpg 389) ist illustriert (s. Abbildungen neben dem Text). Ordnen Sie die sieben freien Künste den jeweiligen Bildern zu, nutzen Sie dazu die Bildunterschriften.

3 Im Text gibt es eine ekthliptische Form, markieren Sie diese und erläutern Sie, inwiefern Probleme beim Übersetzen entstehen können.
4 Markieren Sie diejenigen Adverbien im Text, die zur Steigerung dienen.

2. Wortschatz

list und *kunst*

Im Text Thomasins von Zerklære (v. 1, v. 3) werden die Substantive *Lilt* (mask./fem.) und *chvnlt* (fem.) verwendet. *kunst* (< *kunnen*) bezieht sich zunächst auf ritterlich-höfisches Können und verbindet erlerntes Wissen mit Fertigkeiten (häufig in Paarformeln wie *kunst und kraft*). Im 13. Jh. werden *list* und *kunst* häufig synonym verwendet und können auch als Paarformeln auftreten: *list und chunst genuoge* (Gottfried von Straßburg ‚Tristan und Isolde' v. 7705). Im späten 13. Jh. wird *list* in seiner positiven Bedeutung durch *kunst* abgelöst.

list ist eine Bildung zu germ. **lis* (‚wissen'); im Mhd. weist *list* ein breites Spektrum an Bedeutungen auf: ‚erlerntes Wissen, Weisheit, Klugheit, Kunst/Kunstfertigkeit, Wissenschaft (*siben liste*), Geschicklichkeit, Absicht, Tücke' aber auch ‚Zauberkraft, Magie'. Da die Umstände, in denen *list* eingesetzt wird, und das Ergebnis von *list* positiv oder negativ sein können, enthält es ein Element der Bewertung, die erst durch den Kontext bzw. ein bewertendes Adj. verdeutlicht wird:

positiv
godeliche/geistliche/reine/wise/hohe/guote/hubeschliche/nütze/arzetliche list

negativ
tuefels/slangen/verkerte/ungetriuwe/kranke/valsche/böse list

Seit dem 14. Jh. ist in Rechtstexten besonders häufig die feste Wendung *arge list* ‚Täuschung' belegt.

5 Suchen Sie passende Übersetzungen für *chvnlt* (v. 1 u. ö) und *Lilt* (v. 3) im ‚Welschen Gast' und markieren Sie die Wörter, die Aufschluss über eine positive bzw. negative Konnotation geben.

6 Entscheiden Sie, ob *list* in den folgenden Textstellen positiv oder negativ besetzt ist und begründen Sie ihre Entscheidung aus dem Kontext heraus.

❶ daz ſe alle ſament wiſten.
von arztlichen **liſten.**

Gottfried von Straßburg ‚Tristan und Isolde‘, Cgm 51, fol. 49ᵛᵇ,16 f.; v. 7269 f.

❸ Und ſwc vf erde werkis iſt
Dc duhte mich ein kranker **liſt**

Hugo von Langenstein ‚Martina‘, Cod. B VIII 27, fol. 20ʳᵇ,23 f.

❺ Waz iſt anders geiſtlicher
lût arbeit wan […]
daz ſi ze der lutercheit chomen des geiſtlichen lebnſ.
daran ſi der tievel irren wil
mit ſinen manichvaltigen **liſten**

‚Baumgarten geistlicher Herzen‘, Cgm 6247, fol. 105ᵛ,18-106r,3

❼ Deſ vngedruwen falſen **liſt**
den man nennet antecriſt

‚Erlösung‘, Berol. Ms. germ. qu. 1412, fol. 11ʳᵃ,36 f.

❷ michel was ir wiſheit
ir **liſt** unde ir cundiheit.

‚Straßburger Alexander‘, v. 57 f.

❹ Sin wiſheit vnd ſin hohir **liſt**
Git vns an lip an ſel geniſt

Hugo von Langenstein ‚Martina‘, Cod. B VIII 27, fol. 13ᵛᵇ,11 f.

❻ Von dem ich iu nû sagen wil,
des schulde was grôz unde vil
daz si vil starc ze hoerenne ist,
wan daz man si durch einen **list**
niht verswîgen getar.

Hartmann von Aue ‚Gregorius‘, vv. 51-55

❽ Do er was uff erſtanden.
Do mit er brach der ſlangen **lyſt.**

Lupold von Hornburg ‚Reden‘, 2° Cod. ms. 731, fol. 231ʳᵇ,21 f.

Die folgenden Auszüge stammen jeweils aus den Prologen der einzelnen Werke, in denen die Autoren ihr literarisches Programm beschreiben. U. a. benennen sie die Quellen, auf die sie sich in ihrer Bearbeitung des Stoffes beziehen und beschreiben ihren Umgang damit. Der Prolog dient damit auch der Auseinandersetzung mit literarischem Wissen und dessen Vermittlung.

7 Markieren Sie in den folgenden Texten, welche Referenzen jeweils als Quellen der Bearbeitung genannt werden.

8 Fassen Sie zusammen, welche Erzählanlässe in den einzelnen Prologen genannt werden.

9 Beschreiben Sie das Vorgehen der verschiedenen Autoren und verdeutlichen Sie, welche literarischen und didaktischen Zielsetzungen in den Prologen deutlich werden.

3. Gottfried von Straßburg ‚Tristan und Isolde‘

1 Ich weiz wol, ir ist vil gewesen,
die von Tristande hânt gelesen;
und ist ir doch niht vil gewesen,
die von im rehte haben gelesen.
5 Tuon aber ich diu gelîche nuo

und schephe mîniu wort dar zuo,
daz mir iegelîches sage
von disem mære missehage,
so würbe ich anders danne ich sol.
10 ich entuon es niht; si sprâchen wol

und niwan ûz edelem muote
mir unde der werlt ze guote.
binamen si tâten ez in guot;
und swaz der man in guot getuot,
15 daz ist ouch guot und wol getân.
aber als ich gesprochen hân,
daz sî niht rehte haben gelesen,
daz ist, als ich iu sage, gewesen:
sine sprâchen in der rihte niht,
20 als Thômas von Britanje giht,
der âventiure meister was
und an britûnschen buochen las
aller der lanthêrren leben

und ez uns ze künde hât gegeben.
25 Als der von Tristande seit,
die rihte und die wârheit
begunde ich sêre suochen
in beider hande buochen
walschen und latînen,
30 und begunde mich des pînen,
daz ich in sîner rihte
rihte dise tihte
sus treib ich manege suoche,
unz ich an eime buoche
35 alle sîne jehe gelas,
wie dirre âventiure was.

Gottfried von Straßburg: Tristan. Hrsg. v. Karl Marold, unveränd. 5. Abdr. nach dem 3., mit einem auf Grund von Friedrich Rankes Kollationen verb. kritischen Apparat. Besorgt und mit einem erw. Nachw. vers. v. Werner Schröder. Berlin/New York 2004, vv. 131-172.

10 Suchen Sie passende Übersetzungen für die Begriffe, mit denen Gottfried seine Quellen bezeichnet (z. B. *mære*, v. 8).
11 Listen Sie Verben auf, mit denen Gottfried sein Vorgehen bei der Bearbeitung der Quellen beschreibt.
12 Übersetzen Sie die Genitivkonstruktion in v. 1 und v. 3; welche Art der Inkongruenz (vgl. Kap. 8 a) erschwert das Textverstehen hier zusätzlich?

‚Bartholomäus‘

1 Ditze buch dihte ein meifter
der hiez Bartholomeus. daz nam
er ze chrichen. vz einem bvche daz
haizet practica. daz ift hie tiud-
5 fche getihtet. Mit den felben
worten. alfo ez Bartholomeus an fin
bůch hat gefchriben. Swer den brief
difef bůches wil wizen. der fol in alfo
erchennen. Introductiones et experimenta.
10 Bartholomei magistri. in practicam
Ypocras. Gallieni. Conftantini. grecorum

medicorum. Der brief dutet alfvs
Bartholomeus der maifter daz er vns an di-
fen bůche geleret hat. alliv div dinch.
15 div er verfvhte. daz fi war fint in dem
chriechifchen bůchen. vnt daz er den
wech vnd die rehten chvnft geleret
hat. die wir vinden fvln. in den chri-
chifchen bůchen. di daz gefchriben
20 habent. die chrichfchen àrzet. Ypocras. Gallienus. vnt Conftantinus.

‚Bartholomäus‘, Cgm 92, fol. 1ʳᵃ,1-21

13 Erklären Sie, inwiefern die ekthliptische Verbform im Text Probleme beim Übersetzen bereiten kann.
14 Unterscheiden Sie die Relativsätze von den eingeleiteten Konjunktionalsätzen.
15 Suchen Sie passende Übersetzungen für *wizen* (Z. 8, Inf. *wizzen*) und *erchennen* (Z. 9) und bringen Sie diese in einen sinnvollen Zusammenhang.
16 Bestimmen Sie die grammatischen Formen *bůchen* (Z. 16) und *arzet* (Z. 20) und erläutern Sie den Unterschied zum Nhd.

Hartmann von Aue ‚Der Arme Heinrich'

1 Ein ritter sô ▒▒▒▒▒▒▒▒▒▒▒ was
   daz er an den buochen ▒▒▒▒▒▒▒▒▒
   swaz er dar an ▒▒▒▒▒▒▒▒▒ vant:
   der was Hartman genant,
5 dienstman was er zOuwe.
   er nam im manige schouwe
   an mislîchen buochen:
   dar an begunde er ▒▒▒▒▒▒▒▒▒
   ob er iht des vunde
10 dâ mite er swære stunde
   möhte senfter machen,
   und von sô gewanten sachen
   daz gotes êren töhte
   und dâ mite er sich möhte
15 gelieben den liuten.
   nu beginnet er iu
   ein ▒▒▒▒▒▒▒▒▒▒▒ die er geschriben vant.
   dar umbe hât er sich genant,
   daz er sîner arbeit
20 die er dar an hât geleit
   iht âne lôn belîbe,
   und swer nâch sînem lîbe
   si ▒▒▒▒▒▒▒▒▒▒▒ ode ▒▒▒▒▒▒▒▒▒▒
   daz er im bittende wese
25 der sêle heiles hin ze gote.

Hartmann von Aue ‚Der arme Heinrich', vv. 1-25

17 Tragen Sie folgende Wörter jeweils in die passenden Lücken im Text ein: *hoere sagen*, *suochen*, *diuten*, *geschriben*, *rede*, *las*, *lese*, *gelêret*. Nutzen Sie – wenn möglich – das Reimschema als Hilfestellung.

> Der ‚Arme Heinrich' Hartmanns von Aue ist eine religiöse Beispielerzählung, deren Quelle unbekannt ist, das Motiv ist allerdings aus der religiösen Literatur bekannt (z. B. Lazarus). Erzählt wird von Ritter Heinrich, der plötzlich an Lepra erkrankt und erst nach einem beschwerlichen Weg der Bewährung und Prüfung mithilfe eines Wunders geheilt werden kann.

18 *iht* kann sowohl positiv als auch negativ übersetzt werden (vgl. Kap. 3 a); welches ist im Text (v. 9 und v. 21) jeweils die passende Bedeutung?
19 Markieren Sie die Verben im Konjunktiv und bilden Sie jeweils den Infinitiv.
20 Suchen Sie Übersetzungen zu *lîbe* (v. 22) und *arbeit* (v. 19).
21 Markieren Sie alle verallgemeinernden Pronomen.

4. Wortschatz

wizzen

Das Präteritopräsens *wizzen* (Gottfried von Straßburg ‚Tristan und Isolde' v. 1, ‚Bartholomäus',
Z. 8) aus idg. *$\underset{\smile}{u}$eid-, *$\underset{\smile}{u}$id-, ‚sehen, erblicken' bedeutet neben ‚wissen' auch ‚kennen, verstehen'
(ursprünglich wissen/kennen, weil ich es gesehen/erblickt habe). Im Mhd. weist *wizzen* ein brei-
tes Spektrum von Bedeutungen auf: Häufig drückt es das Wissen von bzw. um etwas aus, es
kann aber auch ‚kennen, erkennen, verstehen, sicher/gewiss sein, vermögen, erfahren' heißen.
In Rechtstexten kann *wizzen* die Bekanntmachung rechtlicher Vorgänge bezeichnen, die Bestandteil verbindlicher Rechtsakte sind. Auch die feste Verwendung in dem Ausruf ‚weiß Gott'
ist bereits mhd. belegt.

22 Entscheiden Sie, welche Übersetzung für *wizzen* in den folgenden Textstellen sinnvoll ist.

❶ der helphant und ſin gemachide. Bezeichinent
adamen unt euam. die in paradiſo mit eren
waren. unt ubel ne **weſſen**. ê ſi goteſ gebot zebrachen.

‚(Wiener) Physiologus', Cod. 2721, fol. 139ʳ,17-139ᵛ,1; 8,4

❷ Ir ainir hiez ivdaſ.
ich **vveiz** er chunt im daz.
er ſolde gevvinnin.
deſ levvin craft.

‚Linzer Entechrist', Hs. 33,
fol. 171ʳ,29 f.

❸ Do **weſſe** wol her Dietrich.   daz der chune man.
vil grimmes mvtes wære.   ſchermen im began.
der voget von Berne.   vor angeſtlichen ſlegen.

‚Nibelungelied', Cod. Donaueschingen 63, fol. 87ᵛ,15-17;
str. 2349,1-4

❹ Do ſprach der kvnech von Zazamanch.
dv ne darft mir **wizzen** cheinen danch.
ſwaz dir min dieneſt hie ze eren tvͦt.
wir ſvlen habn einen mvͦt.

Wolfram von Eschenbach ‚Parzival',
Cod. 857, Bl. 23ᵇ,9-12; 68,3-6

❺ er sprach: ‚ich wil dich **wizzen** lân
durch waz ich ez habe getân'

Rudolf von Ems ‚Alexander', v. 9775 f.

❻ Alle die diſen brief ſehent oder hoͤrent
leſen die ſvͦn **wiſſen** daſ
Johanneſ Degenhart het verkoͤfet
ſin hvſ daſ da lit ze Friburg

Urkunde der Stadt Freiburg vom 11.2.1292

❼ Ein kůnc der braht dir mirren
Die zwen wirauch vnd golt
Sie warn dinr geburte holt
Die rehten warheit du **weiſt**

Ulrich von Türheim ‚Rennewart',
Ms. germ. fol. 1063, fol. 61ᵛᶜ,12-15;
vv. 8-11

❽ Hîe ſvln wir îvch laſſen
wiſſen. wîe man vre-
vel. vnde ander vnge-
rihte bůzzen ſol.

‚Schwabenspiegel', Cod. Donaueschingen 738,
fol. 51ʳᵇ,6-9

❾ dy můder quam und dat geschach.
dat man sy kleidet bit gewalt
bit wereltzyrden manichvalt
vor vrôiwen und vor mannen.
weiz got sy můste dannen.
Dy nunne was beroivet ganz

Bruder Hermann von Veldenz
‚Yolande von Vianden', vv. 2752-2757

5. *septem artes liberales*

Seit der Antike werden das Wissen und die Wissensvermittlung in Disziplinen unterteilt. Eine endgültige Festlegung auf den Artes-Kanon mit sieben Disziplinen erfolgt erst unter neuplatonischem und christlichem Einfluss und es entstehen die *septem artes liberales* (sieben freien, d. h. eines freien Mannes würdigen Künste):

> *trivium*: Grammatik, Logik/Dialektik, Rhetorik
> *quadrivium*: Arithmetik, Musik (Harmonielehre), Geometrie, Astronomie

Seit Augustinus (*doctrina christiana*) werden die antiken Wissensdisziplinen durch christliche Auslegung ergänzt und der christlichen Moral unterstellt. Neben der Vermittlung in Textform stellt die Vermittlung in Form von Bilderzyklen und Text-Bild-Kompositionen ein wichtiges Mittel der Wissensvermittlung im Mittelalter dar. Die *septem artes liberales* werden von Hugo von St. Victor (ca. 1097–1141) durch die *septem artes mechanicæ* erweitert (verschiedene Handwerke, Schifffahrt, Jagd, Heilkunst und Schauspiel).

'Tübinger Hausbuch', Universitätsbibliothek Tübingen, Cod. Md. 2, fol. 320ᵛ (2. Hälfte 15. Jh.)

Die *septem artes liberales* werden zu einem zentralen Bestand der sich neu herausbildenden Universitäten. In Städten wie Paris, Chartres u. a. entstehen Schulen, in denen herausragende Gelehrte – mit neuen Lehr- und Vermittlungsmethoden ('wissenschaftliches Abwägen') unter Einfluss der logischen Schriften Aristoteles' – größere Schülerkreise anziehen. Die ersten Universitäten, wie die in Bologna oder Paris, entstehen aus solchen Schulen. Die medizinische Ausbildung, die Vermittlung des römischen Rechts und der Theologie, vor allem aber das *studium generale* führen zur *universitas* mit neuen Methoden und Lehrformen. Universität bedeutet *universitas magistrorum et scolarium* als „die Gesamtheit, Gemeinschaft, Genossenschaft der Lehrer und Schüler, Professoren und Studenten, die sich zur Wahrung gemeinsamer Interessen am Studium zusammenschlossen und organisierten" (Grundmann 1975, S. 302).

Die Unterrichtsmethoden der Lehrer-Schüler-Gemeinschaft (Meister = *magistri* und Schüler/Studenten = *scolares*) bringen das Universitätswesen und dessen Strukturen mit heute noch üblichen Formen des akademischen Unterrichts hervor: Vorlesung (*lectio*) und Übung bzw. Seminar (*quästio*). Hieraus geht auch die *disputatio* hervor, eine heute übliche Form der Promotion. Die Wissenschaft wird aufgewertet und neben *sacerdotium* (geistlicher Gewalt) und *regnum* (weltlicher Gewalt) zur dritten Gewalt stilisiert. Die relative Eigenständigkeit der Universitäten mit eigenen Privilegien und Freiheiten (kooperative Autonomie) wurde in Paris und Bologna erkämpft.

Universitätsgründungen bis 1300
Italien: Salerno, Bologna, Vicenza, Padua, Neapel, Vercelli, Piacenza, Arezzo
Frankreich: Paris, Montpellier, Toulouse
England: Oxford, Cambridge
Spanien: Palencia, Salamanca, Valencia, Sevilla, Valladolid
Portugal: Lissabon-Coimbra

Erste Universitäten im deutschen Sprachgebiet:
Prag (1348), Wien (1365), Erfurt (1379), Heidelberg (1386), Köln (1388)

Mit den sich herausbildenden Universitäten wird das **Vokabular des höheren Bildungswesens** etabliert:
– Auditorium, Aula, Autor, Collegium, Dekan, Doktor, Edition, Faksimile, Kanzler, Kapitel, Kolumne, Professor, Rektor, Titel etc.
– addieren, deklamieren, diskutieren, examinieren, immatrikulieren, präparieren, promovieren, relegieren, subtrahieren, zitieren etc.

Ulrich von Zatzikhoven ‚Lanzelet', Universitäts-bibliothek Heidelberg, Cod. Pal. germ. 371, fol. 2ʳ (um 1420)

Die Zahl Sieben der *septem artes* ist nicht zufällig, sondern entstammt frühchristlichen Vorstellungen. Zahlen haben immer auch eine mystische Bedeutung. Viele Vorstellungen gehen dabei auf die Bibel zurück und diese wiederum haben oft babylonische oder ägyptische Vorbilder bzw. Parallelen. Einige sind zudem bereits in der keltischen und germanischen Vorstellungswelt verankert. In der Sprache des Rechts haben bestimmte Zahlen eine besondere Bedeutung und Funktion erlangt (vgl. Grimm, Deutsche Rechtsalterthümer, 1, 285ff.). Besonders die Zahlen 3, 7, 9 (3x3), 12 und 40 haben eine weitverzweigte Bedeutung, die auch in der Literatur eine große Rolle spielt. Die Zahl 13 ist die germanische Glückszahl und wird seit der christlichen Missionierung entsprechend negativ besetzt.

3 Im Gebet wird die Drei als Verstärkung genutzt, z. B. durch das dreimalige Wiederholen des Vaterunsers oder in der trinitarischen Formel ‚im Namen des Vaters, des Sohnes und des hl. Geistes'. Daneben findet sich die Drei auch bis heute in vielen feststehenden Wendungen und Begriffen, so z. B. in ‚Dreieinigkeit', ‚Dreigestirn', ‚Aller guten Dinge sind drei', ‚drei Fragen', ‚drei Wünsche', ‚drei Eichen' (Gerichtsplatz).

Criſt wart hi erden wnt. heil ſis tu wnt. daz wart de ze himele chunt. iz ne blŏtete. noch ne ſwar. noch nechein eiter ne bar. taz was ein file gŏte ſtunte. heil ſis tŭ wnt. In nomine Jesu Christi. daz dir ze bvze. Pater noster. ter. et addenſ hoc item ter. Ich beſuere dich bi den heiligen funf wnten. heil ſis tu wnde. et per patrem et filium. et spiritum sanctum. fiat. fiat. amen.

‚Bamberger Blutsegen', Msc. Med. 6, fol. 139ʳᵇ,32-40

40 Der Zeitraum von 40 Tagen beschreibt eine wichtige, oft rechtsverbindliche Frist, z. B. Jesus ist 40 Tage in der Wüste, Moses wartet 40 Tage auf dem Berg Sinai auf die zehn Gebote.

Swer vf den ander iht clage.
daz er im wol vierzech tage.
kampfeſ mv̊z bîten.

Hartmann von Aue ‚Iwein', Hs. 97, fol. 111ʳ,17-19; vv. 5743-5745

7

Die Sieben ist in vielen Mythologien und Religionen eine besondere Zahl. In der Bibel steht sie – wohl auf babylonische Wurzeln zurückreichend – für Vollkommenheit: In sieben (6 + 1) Tagen schuf Gott die Welt. Sie kann aber auch das Übel bezeichnen, besonders in der Gestalt des siebenköpfigen Drachen (u. a. in der Offenbarung Joh. 12,3). In der mittelalterlichen Vorstellungswelt von Religion und Aberglauben hat die Zahl einen festen Platz: Entsprechend der Schöpfungsgeschichte wird die Geschichte der Welt in sieben Alter eingeteilt; die Kirche kennt sieben Todsünden (Stolz, Geiz, Wollust, Völlerei, Neid, Zorn, Trägheit) und sieben Tugenden (Glaube, Liebe, Hoffnung, Klugheit, Gerechtigkeit, Tapferkeit, Mäßigung).

Grammatik	Rhetorik	Dialektik	Arithmetik	Geometrie	Musik	Astronomie
Sonntag	Montag	Donnerstag	Dienstag	Samstag	Freitag	Mittwoch
Sonne	Mond	Jupiter	Mars	Saturn	Venus	Merkur

Grammatik	Rhetorik	Dialektik	Arithmetik	Geometrie	Musik	Astronomie
Gold	Silber	Zinn	Eisen	Blei	Kupfer	Quecksilber
golden	silbern	blau	rot	schwarz	grün	purpur
Rute	Tafel/Griffel	Schlange	Rechenbrett	Zirkel	Musikinstrument	Astrolabium
Donatus	Cicero	Aristoteles	Pythagoras	Euklid	Milesius	Ptolemäus
Priscian	Tullius	Plato	Nicomachus	Thales	(Pythagoras)	Albumasar
	Quintilian	Boethius	Chrysippos		Papst Gregor	

Die Zuordnung von Planeten zu den *septem artes* variiert sehr stark. Auch die Autoritäten weisen gelegentlich unterschiedliche Zuordnungen auf.

Literatur: Grimm, Jacob: Deutsche Rechtsalterthümer. 2. Ausg., Göttingen 1854; Grundmann, Herbert: Vom Ursprung der Universität im Mittelalter. In: Ders.: Ausgewählte Aufsätze. Tl. 3: Bildung und Sprache. Stuttgart 1978, 292-342.; Rüegg, Walter (Hg.): Geschichte der Universität in Europa. 3 Bde. Bd. 1: Mittelalter, München 1993. Weiterführende Literatur ,septem artes': Stolz, Michael: Artes-liberales-Zyklen: Formationen des Wissens im Mittelalter. 2 Bände. Tübingen/Basel 2004. (Bibliotheca Germanica 47).

Grammatik in Tabellen, Listen und Übersichten

Der chan grammatica wol.
Der reht lebt als er ſol.
Ob er niht reht ſprechen chan.
So iſt der doch ain weiſe man

Thomasin von Zerklære
‚Der welsche Gast', Cod. Pal. germ. 389,
fol. 140ͬ,7-10; vv. 8989-8992

Thomasin von Zerklære ‚Der welsche Gast', Universitätsbibliothek Heidelberg, Cod. Pal. germ. 389, fol. 138ᵛ
(kurz nach Mitte des 13. Jh.s)

Die Basis der ‚Grammatik in Tabellen, Listen und Übersichten' bilden die Materialien der neuen Mittelhochdeutschen Grammatik (Klein, Thomas/Solms, Hans-Joachim/Wegera, Klaus-Peter (Hgg.): Mittelhochdeutsche Grammatik. 4 Bde. Bisher erschienen: Bd. III: Wortbildung. Tübingen 2009). Der Korpusbefund und die Befunde der mittelhochdeutschen Wörterbücher weichen aufgrund der unterschiedlichen Quellen gelegentlich voneinander ab, so z. B. bei der Zuordnung der Verben oder der Substantive zur starken oder schwachen Flexion.

Die in den folgenden Tabellen fett gedruckten Stellen markieren Abweichungen der mhd. von nhd. Formen und sollen so verdeutlichen, an welchen Stellen Probleme beim Verstehen mhd. Formen und ihrer Verwendungen in Texten auftreten können. Bedeutungsangaben zu Substantiven und Verben erfolgen dort, wo die Wörterbücher mehrere Lemmata ansetzen.

Die präfigierten Verben werden i. d. R. unter dem jeweiligen Simplex zusammengefasst. Varianten werden durch Tilde ~ angezeigt, doppelter Wörterbuchansatz bei gleicher Bedeutung durch Schrägstrich.

Lautsysteme (Inventare und Vokalwandel)

1. Vokale

Kurzvokale			Langvokale			Diphthonge		
/i/	/ü/	/u/	/i:/‹î›	/ü:/‹iu›	/u:/‹û›	/ie/	/üe/	/uo/
/e/								
/ɛ/‹ë›	/ö/	/o/	/e/ ‹ê›	/ö:/‹œ›	/o:/‹ô›	/ei/	/öü/	/ou/
/ä/		/a/	/ä:/‹æ›		/a:/‹â›			

/ / = Laut < > = geschriebenes Zeichen (Graphie)

2. Vokalischer Wandel vom Mhd. zum Nhd.

Prozesse:

1 Diphthongierung	4 Kürzung	7 Senkung
2 Monophthongierung	5 Entrundung	8 Hebung (und Rundung)
3 Dehnung	6 Rundung	9 e-Verschmelzung

3. Konsonanten

	labial	dental	alveolar	velar	glottal
Plosive stl. sth.	[p ~ pp] /b/	[t ~ tt] /d/		[k ~ kk] /g/	
Affrikaten	/pf/	/ts/ ‹z, tz, zz›		/kx/	
Frikative stl. sth.	[f-ff] /w/ [f-v]	[s - ss] ‹s, ʃ, ʃʃ, ʒ, ʒʒ›	/ʃ/ ‹sch› (/j/)	/x/ ‹ch, h, hh›	/h/
Nasale	/m/ /mm/	/n/ /nn/			
Liquide		/r/ /rr/ /l/ /ll/			

[ ] = Lautvarianten (Allophone)

Morphologie

Substantive

Die starke Flexion der Maskulina im Mittelhochdeutschen unterscheidet sich nur wenig von der im Neuhochdeutschen. Daher stellen stark flektierte Substantive beim Übersetzen nur selten eine Schwierigkeit dar. Schwache Flexionen hingegen erscheinen öfter abweichend vom Neuhochdeutschen und bereiten Probleme beim Verstehen und Übersetzen. Die Liste der Substantive die schwach flektieren (können), soll als Überblick über ‚problematische Fälle' eine Übersetzens- und Verstehenshilfe geben.

4. Maskulina

Klasse		M1	M2	M3	M4
Sg.	Nom.	*tac*	*gast*	*bote*	*man*
	Akk.	*tac*	*gast*	*bote-n*	*man*
	Dat.	*tag-(e)*	*gast-(e)*	*bote-n*	*man*
	Gen.	*tag-es*	*gast-es*	*bote-n*	**man**
Pl.	Nom.	*tag-e*	*gest-e*	*bote-n*	**man**
	Akk.	*tag-e*	*gest-e*	*bote-n*	**man**
	Dat.	*tag-e-n*	*gest-e-n*	*bote-n*	**man(en)**
	Gen.	*tag-e*	*gest-e*	*bote-n*	**man**

Für die voralthochdeutsche Zeit werden die Substantive nach ihrem Stammauslaut unterschieden. In mhd. Grammatiken und Wörterbüchern werden die Substantive entsprechend noch häufig nach sog. Stammklassen aufgeführt:

- nach M1 flektieren die ehemaligen *a-, ja-* und *wa-*Stämme (wie z. B. *tac, sê, dienest* (‚Dienst'), *stil, engel, winter*);
- nach M2 flektieren die ehemaligen *i-*Stämme (z. B. *gast, apfel, hamer*), dazu ehemalige *u-*Stämme (z. B. *sun* (‚Sohn')) und einige ehemalige Wurzelnomina (z. B. *zant*);
- nach M3 flektieren die ehemaligen *n-*Stämme (z. B. *bote, phâwe, habere*) sowie einem kleinere Gruppe von ehemaligen *jan-*Stämmen (z. B. *erbe* (‚Erbe'));
- nach M4 flektieren noch das ehemalige Wurzelnomen man und die ehemaligen *(t)er-*Stämme *vater* und *bruoder*. Sie zeigen im Mhd. jedoch bereits Übergänge nach M1, so dass dieses Paradigma bei den Mask. kaum noch in reiner Form vorliegt. Kombinationen aus beiden Paradigmen sind nicht selten.

5. Schwache maskuline Substantive (M3 ehemalige *n-*Stämme vom Typ *bote*)

aberëlle, affe, ande (‚Feind'), *ane, ange* (‚Angel'), *apostel, asche* (‚Asche'), *backe* (‚Backe'), *baptiste, becke* (‚Bäcker'), *belange, bër* (‚Bär'), *boge, borte, bote, brëste, briuwe* (‚Brauer'), *burne, drozze, êhalte, einsidele, erbe, galge, gebrëst, gelange* (‚Verlangen'), *gêrmâc, geselle* (‚Gefährte'), *geverte* (‚Genosse'), *gewër* (‚Bürge'), *grabe* (‚Graben'), *grêve, grîse* (‚Greis'), *han, hase, höuschrëcke, hûfe* ('Haufen'), *jude, junchêrre, junge* ('Junge'), *kanonike, kappe* ('Abgabe'), *karrosche, kempfe, klobe, knolle, kolbe, kotze* ('Decke'), *krage* ('Hals'), *kërne* ('Kern'), *leis, lëwe* ('Löwe'), *liumunt, mâc, mage, meie, merze, metze* ('Maßeinheit'), *molte, narre, nëve, œheim, ohse, palme* ('Palme'), *patriarche, phage, phâwe, plânête, prophête, raben* ('Rabe'), *rache* ('Rachen'), *râtgëbe, rëbe, recke, rëhte* ('Gerechter'), *rîfe, rieme* ('Riemen'), *rise, sâme, scheffe* ('Schöffe'), *schenke* ('Mundschenk'), *schirbe, schol, schrëcke* ('Schrecken'), *schrôt, schultgemare, sëhe* ('Augapfel'), *sëlpgëlte, siechtac, slange, spade, sprozze, stade* ('Ufer'), *stam, stecke, stërbe, stërne, tolde, tôre, trache, trappe* ('Treppe'), *tropfe, truhtsæze, turn, vahsstrëne, valke, ver, vlade, volle, vorvar, vrume, vürste, wabe, wade* ('Wade'), *wase* ('Rasen'), *wër* ('Gewährsmann'), *wërre, wideme, willekum, wîssage* ('Prophet'), *zage, zëhende* ('Abgabe'), *zinke, (ge)ziuge* ('Zeuge').

Schwankende (stark:schwach) Maskulina

adelar/ar ('Adler'), *arm, boum, brief* ('Brief'), *briutegome, bruckheie, brunne, bürge* ('Bürge'), *buosem, erbe* ('Erbe'), *êw(v)angeliste, êwart, garte, gedinge* ('Hoffnung'), *geloube, gêr, guome, grâve, habere, hamer, hêrre, herzoge, hirte, hirz, junger, kappellân, knappe, kristen, lêbart, leie* ('Laie'), *lîcham, mâne/mânde, markîs, mensche, mittewoche, name, phaffe, psalme* ('Psalm'), *reie, rihtære, riuwe, rücke, schâcherære, schade* ('Schaden'), *schate, schilt, schim, schîm, schîn, schultheize, sige, site, smërze, stërne, sundære, sunne, truhtîn, urdruz* ('Überdruss'), *vane, vërs, vetere, vlëc, vorht, vride, vürsprëche* ('Fürsprecher'), *vormunde, vrume, wëc, wille.*

6. Neutra

Klasse		N1	N2	N3
Sg.	Nom.	*wort*	*lamp*	*hërze*
	Akk.	*wort*	*lamp*	*hërze*
	Dat.	*wort-(e)*	*lamb-(e)*	*hërze-n*
	Gen.	*wort-es*	*lamb-(e)s*	*hërze-**n***
Pl.	Nom.	***wort***	*lemb-er*	*hërze-n*
	Akk.	***wort***	*lemb-er*	*hërze-n*
	Dat.	*wort-(e)n*	*lemb-er-n*	*hërze-n*
	Gen.	*wort-**(e)***	*lemb-er*	*hërze-n*

Für die voralthochdeutsche Zeit werden die Substantive nach ihrem Stammauslaut unterschieden. In mhd. Grammatiken und Wörterbüchern werden die Substantive entsprechend noch häufig nach sog. Stammklassen aufgeführt:

- nach N1 flektieren die ehemaligen *a-, ja-* und *wa-*Stämme (z. B. *wort, künne* ('Geschlecht'), *knie, spil* ('Spiel'), *wëter*);
- nach N2 flektieren die ehemaligen *iz-/az-*Bildungen (ehemalige *es-/os-*Stämme, z. B. *lamp*);
- nach N3 flektieren die ehemaligen *n-*Stämme (nur *hërze, ôre, ouge, wange*).

7. Neutra mit -(e)r-Plural vom Typ *lember* (N2)

Regelmäßig bzw. deutlich überwiegend -*er*-Plural haben:
blat, ei, gadem, geizborst, grap, huon, kalp, kleit, lamp, loch, nôz, rint, schirp, wëlf ('Tier-junges').

Nicht regelmäßig bzw. nur gelegentlich mit -*er*-Plural flektieren:
abgot, brët, buoch ('Buch'), *dorf, gelit, hol* ('Höhle'), *holz, horn* ('Horn'), *hûs* ('Haus'), *kint* ('Kind'), *korn, krût, liet, lit, lieht, loup* ('Laub'), *nëst, rat* ('Rat'), *rîs* ('Zweig'), *spël, tal, tier, tuoch, wort*.

8. Feminina

Klasse		F1	F2	F3	F4
Sg.	Nom.	*gëbe*	*zunge*	*kraft*	*muoter*
	Akk.	*gëbe*	*zunge-n*	*kraft*	*muoter*
	Dat.	*gëbe(-n)*	*zunge-n*	*kraft(-e)* ~ *kreft(-e)*	*muoter*
	Gen.	*gëbe(-n)*	*zunge-n*	*kraft(-e)* ~ *kreft(-e)*	*muoter*
Pl.	Nom.	**gëbe**	*zunge-n*	*kreft-e*	*muoter*
	Akk.	**gëbe**	*zunge-n*	*kreft-e*	*muoter*
	Dat.	*gëbe-n*	*zunge-n*	*kreft-e-n*	*muoter-n*
	Gen.	*gëbe-n*	*zunge-n*	*kreft-e*	*muoter*

Für die voralthochdeutsche Zeit werden die Substantive nach ihrem Stammauslaut unterschieden. In mhd. Grammatiken und Wörterbüchern werden die Substantive entsprechend noch häufig nach sog. Stammklassen aufgeführt:
– nach F1 flektieren die ehemaligen ô-, jô- und wô-Stämme (z. B. *gëbe* ('Geschenk'), *sünde, brâ, zal, vëdere, küniginne*), dazu alte î(*n*)-Bildungen (z. B. *müeje*);
– nach F2 flektieren die ehemaligen *n*-Stämme (z. B. *zunge, bir, krâ* ('Krähe'), *videle*);
– nach F3 flektieren (stark abnehmend) die ehemaligen *i*-Stämme (z. B. *kraft*), wie auch die ehemaligen Wurzelnomen (*brust, naht*) und einige ehemalige *u*-Stämme (z. B. *hant*). Dazu zählen Feminina, die auf einen Konsonanten (weit überwiegend -*t*) enden sowie die Ableitungen auf -*schaft* und -*heit*/-*keit*;
– nach F4 flektieren nur noch in Resten *muoter, tohter, swëster*.

9. Schwache feminine Substantive (F2 ehemalige *n*-Stämme vom Typ *glocke*)

ageleie ('Akelei'), *albe* ('Alp'), *amîe, amme* ('Amme'), *ampel* ('Lampe'), *barte, benedîe, blate, bluome, buode, busîne, collecte, ecke, epistole, galîe, geisel, gespil, glocke, gracîe, gülte* ('Ertrag'), *harpfe, hinde, houwe, hütte, kalbe, kanne* ('Kanne'), *kappe* ('Kleidungsstück'), *kappëlle, kasugele, kerze, krîde* ('Kreide'), *kristalle, krücke, lappe* ('Lappen'), *leite* ('Führung'), *leiter* ('Leiter'), *linde* ('Linde'), *lîne, louge* ('Lauge'), *lücke* ('Loch'), *mirre, mitte, mittewoche, muome, nâter, note, nunne, nütze* ('Nutzen'), *oblâte, orgel, ôster* ('Ostern'), *patêne, prîme, râtische, rëbe, rôre* ('Rohr'), *scharte* ('Scharte'), *scheitel, schëlle, schîbe, schiure* ('Scheune'), *schranne, sënewe, sëxte, siuchede* ('Krankheit'), *slinge, stiege, stube, stupfel* ('Stoppel'), *swarte, tole, tolde, trappe* ('Treppe'), *tûbe, twehele, uhte, vëdere, vërsen, vicârie, ville* ('Dorf'), *vlamme, vohe, vrâge, wërre, wige, winege* ('Geliebte'), *witewe, wolle, wurzel, zëswe* ('rechter Hand').

Schwankende (stark:schwach) Feminina

antreite, arke, arzâtîe, bâre, barke, (be-)girde, beite, bëte, beschouwede, bigiht, bredige, brucke, buoze, bürde, complêt, conscienzje, crêatiure, decke, diemüete, dierne, (dûm-)elle, ërde, êre, êwe, gâbe, galle ('Galle'), *gazze, geloube, gemahele* ('Braut'), *gemeinde, genâde, gër* ('Verlangen'), *gerte, gruobe, güete, hëlfe, helle* ('Hölle'), *herbërge, herte, hôch(ge)zît, hulde, kamere, kël, kemenâte, ketene, kirche ~ kilche, klage, klôse, kone, krippe, krône, küchen, künde, lade, lëcze, lilje, lucërne, mate, matërje, mâze, mësse, mettene, minne, müede, mûre* ('Mauer'), *nase, natûre, niftel, nône, palme, pêne, phlanze, porte, raste, rede, rëgele, rënte, rinde, riuwe, rôse, ruote, sælde, sache, salbe, schande* ('Schande'), *schar* ('Schar'), *scheide* ('Schwertscheide'), *schram* ('Schwertwunde'), *schulde, schumphentiure, schüzzel* ('Schüssel'), *sêle, sîde, sîte, site, sorge, spîse, spitze* ('Spitze'), *sprâche, stange, state, stëge, stille, stimme, stôle, strâze, stunde, süeze* ('Freundlichkeit'), *sünde, sunne, suone, tavele, (tavel-)runde, triuwe, trucke, trûre, tür, ûre* ('Stunde'), *vâre, varwe, vaste, vëhte* ('Kampf'), *vënje, vësper, veste, vorhte, vremde, vrouwe, vröude, vüllede, wambe, wange, wîhe, wîle* ('Weile'), *winstere, wise, wîse* ('Art und Weise'), *woche, wüeste ~ wüestene, wünne, wunde, zëlle, zierde, zunge* sowie alle Ableitungen auf *-ung(e)* und *-in(ne)*.

10. Starke Feminina (F3 ehemalige *i*-Stämme vom Typ *kraft*)

Feminina, die im Mhd. häufiger bzw. gelegentlich mit *-e* (im Dat. und/oder Gen.Sg.) belegt sind:
âkust, andâht, angest, anst, arbeit, armuot, art ('Beschaffenheit'), *bluot* ('Blüte'), *brût, brûtlouf, burc, diemuot* ('Demut'), *diet, (nôt-)durft, geburt, geiz, genist* ('Heilung'), *genuht, geschiht, gespanst, gewalt, gluot, graft, hût* ('Haut'), *jugent, kraft, krât, kunft, kunst* ('Wissen'), *lîch, list, luft, lust, maht, maget, milch, nôt, numft ~ nunst, phliht* ('Fürsorge'), *schôz, (ge-)schrift, siht, slahte* ('Art und Weise'), *spuot, stat* ('Ort'), *stuot, suht, (ge-)tât, tiuht, tugent, tult, unst, unkust, urgiht, vart, vergift* ('Vergiftung'), *vernunst, vluht, vluot, vrist, vruht, vurch, want* ('Wand'), *wât, wërlt, wist, wuot, zît, zuht* sowie die Ableitungen auf *-heit, -keit* und *-schaft*.

Feminina, die im Mhd. häufiger bzw. gelegentlich mit Umlaut des Stammvokals (im Dat. und/ oder Gen.) belegt sind:
ahte, andâht, bluot ('Blüte'), *burc, (nôt-)durft, geburt, gewalt, gunst, hût* ('Haut'), *kunst* ('Wissen'), *kraft, kunft, maget, nôt, stat, tât, vart, vruht, wât, want, zuht*, sowie Ableitungen auf *-schaft*.

11. Flexion der Personennamen

Klasse:	PN1	PN2	PN3
Nom.	*-Ø*	*-Ø*	*-Ø*
Akk.	*-Ø~*[e]	*-(e)n*	*-Ø~*[e]
Dat.	*-(e)*	*-(e)n*	*-Ø~*[e]
Gen.	*-(e)s*	*-(e)n*	*-Ø~*[e]

- Paradigma PN1 ist das Paradigma der meisten Mask.;
- Paradigma PN2 ist das Paradigma zahlreicher Fem. und einiger Mask., die -e im Dat. und -(e)s im Gen. verlieren bzw. bei fremden Namen auf s kein -(e)s-Flexiv anfügen.;
- Paradigma PN3 ist das Paradigma der meisten Fem. und zahlreicher Mask.

12. Substantive mit einem vom Nhd. abweichenden Genus

Mhd. mask. > Nhd. fem. sind:
angel (,Stachel'), *borte* (,Borte'), *braht, hornuz, humbel, karre, knolle, krësse, loc* (,Locke'), *passîon, schirbe, seite* (,Saite'), *touf, trahen* (,Tränen'), *(hant-)vane, weise* (,Waise'), *zaher* (,Träne').

Mhd.fem. > Nhd. mask. sind:
gehôrsame, güsse, rame (,Webrahmen'), *salveie, scheitel, slunt, speichel, strâle, verluste, witze.*

Schwankend fem. bzw. mask. sind:
âkust, ande, andâht, angest, armuot, asche (,Asche'), *bach, baniere, bluot* (,Blüte'), *bluome, brûtlouf, diemüete, dol* (,Leiden'), *(un-)gedult, (un-)geloube, gesuoch, gewalt, grât* (,Grad, Stufe'), *himeltrappe, hîrât, hüge, hurt, karrosche, kristalle, last, list, luft, (ge-)lust, manslaht, metze* (,Maßeinheit'), *mirre, mittewoche, molte, palme, pîn, riuwe, sê, site, sîte, slange, stade, stift, sunne, swære, tobeheit, übermüete, unvlât, vlamme, volleist, vrevele, vurt, wabe, wërre, wîhe* (,Segnung'), *wînrëbe, wîntrûbe, wise* (,Wiese').

Mhd. neutr. > Nhd. fem. sind:
armbrust, hol (,Höhle'), *milze, trouf, wâfen, wette.*
Mhd. fem. > Nhd. neutr. sind:
âventiure, angesiht, riviere (,Gegend').

Schwankend fem. : neutr. sind:
anegenge, ansiune, antwürte, armuot, ber (,Beere'), *diet, einœte, gebære, gelübede, geschaft* (,Schöpfung'), *geschaft* (,Geschäft'), *geschihte, gesiht, getihte, geværde, gewizzen* (,Wissen'), *gift, heimuote, leide* (,Leid'), *mære, mittel* (,Mitte'), *mittelôde, privêt, rippe, salbe, (vuoz-)spor, spüne, tagedinc, urbor* (,Zinsgut'), *urkünde* (,Zeugnis'), *viur, vreise, widermüete, wîze* (,Höllenstrafe'), *(hôch-)zît.*

Mhd. mask. > Nhd. neutr. sind:
einhürne, vlôz, prêsant (,Geschenk'), *schrôt, sëgel, turnei.*

Mhd. neutr. > Nhd. mask. sind:
abgründe, baldekîn, eiter, harn, honec, spër (,Speer'), *tâht, urloup.*

Schwankend mask. : neutr. sind:
abgot, adel, altære, begin, dienest, ende (,Ziel'), *ërnest, gedranc, (wider-)gëlt, gemach, getwanc, getwâs, gruozsal, harnas, inbîz, jâmer, junge* (,junger Mann'), *kampf, kapitel* (,Domkapitel'), *liut, lop, lôn, mensche, mort, muot, mütte, ort, palas, paradîse, pâternoster, phat, quarter, (ge-)sanc, snit, spitâl, tal, teil, tëmpel, touw, tranc, umbehanc, vërs, wandel, wiht* (,Geschöpf'), *wîrouch, wuocher.*

Alle drei Genera sind möglich bei:

art ('Beschaffenheit'), *bluot* ('Blut'), *gedinge* ('Gedanke'), *meine* ('Schlechtigkeit'), *respons*, *schôz* ('Schoß'), *trût, underscheit, urteil, wange, zorn.*

Verben

13. Starke Verben

Präsens

			Indikativ	Konjunktiv	Imperativ
Sg.	1.	ich	n**i**m-e	nëm-e	
	2.	du	nim-**es(t)**	nëm-**es(t)**	nim
	3.	er	nim-et	nëm-e	nëm-en
Pl.	1.	wir	nëm-en	nëm-en	nëm-et
	2.	ir	nëm-et	nëm-et	
	3.	sie	nëm-**ent**	nëm-en	

Präteritum

			Indikativ	Konjunktiv
Sg.	1.	ich	nam	næm-e
	2.	du	**næm-e**	næm-**es(t)**
	3.	er	nam	næm-e
Pl.	1.	wir	nâm-en	næm-en
	2.	ir	nâm-et	næm-et
	3.	sie	nâm-en	næm-en

Infinitiv: *nemen*   Partizip Präsens: *nem-en-de*   Partizip Präteritum: *ge-nom-en*

14. Übersicht über die Ablautreihen der starken Verben

Übersicht über die grammatischen Formen der Klassen (in Ablautreihen)

Um die verschiedenen Formen der ablautenden Verben zu erfassen, werden sog. Ablautreihen (Stammformenreihen) gebildet aus

... der **Form des Infinitivs**; die Form steht zugleich für das gesamte Präs. (Indikativ und Konjunktiv)

... der **Form der 1. Person Sg. Präs.** (kein Ablaut, sondern Ergebnis anderer Lautwandelprozesse)

... der **Form der 1./3. Person Sg. Prät. Indikativ**

... der **Form der 1./3. Person Pl. Prät. Ind.** (steht zugleich für 2. Person Sg. Prät. Ind. und alle Prät.-Formen im Konj., wenn der Stammvokal umlautfähig ist, steht | Umlaut)

... der **Form des Part. Prät.**

	Infinitiv	1. Sg.Präs.	1./3. Sg.Prät.	1. Pl.Prät.	Part.Prät.
Ablautreihe I	*î*	*î*	*ei/ê*	*i*	*i*
a	*rîten*	*rîte*	*reit*	*riten*	*geriten*
b	*dîhen*	*dîhe*	*dêh*	*digen*	*gedigen*
Ablautreihe II	*ie*	*iu*	*ô/ou*	*u*	*o*
a	*biegen*	*biuge*	*bouc*	*bugen*	*gebogen*
b	*bieten*	*biute*	*bôt*	*buten*	*geboten*
Ablautreihe III	*i/e*	*i*	*a*	*u*	*u/o*
a	*binden*	*binde*	*bant*	*bunden*	*gebunden*
b	*wërfen*	*wirfe*	*warf*	*wurfen*	*geworfen*
Ablautreihe IV	*e*	*i*	*a*	*â*	*o*
	stëln	*stile*	*stal*	*stâlen*	*gestoln*
Ablautreihe V	*e*	*i*	*a*	*â*	*e*
	gëben	*gibe*	*gap*	*gâben*	*gegëben*
Ablautreihe VI	*a*	*a*	*uo*	*uo*	*a*
	varn	*vare*	*vuor*	*vuoren*	*gevarn*
Ablautreihe VII	*a/â/ei/ô/ou/ uo*	*a/â/ei/ô/ou/ uo*	*ie*	*ie*	*a/â/ei/ô/ou/ uo*
	vallen	*valle*	*viel*	*vielen*	*gevallen*
	slâfen	*slâfe*	*slief*	*sliefen*	*geslâfen*
	heizen	*heize*	*hiez*	*hiezen*	*geheizen*
	stôzen	*stôze*	*stiez*	*stiezen*	*gestôzen*
	loufen	*loufe*	*lief*	*liefen*	*geloufen*
	ruofen	*ruofe*	*rief*	*riefen*	*geruofen*

15. Ablautreihen

Einige starke Verben bilden im Mhd. neben den starken bereits schwache Formen; in den Mittelhochdeutschen Wörterbüchern finden sich daher oft beide Angaben.
Verben mit einem Grammatischen Wechsel zwischen *d* und *t*, *h* und *g* bzw. *s* und *r* vom Sg.Präs. zum Pl.Prät. und Part.Prät. sind fett markiert.

15.1

Klasse Ia	Infinitiv	1. Sg.Präs.	1./3. Sg.Prät.	1. Pl.Prät	Part.Prät.
Infinitiv-Vokal: *î*	*î*	*î*	*ei*	*i*	*i*

berînen, *bîten* ('warten'), *bîʒen*, *blîchen*, *brîden*, *gelîchen* ('passen'), *glîmen* ('leuchten'), *glîten* ('gleiten'), *glîzen* ('glänzen'), *grîfen* ('greifen'), *grînen*, *entlîmen*, *erkînen*, *klîben* ('kleben'), *krîgen* ('sich anstrengen'), *krîschen* ('kreischen'), **krîsen**, *krîsten* ('stöhnen'), *krîzen*, *lîben* ('verschonen'), **lîden** ('gehen'), **mîden, nîden** ('hassen'), *nîgen*, *phîfen* ('pfeifen'), *rîben*, *rîchen* ('beherrschen'), *rîden* ('winden'), *rîsen* (sich erheben'), *rîten*, **rîzen**, *schîben* ('wälzen'), *schîden* ('auseinander gehen'), *schînen*, *schîten*, *schîzen*, *schrîben*, *schrîten*, *sîfen*, *sîgen*, *slîchen*, *slîfen*, *slîzen*, *smîzen* ('bewerfen'), **snîden**, *splîzen*, **sprîden**, *sprîzen*, *stîgen*, *strîchen* ('bewegen'), *strîten* ('kämpfen'), *swîchen*, *swîfen*, *swîgen* ('schweigen'), *swîmen*, *swînen* ('abnehmen'), *tîchen* ('schaffen'), *trîben*, *vlîzen*, *wîchen*, *wîgen* ('streiten, kämpfen'), *wîzen* ('bestrafen').

Klasse Ib	Infinitiv	1. Sg.Präs.	1./3. Sg.Prät.	1. Pl.Prät	Part.Prät.
Infinitiv-Vokal: *î* Stamm endet auf *h* (oder *w*)	*î*	*î*	*ê*	*i*	*i*

dîhen, *glîen*, *krîen*, **lîhen** ('leihen'), **rîhen**, *sîhen*, **(er-)wîhen** ('erschöpfen, schwächen'), **zîhen** ('zeihen'). Zwischen Ia und Ib schwanken *schrî(g)en* und *spî(w)en*.

15.2

Klasse IIa	Infinitiv	1. Sg.Präs.	1./3. Sg.Prät.	1. Pl.Prät	Part.Prät.
Infinitiv-Vokal: *ie/û/iu* Stamm endet auf anderen Konsonanten	*ie*	*iu*	*ou*	*u*	*o*

betûchen, *biegen*, *bliuwen*, *briuwen* ('brauen'), *kiuwen*, *klieben*, *kriechen*, *liegen*, *lûchen* ('schließen'), *niuwen* ('stampfen'), *riechen*, *riuwen* ('in Betrübnis versetzen'), *schieben*, *sliefen*, *smiegen*, *snûfen* ('schnauben'), *stieben*, *sûfen*, *sûgen* ('saugen'), *triefen*, *triegen*, *vliegen*, *zerniuwen*.

Klasse IIb	Infinitiv	1. Sg.Präs.	1./3. Sg.Prät.	1. Pl.Prät	Part.Prät.
Infinitiv-Vokal: *ie* Stamm endet auf Dental (*d*, *t*), *s*, *z* oder *h*	*ie*	*iu*	*ô*	*u*	*o*

*bieten, biuzen ~ bûzen ~ biezen, bliehen, briezen, diezen, driezen, giezen, **kiesen**, **niesen** (,niesen'), niezen, rieten, riezen, schiezen, **sieden**, sliezen, spriezen (,sprießen'), verdriezen, **verliesen**, **vliehen**, vliezen, **vriesen**, **ziehen**.*

15.3

Klasse IIIa	Infinitiv	1. Sg.Präs.	1./3. Sg.Prät.	1. Pl.Prät	Part.Prät.
Infinitiv-Vokal: *ë* Stamm endet auf Nasal + Konsonant	*i*	*i*	*a*	*u*	*u*

binden, brimmen, brinnen, dinsen, drinden, dringen, enginnen, entphinden, gelingen, gewinnen, glimmen, glinden, glinzen (,schimmern'), grimmen (,vor Zorn wüten'), grinden, hinken, klimmen ~ klimben, klimpfen, klingen, erkrimmen, krimpfen, limmen, misselingen, rimpfen (,zusammen ziehen'), ringen (,kämpfen'), rinnen, schinden, schrinden, sinnen (,denken, wahrnehmen, bemerken'), singen, sinken, slinden, slingen, spinnen, springen, stinken, swimmen, swinden (,abnehmen'), swingen, trinken, trinnen, twingen, vinden, widersinden (,zurückkehren') winden, winken, winnen.

Klasse IIIb	Infinitiv	1. Sg.Präs.	1./3. Sg.Prät.	1. Pl.Prät	Part.Prät.
Infinitiv-Vokal: *ë* Stamm endet auf Liquid + Konsonat	*ë*	*i*	*a*	*u*	*o*

bedëlhen, bëlgen, bëllen, bërgen, bewëllen, bevëlhen, dërben, drillen, enphëlhen, erknëllen, gëlfen, gëllen, gëlten, grëllen, hëlfen, hëllen, kërren, mëlchen, schëllen, schëlten, schërren, sëlken, sërten, smëlzen, smërzen, snërfen, spërren, stërben, swëlhen, swëllen, swëlzen, tëlben, wëlgen, wërben, wërden, wërfen, wërren (,durcheinander bringen').

15.4

Klasse IV	Infinitiv	1. Sg.Präs.	1./3. Sg.Prät.	1. Pl.Prät	Part.Prät.
Infinitiv-Vokal: *ë /i* Stamm enthält einfachen Nasal (*m, n*) oder Liquid (*l, r*)	*ë*	*i*	*a*	*â*	*o*

bërn, betrëchen, brëchen, brësten, brëtten, dëhsen, drëschen, twërn ~ dwërn, hëln, komen, lëschen, nëmen, quëln, rëchen, schërn (,schneiden, abschneiden'), schrëcken (,erschrecken'), sprëchen, stëchen, stëln, swërn, trëchen, trëffen, twëln, vëhten, vermëchen, vlëhten, zëmen.

15.5

Klasse V	Infinitiv	1. Sg.Präs.	1./3. Sg.Prät.	1. Pl.Prät	Part.Prät.
Infinitiv-Vokal: *e* Stamm endet auf einfachen Konsonanten (außer Nasal oder Liquid)	*ë/i*	*i*	*a*	*â*	*ë*

beschëhen, biten, brëhen, ëzzen, gëben, ergëzzen, jëhen, jësen, jëten, knëten, krësen, lësen, ligen, mëzzen (‚messen'), genësen (‚gesund werden'), geschëhen, phlëgen, quëden, rëden, rëgen (‚sich erheben'), rëspen, schëhen, sëhen, sitzen, trëten, v(e)rëzzen, vergëzzen, wëben, wëgen, wëhen, wësen, wëten.

15.6

Klasse VI	Infinitiv	1. Sg.Präs.	1./3. Sg.Prät.	1. Pl.Prät	Part.Prät.
Infinitiv-Vokal: *a/e*	*a*	*a*	*uo*	*uo*	*a*
	e	*e*	*uo*	*uo*	*a*

backen, beseben (‚wahrnehmen, bemerken'), beteben (‚über etwas fahren'), erlaffen, graben, heben, kragen, laden (‚beladen'), maln, nagen, schaben, schaffen (‚erschaffen'), entseben (‚wahrnehmen'), slahen, spanen, swern, tragen, twahen, varn, gewahen, wahsen, waschen, waten.

15.7

Klasse VIIa	Infinitiv	1. Sg.Präs.	1./3. Sg.Prät.	1. Pl.Prät	Part.Prät.
Infinitiv-Vokal: *a*	*a*	*a*	*ie*	*ie*	*a*

arn (‚pflügen'), bannen, blanden, enblanden, halsen, halten, salzen, schalten, smalzen, spalten, spannen (‚schießen'), vallen, valten, walken, wallen, walten, walzen

Klasse VIIb	Infinitiv	1. Sg.Präs.	1./3. Sg.Prät.	1. Pl.Prät	Part.Prät.
Infinitiv-Vokal: *â*	*â*	*â*	*ie*	*ie*	*â*

bâgen (‚laut schreien'), blâsen, brâten, hâhen, lâzen, phâhen, râten (‚beraten'), slâfen, vâhen, verwâȝen

Klasse VIIc	Infinitiv	1. Sg.Präs.	1./3. Sg.Prät.	1. Pl.Prät	Part.Prät.
Infinitiv-Vokal: *ei*	*ei*	*ei*	*ie*	*ie*	*ei*

(h)eischen, heizen (‚heißen, befehlen'), meizen, scheiden (‚scheiden'), sweifen (‚schweifen'), zeisen

Klasse VIId	Infinitiv	1. Sg.Präs.	1./3. Sg.Prät.	1. Pl.Prät	Part.Prät.
Infinitiv-Vokal: *ô*	*ô*	*ô*	*ie*	*ie*	*ô*

schrôten, stôzen

Klasse VIIe	Infinitiv	1. Sg.Präs.	1./3. Sg.Prät.	1. Pl.Prät	Part.Prät.
Infinitiv-Vokal: *ou*	*ou*	*ou*	*ie*	*ie*	*ou*

houwen (‚hauen, stechen'), loufen

Klasse VIIf	Infinitiv	1. Sg.Präs.	1./3. Sg.Prät.	1. Pl.Prät	Part.Prät.
Infinitiv-Vokal: **uo**	uo	uo	ie	ie	uo

ruofen ('rufen'), wuofen

16. Schwache Verben

Die schwachen Verben haben die gleichen Flexionsendungen wie die starken Verben; sie unterscheiden sich von den starken Verben lediglich im Präteritum, sowie im Imperativ und im Partizip Präteritum.

Präteritum
Indikativ/ Konjunktiv

Sg.	1.	ich	sag-et-e
	2.	du	sag-et-**es(t)**
	3.	er	sag-et-e
Pl.	1.	wir	sag-et-en
	2.	ir	sag-et-et
	3.	sie	sag-et-en

Imperativ: Sg. *sag-e*/ Pl. *sag-et*
Partizip Präteritum: *ge-sag-et*

17. Schwache Verben mit Rückumlaut

e-a
blenden, brennen, decken, denken, enden, ergetzen, gerwen, glesten, gremen, heften, helsen, hengen, henken, kennen, kêren, krenken, lenden, lêren ('unterweisen'), leschen, merken ('beobachten'), mesten ('mästen'), nennen, phenden, queln, recken ('ausstrecken'), refsen, rennen, retten ('befreien'), schellen, schenden ('zu Schande machen'), schenken, schrëcken ('springen'), sellen ('rechtmäßig übergeben'), senden, sengen, senken, setzen, smecken, sperren, sprengen, stecken ('stecken'), stellen, sterken, strecken ('gerade machen'), swechen, swellen, swenden, trenken, trennen, twellen, vellen ('zu Fall bringen'), wecken ('wecken'), wenden, wenken, wetzen, zeln, zerren

æ – â
æзen, beswæren ('betrüben, schwerer machen') dræjen, durchæhten ('verfolgen'), hælen ('verheimlichen'), mæren, næjen ('nähen'), offenbæren ('etw. öffentlich machen'), sæjen ('sähen'), smæhen, vælen ('verschleiern, verheimlichen'), væren ('nachstellen, gefährden'), wæjen ('wehen'), wænen ('meinen, glauben, vermuten'), wæren, wæten ('kleiden'), wæзen ('wetzen')

ü – u (o)
antwürten, bücken, drücken, dünken ~ dunken, dürsten, gürten, gründen, hüln, knüpfen, knüteln ('mit einer Stange schlagen'), krümben, künden ('kundtun'), kündigen, kürzen, kürzegen, küssen ('küssen'), lüsten, nützen, phlücken, rücken, rüsten ('ein Gerüst bauen, rüsten'), schünden ('antreiben'), schürzen, schüten ('schwingen'), schützen, smücken ('am sich drücken'), stürmen ('lärmen'), stürzen ('stürtzen'), trückenen ('zum Trocknen bringen'), urkünden, vrümen, vüllen ('füllen'), vürhten, wünschen ('wünschen'), würken ~ wirken, zücken ('ziehen'), zünden, zürnen ('aufgebracht sein')

üe – uo

blüejen ('blühen'), *blüemen* ('(mit Blumen) schmücken, verherrlichen'), *brüeten, büezen, diemüeten, diemüetigen, grüezen, küelen, müeden* ('müde machen, ermüden'), *müejen, müeten* ~ *muoten* ('belohnen'), *müezegen, ôtmüetegen, genüegen, rüegen* ('mitteilen'), *rüemen* ('preisen'), *süenen* ('versöhnen'), *trüeben* ('(be)trüben'), *vertüemen, vüegen, vüelen, vüeren* ('in Bewegung setzen'), *wüelen, wüesten* ('verwüsten, vernichten'), *wüeten* ('wüten')

œ – ô

bœsern ('schlechter werden/machen'), *grœzen, hœhen, hœnen* ('entehren'), *hœren* ('hören'), *krœnen* ('krönen'), *lœsen, nœten* ('nötigen'), *rœsten* ('braten'), *rœten* ('rot werden'), *schœnen, stœren* ('zerstören'), *ertœren, tœten* ('töten'), *trœsten* ('trösten'), *vlœzen, vrœlîchen* ('erfreuen')

iu – û

briuten, diuten, liuhten, liuten ('läuten'), *liutern, siuften* ~ *siufzen* ('seufzen'), *siuwen, ziugen, ziunen.*

öu – ou

dröuwen ('drohen'), *ströuwen, vröuwen.*

Besondere Verben

18. Präteritopräsentien

Ablaut-reihe	1./3.Sg	2.Sg.	1./3.Pl. Infinitiv	Konj. 2.Sg.	Prät. 1./3.Sg.	Konj. 1./3.Sg.	Part. Prät.	Nhd. Äquivalent
I	weiz	weis(t)	wizze(n), wizzent	wizzes(t)	wisse, wiste, wëste (weste)	wuoste, woste, wësse (wesse)	gewist, gewest, gewust	‚wissen'
	–	–	eigen	–	–	–	eigen	‚haben'
II	touc	–	tugen, tügen	–	tohte	töhte	–	‚taugen'
III	gan	gans(t)	gunnen, günnen	gunnes(t)	gunde, gonde	günde, gunde	gegunnen, gegunnet, gegunst	‚gönnen'
	kan	kans(t)	kunnen, können, künnen	kunnes(t), künnes(t)	kunde	künde, kunde	gekunt	‚können'
	(be-)darf	darf(s)t	durfen, dürfen, turren	durfes, dürfes turrest	dorfte	dörfte	bedorft	‚brauchen'
	tar	tarst			torste	törste	–	‚wagen'
IV	sol, sal	sol(t), sal(t)	sullen(t), sollen(t), süllen, suln	sules(t)	solde, solte	sölde, sollte	–	‚sollen'
V	mac	maht, machs	mugen, magen, mogen, mügen	muges(t), müges(t)	mahte, mohte	mehte, möhte	–	‚vermögen'/ ‚können'
VI	muoz	muost	müezen, muozen	muozes(t)	muose, muoste	müese, müeste	–	‚müssen'

19. Wurzelverb: *sîn*

Präsens

Pers.		Indikativ		Kon-junktiv	Imperativ:
Sg.	1.	ich	bin	sî	
	2.	du	bist	sîst	wis/bis
	3.	er	ist	sî	
Pl.	1.	wir	sîn/**b**irn	sîn	sît/weset
	2.	ir	sît/**b**irt	sît	
	3.	sie	sint	sîn	

Präteritum

Pers.		Indikativ		Kon-junktiv
Sg.	1.	ich	was	wære
	2.	du	wære	wærest
	3.	er	was	wære
Pl.	1.	wir	wâren	wæren
	2.	ir	wâret	wæret
	3.	sie	wâren	wæren

20. Wurzelverb: *tuon* / handeln

Präsens

Pers.		Indikativ		Konjunktiv	Imperativ:
Sg.	1.	ich	tuon	tuo	
	2.	du	tuost	tuost	tuo
	3.	er	tuot	tuo	
Pl.	1.	wir	tuon	tuon	tuon tuot
	2.	ir	tuot	tuot	
	3.	sie	tuo**nt**	tuon	

Partizip Präsens: *tuonde*

Präteritum

Pers.		Indikativ		Kon-junktiv
Sg.	1.	ich	tet(e)	tæte
	2.	du	**tæte**	tætest
	3.	er	tet(e)	tæte
Pl.	1.	wir	tâten/ tæten	tæten
	2.	ir	tâtet	tætet
	3.	sie	tâten/ tæten	tæten

Partizip Präteritum: *ge-tân*

21. Wurzelverben: *stân/stên und gân/gên*

Präsens

Pers.		Indikativ			Konjunktiv		Imperativ:
Sg.	1.	ich	stâ**n**/stê**n**	gâ**n**/gê**n**	stê	gê	
	2.	du	stâst/stêst	gâst/gêst	stêst	gêst	stânt/stâ/stê/gang/gâ/genc/gê
	3.	er	stât/stêt	gât/gêt	stê	gê	
Pl.	1.	wir	stân/stên	gân/gên	stên	gên	
	2.	ir	stât/stêt	gât/gêt	stêt	gêt	stât/ stêt gât/gêt
	3.	sie	stâ**nt**/stê**nt**	gâ**nt**/gê**nt**	stên	gên	

Präteritum

Pers.		Indikativ			Konjunktiv	
Sg.	1.	ich	stuont	gienc/**gie**	stünd-e	gienge
	2.	du	**stünde**	gienge	stünd-est	giengest
	3.	er	stuont	gienc/**gie**	stünd-e	gienge
Pl.	1.	wir	stuonden	giengen	stünd-en	giengen
	2.	ir	stuondet	gienget	stünd-et	gienget
	3.	sie	stuonden	giengen	stünd-en	giengen

Partizip Präsens: *stânde/stênde; gânde/gênde*

Partizip Präteritum: *ge-standen/ge-stân; (ge-)gangen/ge-gân*

22. Kontrahierte Verben: *hân*

Präsens

Pers.		Indikativ		Konjunktiv
Sg.	1.	ich	**hân**	hâb-e/**hâ**
	2.	du	hâst	hâb-et/hâ-st
	3.	er	hât	hâb-e/**hâ**
Pl.	1.	wir	**hân**	hâb-en/**hân**
	2.	ir	**hât**	hâb-et/**hât**
	3.	sie	**hânt**	hâb-en/**hân**

Präteritum

Pers.		Indikativ		Konjunktiv
Sg.	1.	ich	hât(e)	hæte
	2.	du	hâtest/**hæte**	hætest
	3.	er	hât(e)	hæte
Pl.	1.	wir	hâten	hæten
	2.	ir	hâtet	hætet
	3.	sie	hâten	hæten

Partizip Präteritum: *ge-hab-et/ge-hat/ge-hât*

23. Kontrahierte Verben: *lân* / *lassen*

Präsens

	Pers.	Indikativ	Kon-junktiv	Imperativ
Sg.	1.	*ich* **lân/lâ**	**lâ**	**lâ**
	2.	*du* **lâst/læst**	**lâst**	
	3.	*er* **lât/læt**	**lâ**	
Pl.	1.	*wir* **lân**	**lân**	
	2.	*ir* **lât**	**lât**	**lât**
	3.	*sie* **lânt**	**lân**	

Präteritum

	Pers.	Indikativ	Kon-junktiv
Sg.	1.	*ich* liez/**lie**	liez-e
	2.	*du* **lieze**	liez-est
	3.	*er* liez/**lie**	liez-e
Pl.	1.	*wir* liezen	liez-en
	2.	*ir* liezet	liez-et
	3.	*sie* liezen	liez-en

Partizip Präteritum: *ge-lân/ge-lâz-en*

24. Das Verb *wellen*

Präsens

	Pers.	Indikativ	Konjunktiv
Sg.	1.	*ich* wil(e)	wëlle
	2.	*du* **wil(e)/wilt**	wëllest
	3.	*er* wil(e)	wëlle
Pl.	1.	*wir* wëllen/wëln	wëllen
	2.	*ir* wëllet/wëlt	wëllet
	3.	*sie* wëllen**(t)**/wël**nt**	wëllen

Das Präteritum von *wëllen* flektiert nach dem Muster der schwachen Verben (*ich wollte* etc.).
Partizip Präteritum: *ge-wëll(e)l-t/ge-wöll(e)-t*

Adjektive

25. Starke Flexion

		Mask.	Neutr.	Fem.
Sg.	Nom.	*gut-(e)r/**gut***	*gut-(e)z/ **gut***	*gut-**iu**/ **gut***
	Akk.	*gut-(e)n*	*gut-(e)s*	*gut-(e)*
	Dat.	*gut-(e)m**(e)***	*gut-(e)m**(e)***	*gut-(e)r**(e)***
	Gen.	*gut-(e)s*	*gut-(e)s*	*gut-(e)r**(e)***
Pl.	Nom.	*gut-e*	*gut-**iu***	*gut-e*
	Akk.	*gut-e*	*gut-**iu***	*gut-e*
	Dat.	*gut-(e)n*	*gut-(e)n*	*gut-(e)n*
	Gen.	*gut-(e)r**(e)***	*gut-(e)r**(e)***	*gut-(e)r**(e)***

26. Schwache Flexion

(nach bestimmtem Artikel oder einem flektierten Pronomen)

		Mask.	Neutr.	Fem.
Sg.	Nom.	*gut-(e)*	*gut-(e)*	*gut-(e)*
	Akk.			*gut-**(e)n** > (-e)*
	Dat.			
	Gen.	*gut-(e)n*		
Pl.	Nom.			
	Akk.			
	Dat.			
	Gen.			

Pronomina

27. Personalpronomen

		'ungeschlechtige'		'geschlechtige'		
		1. Pers.	2. Pers.	3. Pers.		
				Mask.	Neutr.	Fem.
Sg.	Nom.	*ich*	*du/dû*	*er*	*ez*	*siu/sie/si/sî*
	Akk.	*mich*	*dich*	*in*	*ez*	*siu/sie/si/sî*
	Dat.	*mir*	*dir*	*im(e)*	*im(e)*	*ir(e)*
	Gen.	*mîn*	*dîn*	*sîn*	*ës/sîn*	*ir(e)*
Pl.	Nom.	*wir*	*ir*	*sie/si/sî*	*siu/sie*	*sie/si/sî*
	Akk.	*uns/unsich*	*iuch*	*sie/si/sî*	*siu/sie*	*sie/si/sî*
	Dat.	*uns*	*iu/iuch*	*in/inen*	*in/inen*	*in/inen*
	Gen.	*unser*	*iuwer*	*ir(e)*	*ir(e)*	*ir(e)*

28. Reflexivpronomen

Reflexivpronomen haben keinen Nominativ. Es gibt nur zwei besondere Formen:
Gen.Sg. Mask./Neutr.:   *sîn*
Akk.Sg./Pl. (alle Genera): *sich*

Die übrigen Formen werden noch durch Formen der Pers.Pron. ausgedrückt:
in, im(e), ir(e) und nicht wie im Nhd. durch *sich.*

29. Possessivpronomen

Als Possessivpronomen werden die Genitivformen (Sg./Pl.) der Pers.Pron. verwendet:

Sg.	1. Pers.	*mîn*
	2. Pers.	*dîn*
	3. Pers.	*sîn (Mask. Neutr.)*, *ir (Fem.)*
Pl.	1. Pers.	*unser*
	2. Pers.	*iuwer*
	3. Pers.	*ir (alle Genera)*

30. Demonstrativpronomen 1

(einfache Demonstrativpronomen, bereits auch bestimmter Artikel)

		Mask.	Neutr.	Fem.
Sg.	Nom.	*dër*	*daz*	*diu*
	Akk.	*dën*	*daz*	*die*
	Dat.	*dëm(e)*	*dëm(e)*	*dër(e)*
	Gen.	*dës*	*dës*	*dër(e)*

		Mask.	Neutr.	Fem.
Pl.	Nom.	*die*	*diu*	*die*
	Akk.	*die*	*diu*	*die*
	Dat.	*dën*	*dën*	*dën*
	Gen.	*dër(e)*	*dër(e)*	*dër(e)*

31. Demonstrativpronomen 2

(zusammengesetzt aus einfachen Demonstrativpronomen + *se, ses, siu, ser*)

		Mask.	Neutr.	Fem.
Sg.	Nom.	*dirre/ diser*	*ditze/ diz*	*disiu*
	Akk.	*disen*	*ditze/ diz*	*dise*
	Dat.	*disem(e)*	*disem(e)*	*dirre/ dieser(e)*
	Gen.	*dises*	*dises*	*dirre/ dieser(e)*

		Mask.	Neutr.	Fem.
Pl.	Nom.	*dise*	*disiu*	*dise*
	Akk.	*dise*	*disiu*	*dise*
	Dat.	*disen*	*disen*	*disen*
	Gen.	*dirre*	*diser*	*dirre/ dieser*

32. Interrogativpronomen

		Mask.	Neutr.	Fem.
Sg.	Nom.	*wër*	*wër*	*waz*
	Akk.	*wën*	*wën*	*waz*
	Dat.	*wëm(e)*	*wëm(e)*	*wëm(e)*
	Gen.	*wës*	*wës*	*wës*

Reste eines Instrumentals in Verbindungen mit Präpositionen: *ze wiu* (weshalb), *after wiu* (wonach), *an wiu* (woran), *mit wiu* (womit), *von wiu* (wovon).

33. Indefinitpronomen

gelîch *iegelich* *ieteslich* *iewëlch*	,jeder'	*dehein* *dewëder* *manec*	,irgendeiner, keiner'
ietwëder *ander*	,jeder von zweien/beide' ,andere'	*nehein* *newëder*	,keiner'
ieman *sum* *sumelich* *ein* *ëtewër* *ëtelich*	,(irgend)einer, mancher, einige, manche'	*nieman* *al* *iht* *niwiht* *niht*	 ,alles' ,etwas' ,nichts'

34. Konjunktionen

aber	daz	niuwan	swanne sô
ader	daz ... daz	nobe	swanne ... daz
al	dër	noch	swanne ... zît
al ... die ... wîle	dës	noch danne ... daz	swëder
al ... die ... wîle ... daz	dewëder	nû	swenne
alde	die ... wîle	nû ... daz	swie
aleine	die ... wîle ... daz	obe	swie ... daz
all ... die ... wîle	dô	ode	ûf ... daz
alle ... die ... wîle	doch	oder	umbe ... daz
alsame	durch ... daz	ouch	unde ~ inde
alsô	ê ~ êr	sam	unze
alsô ... daz	ê ... danne	sam ... daz	unze ... daz
alsô ... die ... wîle	ê ... daz	sam sô	unzen(t)
alsô ... lange	eht	sider	ûzbescheiden ... daz
alsô ... obe	eintwëder	sint	vor ... daz
alsô ... wanne	êr ... daz	sint ... daz	vür
alsus	gelîcher wîse	sît	vür ... daz
âne	halt	sît ... daz	vürst
âne ... daz	hëre ... umbe ... daz	sît ... dëm ... mâle	wâ
âr	hinze	sît ... dëm ... mâle ...	wan
bedaz	ie dannoch	daz	wan ... daz
beide	iedoch	sô	wande
beide ode	iht mêr	sô ... daz	wande ... daz
beide unde	inane	sô ... lange	wanne
biz	inne dës ... unde	sô ... schiere	wëder
biz ... daz	joch	sô sô	wëder noch
danne	mê ~ mêr	sunder	wie
danne ~ daz	mit	sundern	wie ... daz
dannoch	newære	sunder ... daz	wol
dâr	newëder	sus	...
dâr âne	newëder noch	swan	
dâr ... umbe ... daz	niur	swanne	

35. Numeralia

Kardinalzahlen

ein
zwei ~ zwêne ~ zwô
beide
drî ~ drîe ~ driu
vier
vünf
sëhs
siben
aht
niun
zëhen
einlif
zwelf
drîzëhen
vierzëhen
vünfzëhen

sëhszëhen
sibenzëhen
ahtzëhen
niunzëhen
zweinzec
drîzig
vierzec
vünvzec
sëhzec
sibenzec
ahtzec
niunzec
hundert, zehenzic
drîhundert
tûsent
etc.

Ordinalzahlen

erste (Adv.)
ander
dritte
vierde
vünfte
sëhste
sibende
aht(od)e
niunde
zëhende
einlift
zwelft
drîzëhende
vierzëhende
vünfzëhende
sëhzëhende

sibenzëhende
ahtzëhende
niunzëhende
zweinzigest
drîzigeste
vierzigest
vünvzigest
sëhszigeste
sibenzigest
ahtzigest
niunzigest
tûsendigste
etc.

36. Interjektionen

â
ach
ahâ
ahî
ahlês
aht-schevalier
âmen
avê
âvoy
âwê
ay
ei
eiâ
entriuwen

goteweiz
hâ
hach
hei ~ heiâ
heiâhei
hërâ
hoi
hurtâ
jâ
jârâ
jô
joch
mannegelîch
nein

neinâ
nûtrâ
ô
och
oiâ
ouwê
ouwî
phiu ~ phîâ
sam ~ sem
sê
sênu ,sieh da'
wâ
wach
wærlîche

wâfen
wâr
wê
wei
wërgot
wî
woch
woh
woy
zâ
zêter
...

37. Präpositionen

Primäre Präpositionen (jeweils mit den 'regierten' Kasus)

ab	Dat.	*nâch ~ nâ*	Dat.
ab(e)	Dat.	*nëben*	Dat./Akk.
after (nâch)	Dat.	*ob(e)*	Dat./Akk.
an(e)	Dat./Akk.	*sament*	Dat.
ân(e)	Akk.	*sît*	Dat./Gen.
bî	Dat.	*sunder*	Akk./Gen.
binnen	Dat./Gen.	*über*	Akk./Dat.
biz	Dat.	*ûf ~ uf*	Akk./Dat.
bôbe(n)	Dat.	*umbe*	Akk.
durch	Akk.	*under*	Dat./Akk.
ê	Gen./Dat.	*unz(e)*	Dat./Akk.
vur ~ vür	Akk.	*vor(e)*	Dat./Akk./Gen.
gegen ~ gên	Dat./Akk.	*wider ~ widder*	Akk./Dat.
hinder	Dat./Akk./Gen.	*ze ~ zuo*	Dat.
in	Dat./Akk./Gen.	*zwischen*	Dat./Akk.
mit	Dat.		

Sekundäre Präpositionen (in Auswahl)

alumbe	Akk.	*inwende*	Dat./Gen./Akk.
beniden	Dat.	*innerhalp*	Gen.
dissît	Gen.	*jënsît*	Gen.
enbinnen	Dat.	*mitsament*	Dat.
enboben	Akk.	*oberhalbe*	Dat./Gen.
enbûzen	Dat.	*übermittes*	Akk.
eneben	Dat.	*underhalben*	Gen.
engegen	Dat./Akk.	*ûzer*	Dat.
enzwischen	Dat.	*ûzerhalben*	Gen./Dat.
ietwëderhalp	Gen./Dat.	*ûzwendic*	Gen.
inner	Dat./Gen./Akk.	*zuosamene*	Dat.

Mittelhochdeutscher Grundwortschatz

Der ‚Mittelhochdeutsche Grundwortschatz' wurde auf der Grundlage des Korpus der neuen Mittelhochdeutschen Grammatik, bestehend aus 102 mhd. Hss. (Klein, Thomas/Solms, Hans-Joachim/Wegera, Klaus-Peter (Hgg.): Mittelhochdeutsche Grammatik. Bd. III. Tübingen 2009), erstellt. Der jeweilige Rang eines Wortes wurde durch ein doppeltes Verfahren ermittelt: Eine erste Rangliste wurde errechnet anhand eines Quotienten aus der absoluten Beleghäufigkeit eines Wortes im Korpus (Häufigkeit) und der Anzahl der Texte, in denen es belegt ist (kommunikative Relevanz). Um Wörter, die zwar sehr oft aber nur in einzelnen Texten auftreten, nicht zu stark zu gewichten, wurde eine zweite Rangliste erstellt, errechnet aus dem Mittelwert des prozentualen Anteils eines Wortes am Gesamtwortschatz eines jeweiligen Textes. Beide Listen wurden so miteinander verknüpft, dass im ‚Mittelhochdeutschen Grundwortschatz' nur diejenigen Wörter auftreten, die nach beiden Verfahren zu den ranghöchsten 3000 Wörtern zählen. Diese Voraussetzung erfüllen insgesamt 1441 Wörter.

In die folgenden alphabetisch sortierten Listen sind aus diesem ‚Mittelhochdeutschen Grundwortschatz' diejenigen Wörter aufgeführt, die in mindestens fünf verschiedenen Texten und mindestens mit 100 Belegen vertreten sind. Neben dem jeweiligen Lemma steht die Anzahl der Texte, in denen es belegt ist, sowie die Beleghäufigkeit.

Fett hervorgehoben sind diejenigen Wörter, die vorne im Bereich Wortschatz thematisiert werden oder die in Wolf, Beat: Vademecum medievale. Glossar zur höfischen Literatur des deutschsprachigen Mittelalters. Bern 2002 und/oder Saran, Franz: Das Übersetzen aus dem Mittelhochdeutschen. 5. erg. Aufl. neubearb. v. Bert Nagel. Tübingen 1967 ausführlich besprochen werden.

Substantive (alphabetisch)

Substantiv	Genus	Texte	Belege	Substantiv	Genus	Texte	Belege
acker	mn	21	117	gewalt	mf	73	579
ambahte	n	39	155	golt	n	68	259
antlütte	**n**	**26**	**210**	got	m	102	6232
arbeit	**fn**	**66**	**316**	gothûs	n	25	173
bâbes	m	25	124	grap	n	53	261
ban	m	20	158	grâve	m	16	155
bërc	m	68	295	grêve	m	11	223
bescheidenheit	**f**	**22**	**100**	grunt	m	35	138
bilde	n	59	252	**güete**	**f**	**62**	**313**
bischof	m	51	317	gülte	f	17	226
bluome	mf	32	183	**guot**	**n**	**86**	**1409**
bluot	n	73	382	hant	f	98	1350
bote	m	72	444	**heiden**	**m**	**40**	**310**
brief	m	50	899	helbelinc	m	5	183
brôt	n	53	278	**hëlfe**	**f**	**70**	**366**
bruoder	m	76	727	helle	f	62	312
brût	f	24	209	hëlm	m	19	103
buoch	n	71	334	**helt**	**m**	**22**	**288**
buoze	**f**	**41**	**215**	her	n	51	369
burc	f	48	270	herzoge	m	33	169
burgære	m	30	638	**hêrre**	**m**	**102**	**6064**
bürge	m	18	208	**hërze**	**n**	**80**	**2107**
burcgrâve	m	9	116	himel	m	72	815
crêatiure	f	18	137	himelrîche	n	54	244
dëgen	**m**	**23**	**203**	**hôchvart**	**f**	**25**	**122**
diemuot	**f**	**22**	**109**	houbet	n	70	405
dienest	**mn**	**63**	**264**	hof	m	52	418
dinc	**n**	**93**	**1307**	**hulde**	**f**	**52**	**202**
eit	m	42	278	hûs	n	82	817
eigen	n	46	365	hûsvrouwe	f	19	112
ende	**mn**	**86**	**460**	insigele	n	13	406
engel	m	68	694	**jâmer**	**mn**	**40**	**152**
erbe	m	25	450	jâr	n	84	1323
erbe	n	45	218	**jude**	**m**	**50**	**410**
ërde	f	90	836	junger	m	45	472
ërtrîche	n	32	132	**juncvrouwe**	**f**	**39**	**250**
êre	**f**	**88**	**1111**	karkære	m	27	109
êwe	**f**	**52**	**307**	keiser	m	36	206
gast	m	45	320	kint	n	91	1470
gebët	n	58	357	kleit	n	42	170
gebot	n	69	435	klôster	n	29	253
geburt	f	54	341	**knëht**	**m**	**72**	**408**
gedanke	**m**	**50**	**242**	kôr	m	28	112
geist	m	71	756	korn	n	31	152
geloube	mf	48	236	**kraft**	**f**	**76**	**591**
gëlt	**mn**	**27**	**283**	kriec	m	23	106
genâde	**f**	**95**	**1056**	**kristen**	**mf**	**27**	**156**
genuoc	n	51	201	kristenheit	f	54	296
geriht	n	63	524	kriuze	n	63	421
geslehte	n	42	174	krône	f	50	210
geværde	fn	10	106	künic	m	84	1747

Substantiv	Genus	Texte	Belege	Substantiv	Genus	Texte	Belege
küniginne	f	46	457	rihtære	m	50	682
lant	n	88	1293	**rîtære**	**m**	**57**	**626**
lëben	mn	67	891	**rîterschaft**	**f**	**22**	**103**
lêhen	n	24	210	ross	n	37	195
leit	**n**	**68**	**530**	sache	f	71	378
lëwe	m	35	143	salme	m	10	109
lîp	**m**	**97**	**1628**	schade	m	70	472
lîcham	m	36	309	schaf	n	38	170
liebe	**f**	**64**	**335**	schar	f	50	310
lieht	n	70	373	schif	n	32	131
list	**mf**	**25**	**145**	schilt	m	31	187
liut	**mn**	**93**	**1640**	schillinc	m	18	356
lop	**mn**	**61**	**323**	schîn	m	41	178
lôn	mn	58	229	schrift	f	48	199
mære	**n**	**35**	**377**	**schulde**	**f**	**71**	**306**
maged	**f**	**67**	**692**	schultheize	m	10	140
maht	f	41	196	**sêle**	**f**	**89**	**1332**
mahel	n	54	211	**sin**	**m**	**75**	**650**
man	**m**	**100**	**2594**	spër	n	34	183
marke	f	18	146	spitâl	mn	9	161
marter	f	39	195	stat	f	92	1684
mâze	**f**	**47**	**193**	stein	m	72	287
meister	m	76	487	stërne~stërre	m	26	149
mensche	mn	65	1545	stimme	f	57	262
menige	f	33	155	strît	m	50	317
mer	n	61	346	**stunde**	**f**	**65**	**409**
mezze	f	41	168	süezecheit	f	17	118
minne	**f**	**81**	**1399**	sun	m	87	1108
munt	m	78	481	sündære	m	46	223
münster	n	21	107	sünde	f	73	845
muot	**m**	**68**	**679**	sunne	f	65	248
muoter	f	80	800	swërt	n	56	286
naht	f	83	367	swëster	f	49	397
name	**m**	**81**	**55 8**	tac	m	101	2572
natûre	f	37	206	tier	n	43	186
nôt	**f**	**89**	**809**	tiuvel	m	66	493
nuz	m	39	197	tôd	m	95	1093
ôtmüetecheit	f	12	140	tohter	f	58	297
orden	m	32	181	**triuwe**	**f**	**69**	**542**
ors	n	15	118	**trôst**	**m**	**74**	**359**
ouge	n	80	696	truhtîn~trehtîn	m	20	290
phant	n	27	105	**tugent**	**f**	**56**	**705**
phenninc	m	42	832	unrëht	n	46	244
phlëgære	m	15	116	**urkünde**	**fn**	**29**	**321**
phund	n	27	348	urstende	f	23	109
pîn	fm	34	206	urteil	fn	24	181
priester	m	40	167	vater	m	87	1213
prîs	**m**	**28**	**172**	vîant	m	68	510
prophête	m	25	104	viur	n	67	360
rât	**m**	**91**	**784**	vleisch	n	43	211
recke	**m**	**10**	**158**	voget	m	28	190
rede	**f**	**83**	**579**	volc	n	47	269
rëht	**n**	**92**	**1304**	vorht(e)	f	60	239
rîche	**n**	**76**	**502**	vride	m	68	303

Substantiv	Genus	Texte	Belege		Substantiv	Genus	Texte	Belege
vrist	f	41	212		wîn	m	57	273
vriunt	**m**	**79**	**503**		**wirdecheit**	**f**	**19**	**109**
vröude	**f**	**74**	**866**		wirt	m	43	211
vrouwe	**f**	**85**	**2022**		wirtinne	f	14	118
vruht	f	29	128		**wisheit**	**f**	**47**	**280**
vuoz	m	78	370		wissage	m	33	177
vürste	m	57	566		wort	n	94	1123
wagen	m	16	136		wunde	f	53	232
walt	m	34	153		**wunder**	**n**	**66**	**382**
wârheit	f	75	423		zeichen	n	57	272
wazzer	n	79	522		zil	n	35	155
wëc	m	90	595		zins	m	24	193
wërelt	**f**	**83**	**1161**		zît	fn	82	1241
wërc	n	81	712		zorn	m	66	294
wîp	**n**	**83**	**953**		**zuht**	**f**	**44**	**194**
wîle	**f**	**72**	**273**		zunge	f	60	235
wille	m	96	1002					

Substantive (nach Beleghäufigkeit)

Substantiv	Genus	Texte	Belege		Substantiv	Genus	Texte	Belege
got	m	102	6232		brief	m	50	899
hêrre	**m**	**102**	**6064**		lëben	mn	67	891
man	**m**	**100**	**2594**		**vröude**	**f**	**74**	**866**
tac	m	101	2572		sünde	f	73	845
hërze	**n**	**80**	**2107**		ërde	f	90	836
vrouwe	**f**	**85**	**2022**		phenninc	m	42	832
künic	m	84	1747		hûs	n	82	817
stat	f	92	1684		himel	m	72	815
liut	**mn**	**93**	**1640**		**nôt**	**f**	**89**	**809**
lîp	**m**	**97**	**1628**		muoter	f	80	800
mensche	mn	65	1545		**rât**	**m**	**91**	**784**
kint	n	91	1470		geist	m	71	756
guot	**n**	**86**	**1409**		bruoder	m	76	727
minne	**f**	**81**	**1399**		wërc	n	81	712
hant	f	98	1350		**tugent**	**f**	**56**	**705**
sêle	**f**	**89**	**1332**		ouge	n	80	696
jâr	n	84	1323		engel	m	68	694
dinc	**n**	**93**	**1307**		**maged**	**f**	**67**	**692**
rëht	**n**	**92**	**1304**		rihtære	m	50	682
lant	n	88	1293		**muot**	**m**	**68**	**679**
zît	fn	82	1241		**sin**	**m**	**75**	**650**
vater	m	87	1213		burgære	m	30	638
wërelt	**f**	**83**	**1161**		**rîtære**	**m**	**57**	**626**
wort	n	94	1123		wëc	m	90	595
êre	**f**	**88**	**1111**		**kraft**	**f**	**76**	**591**
sun	m	87	1108		gewalt	mf	73	579
tôd	m	95	1093		**rede**	**f**	**83**	**579**
genâde	**f**	**95**	**1056**		vürste	m	57	566
wille	m	96	1002		**name**	**m**	**81**	**558**
wîp	**n**	**83**	**953**		triuwe	f	69	542

Substantiv	Genus	Texte	Belege	Substantiv	Genus	Texte	Belege
leit	**n**	**68**	**530**	schar	f	50	310
geriht	n	63	524	lîcham	m	36	309
wazzer	n	79	522	**êwe**	**f**	**52**	**307**
vîant	m	68	510	**schulde**	**f**	**71**	**306**
vriunt	**m**	**79**	**503**	vride	m	68	303
rîche	**n**	**76**	**502**	tohter	f	58	297
tiuvel	m	66	493	kristenheit	f	54	296
meister	m	76	487	bërc	m	68	295
munt	m	78	481	zorn	m	66	294
junger	m	45	472	truhtîn~trehtîn	m	20	290
schade	m	70	472	**helt**	**m**	**22**	**288**
ende	**mn**	**86**	**460**	stein	m	72	287
küniginne	f	46	457	swërt	n	56	286
erbe	m	25	450	**gëlt**	**mn**	**27**	**283**
bote	m	72	444	**wisheit**	**f**	**47**	**280**
gebot	n	69	435	brôt	n	53	278
wârheit	f	75	423	eit	m	42	278
kriuze	n	63	421	**wîle**	**f**	**72**	**273**
hof	m	52	418	win	m	57	273
jude	**m**	**50**	**410**	zeichen	n	57	272
stunde	**f**	**65**	**409**	burc	f	48	270
knëht	**m**	**72**	**408**	volc	n	47	269
insigele	n	13	406	**dienest**	**mn**	**63**	**264**
houbet	n	70	405	stimme	f	57	262
swëster	f	49	397	grap	n	53	261
bluot	n	73	382	golt	n	68	259
wunder	**n**	**66**	**382**	klôster	n	29	253
sache	f	71	378	bilde	n	59	252
mære	**n**	**35**	**377**	**juncvrouwe**	**f**	**39**	**250**
lieht	n	70	373	sunne	f	65	248
vuoz	m	78	370	himelrîche	n	54	244
her	n	51	369	unrëht	n	46	244
naht	f	83	367	**gedanke**	**m**	**50**	**242**
hëlfe	**f**	**70**	**366**	vorht(e)	f	60	239
eigen	n	46	365	geloube	mf	48	236
viur	n	67	360	zunge	f	60	235
trôst	**m**	**74**	**359**	wunde	f	53	232
gebët	n	58	357	lôn	mn	58	229
schillinc	m	18	356	gülte	f	17	226
phund	n	27	348	grêve	m	11	223
mer	n	61	346	sündære	m	46	223
geburt	f	54	341	erbe	n	45	218
liebe	**f**	**64**	**335**	**buoze**	**f**	**41**	**215**
buoch	n	71	334	vrist	f	41	212
lop	**mn**	**61**	**323**	mahel	n	54	211
urkünde	**fn**	**29**	**321**	vleisch	n	43	211
gast	m	45	320	wirt	m	43	211
bischof	m	51	317	**antlütte**	**n**	**26**	**210**
strît	m	50	317	krône	f	50	210
arbeit	**fn**	**66**	**316**	lêhen	n	24	210
güete	**f**	**62**	**313**	brût	f	24	209
helle	f	62	312	bürge	m	18	208
heiden	**m**	**40**	**310**	keiser	m	36	206

Substantiv	Genus	Texte	Belege	Substantiv	Genus	Texte	Belege
natûre	f	37	206	walt	m	34	153
pîn	fm	34	206	**jâmer**	**mn**	**40**	**152**
dëgen	**m**	**23**	**203**	korn	n	31	152
hulde	**f**	**52**	**202**	stërne~stërre	m	26	149
genuoc	n	51	201	marke	f	18	146
schrift	f	48	199	**list**	**mf**	**25**	**145**
nuz	m	39	197	lëwe	m	35	143
maht	f	41	196	ôtmüetecheit	f	12	140
marter	f	39	195	schultheize	m	10	140
ross	n	37	195	grunt	m	35	138
zuht	**f**	**44**	**194**	crêatiure	f	18	137
mâze	**f**	**47**	**193**	wagen	m	16	136
zins	m	24	193	ërtrîche	n	32	132
voget	m	28	190	schif	n	32	131
schilt	m	31	187	vruht	f	29	128
tier	n	43	186	bâbes	m	25	124
bluome	mf	32	183	**hôchvart**	**f**	**25**	**122**
helbelinc	m	5	183	ors	n	15	118
spër	n	34	183	süezecheit	f	17	118
orden	m	32	181	wirtinne	f	14	118
urteil	fn	24	181	acker	mn	21	117
schîn	m	41	178	burcgrâve	m	9	116
wîssage	m	33	177	phlëgære	m	15	116
geslehte	n	42	174	hûsvrouwe	f	19	112
gothûs	n	25	173	kôr	m	28	112
prîs	**m**	**28**	**172**	**diemuot**	**f**	**22**	**109**
kleit	n	42	170	karkære	m	27	109
schaf	n	38	170	salme	m	10	109
herzoge	m	33	169	urstende	f	23	109
mezze	f	41	168	**wirdecheit**	**f**	**19**	**109**
priester	m	40	167	münster	n	21	107
spitâl	mn	9	161	geværde	fn	10	106
ban	m	20	158	kriec	m	23	106
recke	**m**	**10**	**158**	phant	n	27	105
kristen	**mf**	**27**	**156**	prophête	m	25	104
ambahte	n	39	155	hëlm	m	19	103
grâve	m	16	155	**rîterschaft**	**f**	**22**	**103**
menige	f	33	155	**bescheidenheit**	**f**	**22**	**100**
zil	n	35	155				

Verben (alphabetisch)

Verben	Texte	Belege	Verben	Texte	Belege
âhten	43	122	bieten	54	202
antwerten	66	373	bieten en-	32	106
barmen er-	**57**	**151**	bieten ge-	82	481
beginnen	74	767	binden	64	269
bevëlhen	50	178	biten	91	982
beiten	44	108	brëchen	70	348
bër(e)n ge-	73	446	brëchen zer-	51	131
bëten	28	117	brennen	46	150
bëten ane-	29	103	bringen	97	1110

Verben	Texte	Belege	Verben	Texte	Belege
bringen vol-	45	114	koufen	45	283
büezen	48	147	koufen ver-	38	258
bûwen	58	175	künden	53	206
denken	55	162	**kunnen**	**82**	**930**
denken be-	42	115	küssen	35	107
denken ge-	76	432	laden	41	108
dërben ver-	**42**	**101**	**lâzen**	**101**	**2005**
dienen	**77**	**338**	**lâzen ver-**	**53**	**149**
dienen ver-	41	123	lëben	94	795
diuten be-	24	157	legen	89	578
dunken	78	322	leisten	40	130
durfen be-	57	158	leiten	42	163
enphâhen	94	903	lêren	78	398
êren	61	213	lësen	80	568
ëzzen	71	403	lîben be-	84	664
gân	100	2018	lîden	71	465
gân be-	61	366	**liesen ver-**	**87**	**536**
gân er-	55	263	ligen	93	1234
gân ûz-	43	139	lîhen	30	103
gëben	102	3783	**loben**	**78**	**445**
gëben ûf-	22	112	**loben ge-**	**40**	**227**
gëben ver-	51	157	lœsen	68	233
gëben wider-	44	129	lœsen er-	57	208
gëlten	**50**	**343**	**louben ge-**	**75**	**405**
genësen	61	262	loufen	56	212
gërn	67	288	machen	100	1268
gëren be-	29	119	**manen**	**62**	**176**
grîfen be-	56	181	marter(e)n	22	134
haben	102	12331	**meinen**	**59**	**242**
haben ge-	48	144	merken	61	331
hâhen	39	142	minnen	70	565
halten	60	409	**müezen**	**93**	**1760**
halten be-	81	470	**mügen**	**102**	**4218**
hangen	29	110	nëmen	97	2075
hazzen	28	117	nëmen be-	53	136
heben	61	232	**nëmen ver-**	**84**	**715**
heben er-	41	143	nennen	75	472
heizen	98	1829	niezen	26	138
hëlfen	90	626	**niezen ge-**	**51**	**134**
hœren	**95**	**1052**	opfern	33	115
hœren er-	**34**	**118**	**phlëgen**	**68**	**466**
hœren ge-	**65**	**278**	**prüeven**	**26**	**160**
hüeten	57	185	quëden	32	348
hüeten be-	58	182	**râten**	**66**	**251**
jëhen	53	321	rëchen	41	143
jëhen ver-	42	209	reden	64	285
kennen be-	58	456	reiten be-	55	233
kennen er-	74	528	rihten	60	337
kêren	78	473	rîten	47	582
kêren be-	49	226	ruochen	39	128
kiesen	**49**	**138**	ruochen ge-	31	131
kiesen er-	42	110	ruofen	59	197
klagen	73	361	sagen	99	2204
komen	101	4341	sagen ge-	41	101

Verben	Texte	Belege	Verben	Texte	Belege
samenen	46	158	twingen	63	182
schaffen	70	288	vâhen	77	406
schëhen ge-	89	1141	vallen	81	376
scheiden	75	378	vallen ge-	64	181
scheiden be-	41	134	varn	96	1040
schînen	62	247	vëhten	42	154
schînen er-	51	216	ver-gëzzen	64	182
schouwen	50	190	vinden	90	1081
schrîben	87	846	vliehen	72	251
sëhen	96	2557	vliezen	55	150
sëhen ane-	65	262	volgen	72	278
sëhen er-	38	107	volgen nâch-	36	100
sëhen ge-	83	484	vrâgen	68	321
senden	78	767	vröuwen	63	274
setzen	85	736	vüegen	53	147
sîn	102	18589	vüeren	84	645
singen	66	381	vüllen er-	46	223
sitzen	**90**	**601**	vürhten	72	321
sitzen be-	**60**	**173**	wænen	72	390
slâfen	50	153	wahsen	61	189
slahen	76	574	**warn be-**	**75**	**231**
slahen er-	52	244	weinen	65	299
sliezen be-	43	104	weln er-	40	124
snîden	42	103	**wellen**	**102**	**4939**
soln	**102**	**9231**	wëllen	35	103
sprëchen	96	5932	wenden	45	132
stân	**100**	**1450**	**wer(e)n**	**47**	**153**
stân be-	**59**	**189**	**wër(e)n**	**46**	**146**
stân er-	33	158	**wër(e)n ge-**	**53**	**172**
stân ûf-	60	251	wërben	57	150
stân ver-	**58**	**232**	wërben er-	43	130
stëchen	38	105	wërden	102	8515
stërben	71	479	wërfen	63	267
stërben er-	51	120	wësen	102	9560
stôzen	49	122	winden über-	41	113
strîten	36	156	**winnen ge-**	**89**	**827**
suochen	76	467	wirken	57	210
swërn	48	210	wîsen	60	205
teilen	66	182	wîsen be-	29	105
tœten	43	119	**wizzen**	**97**	**1356**
toufen	37	142	wonen	47	145
tragen	89	987	wundern	43	110
trîben	58	162	zeichenen be-	34	355
trîben ver-	59	139	zeigen	41	130
trinken	54	192	**zeln**	**54**	**284**
trœsten	55	145	zëmen ge-	45	130
tuon	102	4308	ziehen	76	275
tuon ge-	72	232	zieren	37	146
tuon ûf-	48	117	zîhen ver-	37	129
turren ge-	39	111			

Verben (nach Häufigkeit)

Verben	Texte	Belege	Verben	Texte	Belege
sîn	102	18589	stërben	71	479
haben	102	12331	kêren	78	473
wësen	102	9560	nennen	75	472
soln	**102**	**9231**	halten be-	81	470
wërden	102	8515	suochen	76	467
sprëchen	96	5932	**phlëgen**	**68**	**466**
wellen	**102**	**4939**	lîden	71	465
komen	101	4341	kennen be-	58	456
tuon	102	4308	bër(e)n ge-	73	446
mügen	**102**	**4218**	**loben**	**78**	**445**
gëben	102	3783	denken ge-	76	432
sëhen	96	2557	halten	60	409
sagen	99	2204	vâhen	77	406
nëmen	97	2075	**louben ge-**	**75**	**405**
gân	100	2018	ëzzen	71	403
lâʒen	**101**	**2005**	lêren	78	398
heizen	98	1829	wænen	72	390
müezen	**93**	**1760**	singen	66	381
stân	**100**	**1450**	scheiden	75	378
wizzen	**97**	**1356**	vallen	81	376
machen	100	1268	antwerten	66	373
ligen	93	1234	gân be-	61	366
schëhen ge-	89	1141	klagen	73	361
bringen	97	1110	zeichenen be-	34	355
vinden	90	1081	brëchen	70	348
hœren	**95**	**1052**	quëden	32	348
varn	96	1040	**gëlten**	**50**	**343**
tragen	89	987	**dienen**	**77**	**338**
biten	91	982	rihten	60	337
kunnen	**82**	**930**	merken	61	331
enphâhen	94	903	dunken	78	322
schrîben	87	846	jëhen	53	321
winnen ge-	**89**	**827**	vrâgen	68	321
lëben	94	795	vürhten	72	321
beginnen	74	767	weinen	65	299
senden	78	767	gërn	67	288
setzen	85	736	schaffen	70	288
nëmen ver-	**84**	**715**	reden	64	285
lîben be-	84	664	**zeln**	**54**	**284**
vüeren	84	645	koufen	45	283
hëlfen	90	626	**hœren ge-**	**65**	**278**
sitzen	**90**	**601**	volgen	72	278
rîten	47	582	ziehen	76	275
legen	89	578	vröuwen	63	274
slahen	76	574	binden	64	269
lësen	80	568	wërfen	63	267
minnen	70	565	gân er-	55	263
liesen ver-	**87**	**536**	genësen	61	262
kennen er-	74	528	sëhen ane-	65	262
sëhen ge-	83	484	koufen ver-	38	258
bieten ge-	82	481	**râten**	**66**	**251**

Verben	Texte	Belege
stân ûf-	60	251
vliehen	72	251
schînen	62	247
slahen er-	52	244
meinen	**59**	**242**
lœsen	68	233
reiten be-	55	233
heben	61	232
stân ver-	**58**	**232**
tuon ge-	72	232
warn be-	**75**	**231**
loben ge-	**40**	**227**
kêren be-	49	226
vüllen er-	46	223
schînen er-	51	216
êren	61	213
loufen	56	212
swërn	48	210
wirken	57	210
jëhen ver-	42	209
lœsen er-	57	208
künden	53	206
wîsen	60	205
bieten	54	202
ruofen	59	197
trinken	54	192
schouwen	50	190
stân be-	**59**	**189**
wahsen	61	189
hüeten	57	185
hüeten be-	58	182
teilen	66	182
twingen	**63**	**182**
ver-gëzzen	64	182
grîfen be-	56	181
vallen ge-	64	181
bevëlhen	50	178
manen	**62**	**176**
bûwen	58	175
sitzen be-	**60**	**173**
wër(e)n ge-	**53**	**172**
leiten	42	163
denken	55	162
trîben	58	162
prüeven	**26**	**160**
durfen be-	57	158
samenen	46	158
stân er-	33	158
diuten be-	24	157
gëben ver-	51	157
strîten	36	156
vëhten	42	154
slâfen	50	153
wer(e)n	**47**	**153**

Verben	Texte	Belege
barmen er-	**57**	**151**
brennen	46	150
vliezen	55	150
wërben	57	150
lâzen ver-	**53**	**149**
büezen	48	147
vüegen	53	147
wër(e)n	**46**	**146**
zieren	37	146
trœsten	55	145
wonen	47	145
haben ge-	48	144
heben er-	41	143
rëchen	41	143
hâhen	39	142
toufen	37	142
gân ûz-	43	139
trîben ver-	59	139
kiesen	**49**	**138**
niezen	26	138
nëmen be-	53	136
marter(e)n	22	134
niezen ge-	**51**	**134**
scheiden be-	41	134
wenden	45	132
brëchen zer-	51	131
ruochen ge-	31	131
leisten	40	130
wërben er-	43	130
zeigen	41	130
zëmen ge-	45	130
gëben wider-	44	129
zîhen ver-	37	129
ruochen	39	128
weln er-	40	124
dienen ver-	41	123
âhten	43	122
stôzen	49	122
stërben er-	51	120
gëren be-	29	119
tœten	43	119
hœren er-	**34**	**118**
bëten	28	117
hazzen	28	117
tuon ûf-	48	117
denken be-	42	115
opfern	33	115
bringen vol-	45	114
winden über-	41	113
gëben ûf-	22	112
turren ge-	39	111
hangen	29	110
kiesen er-	42	110
wundern	43	110

Verben	Texte	Belege
beiten	44	108
laden	41	108
küssen	35	107
sëhen er-	38	107
bieten en-	32	106
stëchen	38	105
wîsen be-	29	105
sliezen be-	43	104

Verben	Texte	Belege
bëten ane-	29	103
lîhen	30	103
snîden	42	103
wëllen	35	103
dërben ver-	**42**	**101**
sagen ge-	41	101
volgen nâch-	36	100

Adjektive (alphabetisch)

Adjektiv	Texte	Belege
almehtec	21	146
alt	82	486
arm	**85**	**576**
bereite	45	133
biderbe	**30**	**110**
blint	44	155
bœse	**67**	**344**
breit	37	110
edel	**75**	**571**
eigen	34	128
einec	39	212
êrst	81	491
êrbære	14	133
êwec	64	693
ganz	59	164
geistlich	55	412
gelîch	76	341
gemeine	55	166
gesunt	68	263
getriuwe	61	193
gewaltec	55	139
gotelich	34	236
grôz	**84**	**2012**
grüene	36	100
guot	**101**	**2899**
heilec	85	2008
hêr(e)	**46**	**302**
himelisch	50	296
hôch	70	631
junc	83	457
klâr	24	134
kleine	**71**	**296**
kranc	**37**	**123**
küene	26	156
kunt	60	311
kurz	59	171
lanc	**77**	**293**
lëbendec	39	101
lëdec	44	165
leit	**55**	**197**

Adjektiv	Texte	Belege
liep	**86**	**1077**
lieht	**46**	**156**
lûter	48	146
menschlich	36	101
michel	58	498
milte	52	148
minneclich	27	105
nâh	44	261
niuwe	64	240
ober	36	128
offen	48	142
rëht	**96**	**1048**
reine	**67**	**746**
rîche	**79**	**674**
rôt	56	200
sælec	62	439
sancte	72	1531
schîn	30	115
schœne	**72**	**718**
schuldec	54	257
siech	52	213
sôgetân	33	123
stæte	**60**	**290**
starc	66	411
süeze	**71**	**775**
swære	**48**	**119**
tiure	**40**	**124**
tôt	85	498
tump	**40**	**104**
übel	51	252
unrëht	35	103
valsch	**37**	**125**
vil	49	147
vol	73	326
vor(e)genant	15	648
vremde	53	143
vrî	62	216
vrô	60	288
war	81	580
wër(e)ltlich	49	187

Adjektiv	Texte	Belege
wërt	**55**	**437**
wilde	**37**	**116**
wirdec	38	117
wîs	**67**	**452**

Adjektiv	Texte	Belege
wît	44	128
wîz	58	210
wunderlich	38	100

Adjektive (nach Häufigkeit)

Adjektiv	Texte	Belege
guot	**101**	**2899**
grôz	**84**	**2012**
heilec	85	2008
sancte	72	1531
liep	**86**	**1077**
rëht	**96**	**1048**
süeze	**71**	**775**
reine	**67**	**746**
schœne	**72**	**718**
êwec	64	693
rîche	**79**	**674**
vor(e)genant	15	648
hôch	70	631
war	81	580
arm	**85**	**576**
edel	**75**	**571**
michel	58	498
tôt	85	498
êrst	81	491
alt	82	486
junc	83	457
wîs	**67**	**452**
sælec	62	439
wërt	**55**	**437**
geistlich	55	412
starc	66	411
bœse	**67**	**344**
gelîch	76	341
vol	73	326
kunt	60	311
hêr(e)	**46**	**302**
himelisch	50	296
kleine	**71**	**296**
lanc	**77**	**293**
stæte	**60**	**290**
vrô	60	288
gesunt	68	263
nâh	44	261
schuldec	54	257
übel	51	252
niuwe	64	240
gotelich	34	236
vrî	62	216
siech	52	213

Adjektiv	Texte	Belege
einec	39	212
wîz	58	210
rôt	56	200
leit	**55**	**197**
getriuwe	61	193
wër(e)ltlich	49	187
kurz	59	171
gemeine	55	166
lëdec	44	165
ganz	59	164
küene	26	156
lieht	**46**	**156**
blint	44	155
milte	52	148
vil	49	147
almehtec	21	146
lûter	48	146
vremde	53	143
offen	48	142
gewaltec	55	139
klâr	24	134
bereite	45	133
êrbære	14	133
eigen	34	128
ober	36	128
wît	44	128
valsch	**37**	**125**
tiure	**40**	**124**
kranc	**37**	**123**
sôgetân	33	123
swære	**48**	**119**
wirdec	38	117
wilde	**37**	**116**
schîn	30	115
biderbe	**30**	**110**
breit	37	110
minneclich	27	105
tump	**40**	**104**
unrëht	35	103
lëbendec	39	101
menschlich	36	101
grüene	36	100
wunderlich	38	100

Adverbien (alphabetisch)

Adverb	Texte	Belege	Adverb	Texte	Belege
aber	96	2324	iezuo	33	114
al	53	243	iht	76	319
aldar	37	211	lange	82	402
aleine	56	303	leider	48	139
allerêrst	45	107	lîhte	47	163
alsô	100	3673	mite	47	124
alsus	65	382	nâch	57	157
alzehant	27	119	nie	77	769
anders	66	214	niemer	89	705
balde	42	219	niene	28	225
biz	44	218	niht	101	6598
danne	97	1614	niuwan	29	121
dannen	79	465	noch	85	793
dannoch	51	139	nû	98	3141
dâr	102	6337	offenlîche	30	122
dârane	82	518	ofte	37	116
dârbî	68	264	och	100	4531
dârîn	44	131	rëhte	90	726
dârinne	68	314	sâ(r)	39	248
dârmit(e)	86	650	schiere	62	344
dârnâch	85	808	schône	49	196
dârüber(e)	44	170	sëlber	26	167
dârûf	53	167	sêre	64	554
dârumbe	79	775	sît	42	181
dârvon(e)	58	673	sô	102	7287
dârvor(e)	65	261	sunderlîche	34	125
dârvür(e)	31	109	sus	60	459
dârzuo	84	663	swar	74	369
dare	89	865	überal	46	130
dës	41	179	umbe	43	131
dëste	49	152	unze	51	293
dicke	81	472	vaste	54	249
dô	93	5396	vërre	73	310
doch	88	1036	vil	94	4373
dort	40	197	von	68	261
eht	29	119	vor	69	348
êr	84	473	vort	17	121
êwiclîche	51	257	vrœlîche	47	113
ganzlîche	29	179	vruo	52	136
gar	66	1332	vürbaz	56	276
gelîche	59	182	wærlîche	48	228
genuoge	40	115	war	63	252
gërne	80	593	war umbe	48	178
harte	59	419	war(e)	47	115
heim	40	155	wê	46	179
hër	81	602	widere	88	548
hier	93	1436	wie	91	2223
hin	85	1037	wol	101	3335
hiute	66	601	ze	90	525
ie	90	1048	ze hant	65	410
iedoch	53	245	ze samene	62	224
iemer	86	831	zuo	40	119

Adverbien (nach Häufigkeit)

Adverb	Texte	Belege	Adverb	Texte	Belege
sô	102	7287	dârbî	68	264
niht	101	6598	dârvor(e)	65	261
dâr	**102**	**6337**	von	68	261
dô	93	5396	êwiclîche	51	257
och	100	4531	war	63	252
alsô	100	3673	vaste	54	249
wol	**101**	**3335**	sâ(r)	39	248
vil	94	3189	iedoch	53	245
nû	**98**	**3141**	**al**	**53**	**243**
aber	96	2324	wærlîche	48	228
wie	91	2223	niene	28	225
danne	97	1614	ze samene	62	224
hier	93	1436	**balde**	**42**	**219**
gar	**66**	**1332**	biz	44	218
ie	**90**	**1048**	anders	66	214
hin	85	1037	aldar	37	211
doch	88	1036	dort	40	197
dare	89	865	**schône**	**49**	**196**
iemer	**86**	**831**	gelîche	59	182
dârnâch	85	808	**sît**	**42**	**181**
noch	**85**	**793**	dës	41	179
dârumbe	79	775	ganzlîche	29	179
nie	77	769	wê	46	179
rëhte	90	726	war umbe	48	178
niemer	89	705	dârüber(e)	44	170
dârvon(e)	58	673	dârûf	53	167
dârzuo	84	663	sëlber	26	167
dârmit(e)	86	650	lîhte	47	163
hër	81	602	**nâch**	**57**	**157**
hiute	66	601	heim	40	155
gërne	**80**	**593**	dëste	49	152
sêre	64	554	**dannoch**	**51**	**139**
widere	**88**	**548**	**leider**	**48**	**139**
ze	90	525	vruo	52	136
dârane	82	518	dârin	44	131
êr	84	473	umbe	43	131
dicke	81	472	überal	46	130
dannen	79	465	sunderlîche	34	125
sus	60	459	mite	47	124
harte	59	419	offenlîche	30	122
ze hant	65	410	**niuwan**	**29**	**121**
lange	82	402	vort	17	121
alsus	65	382	alzehant	27	119
swar	74	369	**eht**	**29**	**119**
vor	69	348	zuo	40	119
schiere	**62**	**344**	ofte	37	116
iht	76	319	genuoge	40	115
dârinne	68	314	war(e)	47	115
vërre	73	310	iezuo	33	114
aleine	56	303	vrœlîche	47	113
unze	51	293	dârvür(e)	31	109
vürbaz	56	276	allerêrst	45	107

Zitierte Texte – Handschriften – Editionen

Albert Birchtel ‚Traktat von den sechzehn Latwergen' (7a)
Eis, Gerhard: Albert Birchtels Traktat von den sechzehn Latwergen. In: Medizingeschichte in unserer Zeit. Festgabe für Edith Heischkel-Artelt u. Walter Artelt zum 65. Geburtstag. Hrsg. v. Hans-Heinz Eulner u. a. Stuttgart 1971, S. 111–117. (Ed.)

Albrecht von Eyb ‚Ehebüchlein' (8a)
Anton Koberger, Nürnberg 1472, Wissenschaftliche Stadtbibliothek Mainz, Inc. 232 (als Dauerleihgabe im Gutenberg-Museum Mainz ausgelegt). (Dr.)

Albrecht von Kemenaten ‚Goldemar' (3b)
Dietrichs Abenteuer von Albrecht von Kemenaten. Nebst den Bruchstücken von Dietrich und Wenezlan. Hrsg. v. Julius Zupitza. Berlin 1870, S. 201–204. (Deutsches Heldenbuch Bd. 5) (Ed.)

Albrecht von Scharfenberg ‚Der Jüngere Titurel' (3b, 6a)
Albrechts von Scharfenberg Jüngerer Titurel. Nach den ältesten und besten Handschriften kritisch hrsg. v. Werner Wolf. Bd. 1 u. 2, Berlin 1955/68. (Deutsche Texte des Mittelalters 55 u. 61) (Ed.)
Albrechts Jüngerer Titurel. Nach den Grundsätzen von Werner Wolf kritisch hrsg. v. Kurt Nyholm. Bd. III/1 u. Bd. III/2, Berlin 1985/92. (Deutsche Texte des Mittelalters 73 u. 77) (Ed.)

‚Alpharts Tod' (4a)
Alpharts Tod. Hrsg. v. Ernst Martin. Berlin 1866, S.1–54. (Deutsches Heldenbuch Bd. 2) (Ed.)

‚Altsächsisches Taufgelöbnis' (6a)
Schlosser, Horst Dieter (Hg.): Althochdeutsche Literatur. Mit altniederdeutschen Textbeispielen. Auswahl mit Übertragung und Kommentar. 2., überarb. u. erw. Aufl. Berlin 2004. (Ed.)

‚Annolied' (2)
Das Annolied. Mittelhochdt. u. neuhochdt. Hrsg., übers. u. komm. von Eberhard Nellmann. 3., bibliogr. erg. Aufl. Stuttgart 1986. (Ed.)

‚Athis und Prophilias' (8a, 8b)
Biblioteka Jagiellońska Krakau, Berol. Ms. germ. qu. 846 [ABCDEF]; Staatsbibliothek zu Berlin – Preußischer Kulturbesitz (SBBPK), Nachlass Grimm 196 (angebunden) [A*C*]. (Hs.)

‚St. Anselmi Fragen an Maria' (6b)
Badische Landesbibliothek Karlsruhe (BLB), Cod. Donaueschingen 116, fol. 137^v-186^v. (Hs.)
Bayerische Staatsbibliothek München (BSB), Cgm 484, fol. 2^r-29^r. (Hs.)
Bayerische Staatsbibliothek München (BSB), Cgm 4701, fol. 248^r-269^r. (Hs.)
Burgerbibliothek Bern, Mss. h.h. X.50, Bl. 19^b-20^b, 67^a-96^b. (Hs.)
Germanisches Nationalmuseum Nürnberg, Hs. 23212, fol. 56^r-75^r. (Hs)
Herzog August Bibliothek Wolfenbüttel (HAB), Cod. Guelf. 1082 Helmst., fol. 71^r-81^r. (Hs.)
Landesbibliothek Oldenburg, Cim I 74, fol. 1^r-20^v. (Hs.)
Stadtbibliothek Nürnberg, Cent. VI, 86, fol. 17^r-47^v. (Hs.)
Universitäts- und Landesbibliothek Sachsen-Anhalt (ULB), Qu. Cod. 141, fol. 1^r-60^r. (Hs.)
Österreichische Nationalbibliothek Wien, Cod. 2969, fol. 154^r-178^v. (Hs.)
Staatsbibliothek zu Berlin – Preußischer Kulturbesitz, Ms. germ. octav. 183, fol. 2^v,7-13. (Hs.)
Staatsbibliothek zu Berlin – Preußischer Kulturbesitz, Ms. germ. qu. 2025, fol. 48^v,7-12. (Hs.)

‚Baumgarten geistlicher Herzen' (6a, 8b, 9)
Bayerische Staatsbibliothek München (BSB), Cgm 6247 [L]. (Hs.)

‚Bartholomäus' (7a, 7b, 9)
Bayerische Staatsbibliothek München (BSB), Cgm 92, fol. 1^r-18^v [Tegernseer Bartholomäus]. (Hs.)

‚Bamberger Blutsegen' (9)
Staatsbibliothek Bamberg, Msc. Med. 6, fol. 139rb, 26-40. (Hs.)

‚Biterolf und Dietleib' (4a)
Biterolf und Dietleib. Laurin und Walberan mit Benutzung der von Franz Roth gesammelten Abschriften und Vergleichungen. Hrsg. v. Oskar Jänicke. Berlin 1866 (Neudruck Berlin/Zürich 1963), S. 1–197. (Deutsches Heldenbuch Bd.1) (Ed.)

Bruder Berthold (von Freiburg) ‚Rechtssumme' (8a)
Die „Rechtssumme" Bruder Bertholds. Hrsg. v. Georg Steer. Synoptische Edition der Fassung B, A und C, Bd. 2 (D–G). E7, E13, E15 und E16 (nach Fassung B). Tübingen 1987. (Ed.)

‚Das buoch von guoter spîse' (7b)
‚Das buoch von guoter spîse'. In: Zweiter Band des ‚Hausbuchs' des Michael de Leone (Würzburger Liederhandschrift), Universitätsbibliothek München, Cim. 4, fol. 156^r-165^v. (Hs.)

‚Buch der Könige' (7b, 9)
Badische Landesbibliothek Karlsruhe (BLB), Cod. Donaueschingen 739. (Hs.)

Chrestien de Troyes ‚Yvain' (4b)
Chrestien de Troyes: Yvain. Übers. und eingel. v. Ilse Nolting-Hauff. München 1962. (Klassische Texte des romanischen Mittelalters in zweisprachigen Ausgaben) (Ed.)

‚Dietrichs Flucht' (3b, 5b, 6b, 7b)
Österreichische Nationalbibliothek Wien, Cod. Ser. nova 2663, fol. 51^r-75^r [Hs. A, Ambraser Heldenbuch]. (Hs.)
Staatsbibliothek zu Berlin – Preußischer Kulturbesitz (SBBPK), Ms. germ. fol. 1062, fol. 63ra–102va [Riedegger Hs.]. (Hs.)

‚Erlösung' (9)
Biblioteka Jagiellońska Krakau, Berol. Ms. germ. qu. 1412 (olim Staatsbibliothek zu Berlin – Preußischer Kulturbesitz (SBBPK), Ms. germ. qu. 1412) [B1]; Gräflich Solms-Laubach'sche Bibliothek Laubach, ohne Sign. [L]. (Hs.)

‚Ezzos Gesang' (9)
Bibliothèque Nationale et Universitaire de Strasbourg (B.N.U.S.), Ms. 1 (olim L germ. 278.2°), fol. 74^v. (Hs.)

‚Aus einem Brief des päpstlichen Legaten Georg von Ostia über zwei englische Synoden' (2)
Alcuini epistola 3. In: Monumenta Germaniae Historica, Epp. IV, S. 28. Berlin 1895. (Ed.)

Gottfried von Straßburg ‚Tristan und Isolde' (3b, 4a, 4b, 5b, 6a, 7a, 8a, 8b, 9)
Bayerische Staatsbibliothek München (BSB), Cgm 51 (M). (Hs.)
Gottfried von Straßburg: Tristan. Hrsg. v. Karl Marold, unveränd. 5. Abdr. nach dem 3., mit einem auf Grund von Friedrich Rankes Kollationen verb. kritischen Apparat. Bes. und mit einem erw. Nachw. vers. v. Werner Schröder. Berlin/New York 2004. (Ed.)
Gottfried von Strassburg. Tristan und Isold. Hrsg. v. Friedrich Ranke. Berlin 1958. (Ed.)

‚Graf Rudolf' (6a)
Stadtbibliothek Braunschweig, Fragm. 36 (a); Niedersächsische Staats- und Universitätsbibliothek Göttingen (SUB), 4° Cod. Ms. philol. 184:VII (b). (Hs.)

Hartmann von Aue ‚Der Arme Heinrich' (7a, 9)
Hartmann von Aue: Der arme Heinrich. Hrsg. v. Hermann Paul, bearb. v. Kurt Gärtner. 17., durchges. Aufl. Tübingen 2001. (ATB 3) (Ed.)

Hartmann von Aue ‚Erec' (3b, 4a, 4b, 5a, 7a, 8a)
Hartmann von Aue: Erec. Hrsg. v. Albert Leitzmann. 3. Aufl., bes. von Ludwig Wolff. Tübingen 1963. (ATB 39) (Ed.)

Hartmann von Aue ‚Gregorius' (5a, 5b, 6a, 7a, 9)
Gregorius. Von Hartmann von Aue. Hrsg. v. Hermann Paul. 15., durchges. u. erw. Aufl. Neu bearb. v. Burghart Wachinger. Tübingen 2004. (ATB 2)

Hartmann von Aue ‚Iwein' (1, 3b, 4a, 4b, 5a, 6a, 7a, 7b, 8a, 8b, 9)

Universitätsbibliothek Gießen, Hs. 97 (B). (Hs.)
Iwein. Eine Erzählung von Hartmann von Aue. Hrsg. v. G. F. Benecke und K. Lachmann. 7. Ausg., neu bearb. v. Ludwig Wolff. Bd. 1: Text. Berlin 1968. (Ed.)

Heinrich von dem Türlin ‚Diu Crône' (3b)

Heinrich von dem Türlin: Die Krone (Verse 1–12281). Nach der Handschrift 2779 der Österreichischen Nationalbibliothek nach Vorarbeiten von Alfred Ebenbauer, Klaus Zatloukal und Horst P. Pütz kritisch hrsg. v. Fritz Peter Knapp und Manuela Niesner. Tübingen 2000 (ATB 112) (Ed.)

Heinrich von Freiberg ‚Tristan und Isolde (Fortsetzung)' (6a, 7a, 8a)

Nationalbibliothek Florenz, Ms. B. R. 226 (olim Bibl. Nazionale Centrale, Codex Magliabechianus germ. VII 9. 33. Perg). (Hs.)
Heinrich von Freiberg. Tristan. Ed. avec Introd. et Index par Danielle Buschinger. Göppingen 1982. (Göppinger Arbeiten zur Germanistik 270) (Ed.)

Heinrich von Morungen (7a, 8b)

Des Minnesangs Frühling. Unter Benutzung der Ausgaben von Karl Lachmann u. Moriz Haupt, Friedrich Vogt u. Carl von Kraus bearb. v. Hugo Moser u. Helmut Tervooren. 36., neugestaltete u. erw. Auflage. Bd. 2: Editionsprinzipien, Melodien, Handschriften, Erläuterungen. Stuttgart 1977. (Ed.)

Heinrich von Veldeke ‚Eneasroman' (7a, 8b)

Heinrich von Veldeke: Eneasroman. Mittelhochdeutsch/Neuhochdeutsch. Nach dem Text von Ludwig Ettmüller ins Neuhochdeutsche übersetzt, mit einem Stellenkommentar u. einem Nachwort von Dieter Kartschoke. Stuttgart 2007. (Ed.)

Herger (7a)

Des Minnesangs Frühling. Unter Benutzung der Ausgaben von Karl Lachmann u. Moriz Haupt, Friedrich Vogt u. Carl von Kraus bearb. v. Hugo Moser u. Helmut Tervooren. 36., neugestaltete u. erw. Auflage. Bd. 2: Editionsprinzipien, Melodien, Handschriften, Erläuterungen. Stuttgart 1977. (Ed.)

Hermann von Fritzlar ‚Der Heiligen Leben' (6a, 8a)

Universitätsbibliothek Heidelberg, Cod. Pal. germ. 113 [und 114] (ursprgl. ein Band, unter Kurfürst Otto Heinrich in zwei Bänden gebunden). (Hs.)

Bruder Hermann von Veldenz ‚Yolande von Vianden' (4b, 9)

Bruder Hermann von Veldenz. Leben der Gräfin Yolanda von Vianden. Textgetreue Edition des Codex Mariendalensis. Hrsg. v. Claudine Moulin. Luxemburg 2009. (Beiträge zur luxemburgischen Sprach- und Volkskunde 36; LaCuMeL 5) (Ed.)

‚Hessische Reimpredigten' (8a)

Staats- und Universitätsbibliothek Hamburg (SUB), Cod. 99 in scrin., S. 12–312. (Hs.)

‚Hildebrandslied' (4a, 8b)

Haug, Walter/Vollmann, Benedikt Konrad (Hgg.): Frühe deutsche Literatur und lateinische Literatur in Deutschland 800–1150. Frankfurt/M. 1991, VI 8. (Bibliothek des Mittelalters 1; Bibliothek deutscher Klassiker 62) (Ed.)

Hildegard von Bingen ‚Causae et Curae' (7a)

Der Äbtissin Hildegard von Bingen Ursachen und Behandlung der Krankheiten (causae et curae). Übers. v. Hugo Schulz. Mit einem Geleitwort v. Ferdinand Sauerbruch. 7. Aufl. Heidelberg 1992. (Ed.)

Hugo von Langenstein ‚Martina' (9)

Universitätsbibliothek Basel, Cod. B VIII 27, fol. 1ra-292vb. (Hs.)

Hugo von Trimberg ‚Der Renner' (2, 5a, 6a, 7a, 9)

Universitätsbibliothek Erlangen-Nürnberg, Ms. B 4 (olim Cod. Erl. 1460) (Renner E1). (Hs.)
Der Renner von Hugo von Trimberg. Hrsg. von Gustav Ehrismann. Mit einem Nachwort und Ergänzungen von Günther Schweikle. 4 Bde. Berlin 1970. (Deutsche Neudrucke. Reihe: Texte des Mittelalters) (Ed.)

‚Das Innsbrucker Arzneibuch' (6b)

Universitäts- und Landesbibliothek Tirol, Innsbruck, Cod. 652, fol. 76^v-78^r. (Hs.)

Jans Enikel ‚Weltchronik' (8a)

Jansen Enikels Werke. Hrsg. v. Philipp Strauch. Hannover 1891/München 1980. (Monumenta Germaniae Historica, Deutsche Chroniken 3,1) (Ed.)

‚Jenaer Martyrologium' (8a)

Thüringer Universitäts- und Landesbibliothek Jena (ThULB), Ms. Bos. q. 3, fol. 1^r-109^v. (Hs.)

‚Kaiserchronik' (4b, 5a, 5b, 6b, 7a, 7b, 8b)

Stiftsbibliothek Vorau, Cod. 276, 1^r-73^v. (Hs.)

Universitätsbibliothek Heidelberg, Cod. Pal. germ. 361. (Hs.)

Kaiserchronik eines Regensburger Geistlichen. Hrsg. v. Edward Schröder. Hannover 1895. (Monumenta Germaniae Historica, Deutsche Chroniken 1,1) (Ed.)

‚Kaiser Maximilians I. geheimes Jagdbuch und Von den Zeichen des Hirsches' (3a)

Kaiser Maximilian's I. geheimes Jagdbuch und Von den Zeichen des Hirsches. Eine Abhandlung des vierzehnten Jahrhunderts. Beides zum ersten Mahle hrsg. v. Th. G. von Karajan. Wien 1858. (Ed.)

‚Das Kochbuch Meister Eberhards' (7b)

Feyl, Anita: Das Kochbuch Meister Eberhards. Ein Beitrag zur altdeutschen Fachliteratur. Diss. Freiburg i.B. 1963. (Ed.)

Pfaffe Konrad ‚Rolandslied' (5b)

Das Rolandslied des Pfaffen Konrad. Hrsg. v. Carl Wesle. 3., durchges. Aufl., bes. v. Peter Wapnewski. Tübingen 1985. (ATB 69) (Ed.)

Konrad von Megenberg ‚Das Buch der Natur' (7b)

Konrad von Megenberg: Das „Buch der Natur". Hrsg. v. Robert Luff und Georg Steer. Bd. 2: Kritischer Text nach den Handschriften. Tübingen 2003. (Texte und Textgeschichte 54) (Ed.)

Konrad von Würzburg ‚Engelhard' (7a)

Konrad von Würzburg: Engelhard. Hrsg. v. Ingo Reiffenstein. 3., neubearb. Aufl. d. Ausg. v. Paul Gereke. Tübingen 1982. (ATB 17) (Ed.)

‚Kräuterbuch' (Prüller Fassung) (7b)

Bayerische Staatsbibliothek München (BSB), Clm 536, fol. 86^r-87^r. (Hs.)

‚Die Kreuzfahrt Landgraf Ludwigs des Frommen' (7a)

Österreichische Nationalbibliothek Wien, Cod. 2737. (Hs.)

‚Kudrun' (3b, 4a)

Kudrun. Hrsg. v. Karl Bartsch. 5. Aufl., überarb. u. neu eingel. v. Karl Stackmann. Wiesbaden 1965. (Deutsche Klassiker des Mittelalters 2) (Ed.)

Der von Kürenberg, Lied 2 (7a)

Des Minnesangs Frühling. Unter Benutzung der Ausgaben von Karl Lachmann u. Moriz Haupt, Friedrich Vogt u. Carl von Kraus bearb. v. Hugo Moser u. Helmut Tervooren. 36., neugestaltete u. erw. Auflage. Bd. 2: Editionsprinzipien, Melodien, Handschriften, Erläuterungen. Stuttgart 1977. (Ed.)

‚Laurin' (3b)

Biterolf und Dietlieb. Laurin und Walberan mit Benutzung der von Franz Roth gesammelten Abschriften und Vergleichungen. Hrsg. v. Oskar Jänicke. Berlin 1866 (Neudruck Berlin/Zürich 1963), S. 201–237. (Deutsches Heldenbuch Bd. 1) (Ed.)

‚Leben der hl. Elisabeth' (7a)

Universitäts- und Landesbibliothek Darmstadt, Hs. 2269 [Hs. A]. (Hs.)

‚Die Lilie' (8b)

Hessische Landesbibliothek Wiesbaden, Hs. 68, fol. 3^r-115^r. (Hs.)

‚Linzer Entechrist' (9)

Oberösterreichische Landesbibliothek Linz, Hs. 33, fol. 171^r-180^r. (Hs.)

‚Lucidarius' (8b)

Niedersächsische Staats- und Universitätsbibliothek Göttingen (SUB), 2° Cod. Ms. theol. 101^n Cim. [Lucidarius Gö1]. (Hs.)

Lupold von Hornburg ‚Reden' (9)
Universitätsbibliothek München, 2° Cod. ms. 731 (= Cim. 4) [Würzburger Liederhs.], fol. 226ra, 32–234va,12.

Matthias Beheim ‚Evangelienbuch' (8a)
Universitätsbibliothek Leipzig, Ms. 34, fol. 53^r-224^r (Evangelienbuch). (Hs.)

‚Millstädter Predigtsammlung' (6a, 7b)
Biblioteka Jagiellońska Krakau, Berol. Ms. germ. qu. 484 (und Badische Landesbibliothek Karlsruhe (BLB), Cod. Donaueschingen 290). (Hs.)

‚Millstätter Reimphysiologus' (7b, 8a)
Kärntner Landesarchiv Klagenfurt, Cod. GV 6/19, fol. 84^v-101^r. (Hs.)

‚Moriz von Craûn' (3a)
Moriz von Craûn. Hrsg. v. Ulrich Pretzel. Unter Mitw. v. Karl Stackmann u.a. 4., durchges. Auflage. Tübingen 1973. (ATB 45) (Ed.)

Neidhart (7a)
Die Berliner Neidhart-Handschrift c (mgf 779). Trankription d. Texte u. Melodien (Neidhart-Materialien hrsg. v. U. Müller und F. V. Spechtler). Hrsg. v. Ingrid Bennewitz-Behr, unter Mitwirkung v. Ulrich Müller. Bd. 1, Göppingen 1981. (Göppinger Arbeiten zur Germanistik 356; Neidhart-Materialien 1) (Ed.)

‚Nibelungenlied' (1, 3a, 3b, 4a, 4b, 5a, 7a, 7b, 8a, 8b, 9)
Badische Landesbibliothek Karlsruhe (BLB), Cod. Donaueschingen 63, fol. 1^r-89^r [Nibelungenlied C]. (Hs.)
Das Nibelungenlied. Nach der Ausgabe v. Karl Bartsch hrsg. v. Helmut de Boor. 22., rev. u. v. Roswitha Wisniewski erg. Aufl. Wiesbaden 1988. (Deutsche Klassiker des Mittelalters) (Ed.)

Notker III. von St. Gallen ‚Kommentar zu den Kategorien des Aristoteles' (2)
Piper, Paul (Hg.): Die Schriften Notkers und seiner Schule. Bd. I: Schriften philosophischen Inhalts. Freiburg i.Br./Tübingen 1882. (Ed.)

Notker Labeo, Psalmenauslegung ‚Wiener Notker' (7a)
Österreichische Nationalbibliothek Wien, Cod. 2681 [Wiener Notker = Notker Y].

‚Passional A' (Marienlegenden) (4b, 6a, 6b)
Staatsbibliothek zu Berlin – Preußischer Kulturbesitz (SBBPK), Ms. germ. fol. 778 [Passional A]. (Hs.)

‚St. Pauler Predigten' (5b)
Stiftsbibliothek St. Paul im Lavanttal, Cod. 109/3 (olim Ms. 27.5.26). (Hs.)

Heinrich von Pfalzpaint ‚Nasenersatzplastik' (7a)
Weißer, Christoph: Die Nasenersatzplastik nach Heinrich von Pfalzpaint. Ein Beitrag zur Geschichte der plastischen Chirurgie im Spätmittelalter mit Edition des Textes. In: Josef Domes u.a. (Hg.): Licht der Natur. Medizin in Fachliteratur und Dichtung. Festschrift für Gundolf Keil zum 60. Geburtstag. Göppingen 1994, S. 485–506. (Ed.)

‚(Wiener) Physiologus' (9)
Österreichische Nationalbibliothek Wien, Cod. 2721, fol. 129^v-158^r. (Hs.)

Der Pleier ‚Garel von dem blühenden Tal' (4b, 5a)
Garel von dem blüenden Tal. Ein höfischer Roman aus dem Artussagenkreise von dem Pleier. Mit den Fresken des Garelsaales auf Runkelstein. Hrsg. v. M. Walz, Freiburg i. B. 1892. (Ed.)

Der Pleier ‚Meleranz' (3a, 8a)
Meleranz. Von dem Pleier. Hrsg. v. Karl Bartsch. Stuttgart 1861. (Bibliothek des Litterarischen Vereins 60) (Ed.)

Der Pleier ‚Tandareis und Flordibel' (3b, 8a)
Tandareis und Flordibel. Ein höfischer Roman von dem Pleiaere. Hrsg. v. Ferdinand Khull. Graz 1885. (Ed.)

‚Pro Nessia' (7a)
Haug, Walter/Vollmann, Benedikt Konrad (Hgg.): Frühe deutsche Literatur und lateinische Literatur in Deutschland 800–1150. Frankfurt/M. 1991, VI 8. (Bibliothek des Mittelalters 1; Bibliothek deutscher Klassiker 62) (Ed.)

‚Prosa-Lancelot' (7b)
Lancelot. Nach der Kölner Papierhandschrift W. f° 46* Blankenheim und der Heidelberger Pergamenthandschrift Pal. Germ. 147. Hrsg. v. Reinhold Kluge. Bd. 2, Berlin 1963. (DTM 47) (Ed.)

‚Rabenschlacht' (3b)
Die Rabenschlacht. Hrsg. v. Ernst Martin. Berlin 1866, S. 216–326. (Deutsches Heldenbuch Bd. 2) (Ed.)

‚Rappoltsteiner Parzival' (1, 4a, 6b)
Badische Landesbibliothek Karlsruhe (BLB), Cod. Donaueschingen 97 [Parzival G$^\partial$, Hs. D der frz. Perceval-Forschung]. (Hs.)

‚Rheinisches Marienlob' (6b, 8a)
Gottfried Wilhelm Leibniz Bibliothek (Niedersächsische Landesbibliothek Hannover), Ms. I 81, fol. 1^r-93^v. (Hs.)

‚Rheinfränkische Marienhimmelfahrt' (4b, 8b)
Universitätsbibliothek Gießen, Cod. 876, S. 163–272. (Hs.)

‚Rosengarten zu Worms' (4a)
Die Gedichte vom Rosengarten zu Worms. Hrsg. v. Georg Holz. Halle a. S. 1893. Rosengarten D (II) (S. 71–215). (Ed.)

Rudolf von Ems ‚Alexander' (4b, 9)
Rudolf von Ems: Alexander. Ein höfischer Versroman des 13. Jahrhunderts. Zum ersten Male hrsg. v. Victor Junk. 2 Bde. Leipzig 1928/29. (Bibliothek des literarischen Vereins in Stuttgart 272/274) (Ed.)

Rudolf von Ems ‚Wilhelm von Orlens' (3b, 8a)
Bayerische Staatsbibliothek München (BSB), Cgm 63 [Hs. M]. (Hs.)
Rudolfs von Ems Willehalm von Orlens. Hrsg. aus d. Wasserburger Codex d. Fürstl. Fürstenberg. Hofbibliothek in Donaueschingen von Victor Junk. Berlin 1905, Nachdruck Dublin/Zürich 1967. (Deutsche Texte des Mittelalters 2; Deutsche Neudrucke, Reihe Texte des Mittelalters) (Ed.)

Johannes Rudolphi ‚Pesttraktat' (7a)
Zimmermann, Volker: Der Pesttraktat Johannes Rudolphis in der Handschrift MS. germ. oct. 391 der Berliner Staatsbibliothek. In: Josef Domes u.a. (Hg.): Licht der Natur. Medizin in Fachliteratur und Dichtung. Festschrift für Gundolf Keil zum 60. Geburtstag. Göppingen 1994, S. 507–525. (Ed.)

Ruprecht von Freising ‚Rechtsbuch' (2)
Stadtarchiv München, Zimelie 1. (Hs.)

Satzungsbuch der Stadt Nürnberg (4a, 5a, 7b)
Satzungsbuch der Stadt Nürnberg, Staatsarchiv Nürnberg, Rep. 52b, Rst. Nürnberg, Amts- und Standbücher Nr. 228 (Hs.)

‚Schwabenspiegel' (3a, 5a, 5b, 8b, 9)
Badische Landesbibliothek Karlsruhe (BLB), Cod. Donaueschingen 738 [Lassberger Hs. oder Codex Lüzelheimeri]. (Hs.)

Schwarzwälder Predigten (9)
Universitätsbibliothek Freiburg, Cod. 460 [Gr]. (Hs.)

Seifrit ‚Alexander' (3b)
Seifrits Alexander. Aus der Straßburger Handschrift hrsg. v. Paul Gereke. Berlin 1932. (DTM 36) (Ed.)

‚Speculum Ecclesiae C' (3b, 6a, 8a)
Bayerische Staatsbibliothek München (BSB), Cgm 39 [Hs. C], fol. 4^r-132^v u. 142^r-178^v. (Hs.)

‚Stadtbuch der Stadt Augsburg' (5b, 6a, 8a)
Bayerisches Hauptstaatsarchiv München, Augsburg Reichsstadt Lit. 32 (als Dauerleihgabe im Stadtarchiv Augsburg befindlich). (Hs.)

,Straßburger Alexander' (4a, 9)
olim Straßburg, Seminarbibl., Cod. C. V. 16.6. 4°, 13va-29ra (sog. Straßburg-Molsheimer Hs., verbrannt); Kollation durch F. Roth. (Hs.)

Der Stricker ,Daniel von dem blühenden Tal' (3b, 8a)
Der Stricker: Daniel von dem Blühenden Tal. Hrsg. v. Michael Resler. Tübingen 1983. (ATB 92) (Ed.)

Der Stricker ,Falsche und rechte Freigebigkeit' (5b)
Die Kleindichtung des Strickers. Gesamtausgabe in fünf Bänden. Hrsg. v. Wolfgang Wilfried Moelleken. Bd. III/1: Gedicht Nr. 41–71. Hrsg. v. Wolfgang Wilfried Moelleken, Gayle Agler-Beck, Robert E. Lewis. Göppingen 1975. (Göppinger Arbeiten zur Germanistik 107) (Ed.)

Thomasin von Zerklære ,Der welsche Gast' (2, 9)
Universitätsbibliothek Heidelberg, Cod. Pal. germ. 389. (Hs.)

Ulrich Füetrer ,Von Iban' (4b)
Ulrich Füetrer: Von Iban. In: Ders.: Das Buch der Abenteuer. Tl. 2: Das annder púech. Nach der Handschrift A (Cgm 1 der Bayerischen Staatsbibliothek) in Zusammenarbeit mit Berndt Bastert hrsg. v. Heinz Thoelen. Göppingen 1997, S. 220–277. (Göppinger Arbeiten zur Germanistik 638) (Ed.)

Ulrich von Liechtenstein ,Frauendienst' (4a)
Bayerische Staatsbibliothek München (BSB), Cgm 44. (Hs.)

Ulrich von Türheim ,Rennewart' (7a, 9)
Staatsbibliothek zu Berlin – Preußischer Kulturbesitz (SBBPK), Ms. germ. fol. 1063 [Rennewart B]. (Hs.)

Ulrich von Zatzikhofen ,Lanzelet' (7b, 8a)
Lanzelet. Eine Erzählung von Ulrich von Zatzikhoven. Hrsg. v. Karl August Hahn. Frankfurt/M. 1845 (Nachdr. mit einem Nachwort und einer Bibliographie von Frederick Norman, Berlin 1965). (Ed.)

,Urkunde der Stadt Augsburg' (4a, 7a)
Bayerisches Hauptstaatsarchiv München, Hochstift Augsburg, Urk. Nr. 100 vom 26./31.7.1282 (Wilhelm Nr. 548A). (4a) (Hs.)
Stadtarchiv Augsburg, Reichsstadt, Urkundensammlung, Urkunde vom 25.5.1339 (UB Augsburg Nr. 362). (7a) (Hs.)

,Urkunde der Stadt Freiburg' (5a, 5b, 9)
Generallandesarchiv Karlsruhe, 1/3010, Urkunde vom 2.5.1284 (Wilhelm Nr. 658; UB Freiburg 2 Nr. 12). (5a, 5b) (Hs.)
Generallandesarchiv Karlsruhe, 4/5355, Urkunde vom 13.7.1317 (UB Freiburg Nr. 451). (5b) (Hs.)
Generallandesarchiv Karlsruhe, 24/471, Urkunde vom 11.2.1292 (Wilhelm Nr. 1542; UB Freiburg Nr. 122). (9) (Hs.)

,Urkunde der Stadt Landshut' (7b)
Bayerisches Hauptstaatsarchiv München, Kloster Landshut-Seligenthal, Urk. Nr. 125 vom 18.2.1334 (UB Nr. 375) (Hs.)

Walther von der Vogelweide (2, 5b, 6a, 7a, 7b, 8b)
Walther von der Vogelweide. Leich, Lieder, Sangsprüche. 14., völlig neubearb. Aufl. der Ausgabe Karl Lachmanns, hrsg. v. Christoph Cormeau. Berlin/New York 1996. (Ed.)

Pfaffe Wernher ,Driu liet von der maget' (1, 5a, 6b, 7a)
Biblioteka Jagiellońska Krakau, Berol. Ms. germ. oct. 109 (olim Staatsbibliothek zu Berlin – Preußischer Kulturbesitz (SBBPK), Ms. germ. oct. 109) [Hs. D]. (Hs.)

,Wessobrunner Gebet' (3a)
Schlosser, Horst Dieter (Hg.): Althochdeutsche Literatur. Mit altniederdeutschen Textbeispielen. Auswahl mit Übertragung und Kommentar. 2., überarb. u. erw. Aufl. Berlin 2004. (Ed.)

,Wigamur' (7b)
Wigamur. In: Deutsche Gedichte des Mittelalters. Hrsg. v. Friedrich Heinrich von der Hagen u. Johann Gustav Büsching. Bd. 1, Berlin 1808. (Ed.)

Williram von Ebersberg ‚Hoheliedparaphrase' (5b)
> Biblioteka Uniwersytecka we Wrocławiu (Breslau), Cod. R 347 [Film; Hs. verschollen]. (Hs.)

‚Windberger Psalter' (6b)
> Kirchert, Klaus: Der Windberger Psalter. 2 Bde. Bd. 2: Textausgabe. Zürich/München 1979. (Münchener Texte und Untersuchungen zur deutschen Literatur des Mittelalters 60) (Ed.)

‚Winsbecke und Winsbeckin' (7a)
> Staatsbibliothek zu Berlin – Preußischer Kulturbesitz (SBBPK), Ms. germ. fol. 474 [Winsbecke J], fol. 61va,26–68ra,8. (Hs.)

Wirnt von Grafenberg ‚Wigalois' (3b, 5a)
> Wigalois der Ritter mit dem Rade von Wirnt von Gravenberc. Hrsg. v. Johannes Marie Neele Kapteyn. Bonn 1926. (Rheinische Beiträge und Hülfsbücher zur germanischen Philologie und Volkskunde 9) (Ed.)

‚Wolfdietrich B' (4b)
> Wolfdietrich B. In: Ortnit und die Wolfdietriche. Nach Müllenhoffs Vorarbeiten. Hrsg. v. Arthur Amelung und Oskar Jänicke. Berlin 1871, S. 164–302. (Deutsches Heldenbuch Bd. 3) (Ed.)

Wolfram von Eschenbach ‚Parzival' (3a, 4a, 4b, 5a, 6a, 7a, 7b, 8a, 9)
> Stiftsbibliothek St. Gallen, Cod. 857. [Parzival D] (Hs.)
> Wolfram von Eschenbach: Parzival. Nach der Ausgabe Karl Lachmanns rev. u. komm. v. Eberhard Nellmann. Übertr. v. Dieter Kühn. Frankfurt/M. 1994. (Bibliothek des Mittelalters 8,1.2; Bibliothek deutscher Klassiker 110) (Ed.)

Würzburger Polizeisätze (5a, 5b, 7b)
> Universitätsbibliothek München, 2° Cod. ms. 731 (= Cim. 4) [Würzburger Liederhs.], 238va-251va. (Hs.)

‚Zürcher Predigten' (3b, 8a)
> Zentralbibliothek Zürich, Cod. C 58 (olim Nr. 275), fol. 105va,3–114va,23; 182rb,34–183va,14. (Hs.)

Abkürzungsverzeichnis

Adj.	Adjektiv	mfrk.	mittelfränkisch
Adv.	Adverb	mhd.	mittelhochdeutsch
afrz.	altfranzösisch	mlat.	mittellateinisch
ahd.	althochdeutsch	mnd.	mittelniederdeutsch
Akk.	Akkusativ	mnl.	mittelniederländisch
alem.	alemannisch	nalem.	niederalemannisch
altd.	altdeutsch	nbair.	nordbairisch
anord.	altnordisch	nd.	niederdeutsch
Aufl.	Auflage	Neutr./neutr.	Neutrum/neutral
bair.	bairisch	nhd.	neuhochdeutsch
bes.	besonders	Nom.	Nominativ
Bibl.	Bibliothek	Nr.	Nummer
Bl.	Blatt	nürnb.	nürnbergisch
Cod.	Codex	obd.	oberdeutsch
Dat.	Dativ	obersächs.	obersächsisch
dt.	deutsch	ofäl.	ostfälisch
Fem./fem.	Femininum/feminin	ofrk.	ostfränkisch
ff.	fortlaufend folgende	omd.	ostmitteldeutsch
Fragm.	Fragment	oobd.	ostoberdeutsch
frz.	französisch	östl.	östlich
frnhd.	frühneuhochdeutsch	Part.	Partizip
frühmal.	frühmittelalterliche	Pl.	Plural
frmhd.	frühmittelhochdeutsch	Präs.	Präsens
Gen.	Genitiv	Prät.	Präteritum
germ.	germanisch	rhfrk.	rheinfränkisch
got./gt.	gotisch	rom.	romanisch
griech.	griechisch	Sg.	Singular
hebr.	hebräisch	Sp.	Spalte
hd.	hochdeutsch	st.	stark
hl.	heilig	sth.	stimmhaft
Hs./Hss.	Handschrift/Handschriften	stl.	stimmlos
idg.	indogermanisch	str./strr.	Strophe/Strophen
i.d.R.	in der Regel	sw.	schwach
Ind.	Indikativ	thüring.	thüringisch
Inf.	Infinitiv	Urkk.	Urkunden
Jh./Jh.s	Jahrhundert/Jahrhunderts	V.	Verb
Kap.	Kapitel	v.	Vers/von
Konj.	Konjunktiv	vgl.	vergleiche
lat.	lateinisch	vv.	Verse
mal.	mittelalterlich	wgerm.	westgermanisch
Mask./mask.	Maskulinum/maskulin	wmd.	westmitteldeutsch
mbair.	mittelbairisch	wobd.	westoderdeutsch
md.	mitteldeutsch	wschwäb.	westschwäbisch

Sachregister